utb 4967

AF640234

Eine Arbeitsgemeinschaft der Verlage

Böhlau Verlag · Wien · Köln · Weimar
Verlag Barbara Budrich · Opladen · Toronto
facultas · Wien
Wilhelm Fink · Paderborn
Narr Francke Attempto Verlag · Tübingen
Haupt Verlag · Bern
Verlag Julius Klinkhardt · Bad Heilbrunn
Mohr Siebeck · Tübingen
Ernst Reinhardt Verlag · München
Ferdinand Schöningh · Paderborn
Eugen Ulmer Verlag · Stuttgart
UVK Verlag · München
Vandenhoeck & Ruprecht · Göttingen
Waxmann · Münster · New York
wbv Publikation · Bielefeld

Für Sylvia

Josef Schrader

unter Mitarbeit von Anne Hild und Franziska Loreit

Lehren und Lernen

in der Erwachsenen- und Weiterbildung

wbv Publikation

Erwachsenen- und Weiterbildung. Befunde – Diskurse – Transfer

Die Reihe wird herausgegeben von einem unabhängigen Gremium anerkannter Hochschullehrerinnen und Hochschullehrer. Diesem gehören an: Anke Grotlüschen (Universität Hamburg), Christiane Hof (Universität Frankfurt), Bernd Käpplinger (Universität Gießen), Henning Pätzold (Universität Koblenz-Landau), Michael Schemmann (Universität zu Köln), Sabine Schmidt-Lauff (Helmut-Schmidt-Universität Hamburg), Josef Schrader (Universität Tübingen, Deutsches Institut für Erwachsenenbildung) und Rudolf Tippelt (Universität München).

Eine Lehrbuchreihe des Deutschen Instituts für Erwachsenenbildung – Leibniz-Zentrum für Lebenslanges Lernen e.V. (DIE)

Das DIE wird vom Bund und vom Land Nordrhein-Westfalen gefördert.

Deutsches Institut für Erwachsenenbildung
Leibniz-Zentrum für Lebenslanges Lernen

Wissenschaftliches Lektorat: Thomas Jung, Franziska Loreit

© 2018 wbv Publikation
ein Geschäftsbereich der
wbv Media GmbH & Co. KG, Bielefeld

Gesamtherstellung:
wbv Media GmbH & Co. KG, Bielefeld
wbv.de

Einbandgestaltung: Atelier Reichert, Stuttgart
Layout und Satz: Christiane Zay, Potsdam

Umschlagfoto: shutterstock/elenabsi

Band 1, Bestellnummer: utb 4967
2., korrigierte Auflage

ISBN (Print): 978-3-8252-5283-0
Online-Angebote oder elektronische Ausgaben sind erhältlich unter www.utb-shop.de

Printed in Germany

Das Werk einschließlich seiner Teile ist urheberrechtlich geschützt. Jede Verwertung außerhalb der engen Grenzen des Urheberrechtsgesetzes ist ohne Zustimmung des Verlags unzulässig und strafbar. Insbesondere darf kein Teil dieses Werkes ohne vorherige schriftliche Genehmigung des Verlages in irgendeiner Form (unter Verwendung elektronischer Systeme oder als Ausdruck, Fotokopie oder unter Nutzung eines anderen Vervielfältigungsverfahrens) über den persönlichen Gebrauch hinaus verarbeitet, vervielfältigt oder verbreitet werden.

Für alle in diesem Werk verwendeten Warennamen sowie Firmen- und Markenbezeichnungen können Schutzrechte bestehen, auch wenn diese nicht als solche gekennzeichnet sind. Deren Verwendung in diesem Werk berechtigt nicht zu der Annahme, dass diese frei verfügbar seien.

Bibliografische Information der Deutschen Nationalbibliothek

Die Deutsche Nationalbibliothek verzeichnet diese Publikation in der Deutschen Nationalbibliografie; detaillierte bibliografische Daten sind im Internet über http://dnb.d-nb.de abrufbar.

Inhalt

Vorwort zur Reihe

Liebe Leserinnen und Leser, liebe Studierende,

der vorliegende Band eröffnet eine neue, voraussichtlich zwölf Bände umfassende Lehrbuchreihe mit dem Titel „Erwachsenen- und Weiterbildung. Befunde – Diskurse – Transfer“. Die Lehrbücher bündeln forschungsbasiertes Wissen der Disziplin Erwachsenenbildung und ihrer Bezugswissenschaften und vermitteln Grundlagenkenntnisse für das praktische Handeln in verschiedenen Feldern. Dazu haben sich Wissenschaftlerinnen und Wissenschaftler verschiedener Forschungsstränge der Disziplin in einem Herausgebergremium zusammengefunden, um Themen zu identifizieren, die zum Kern der Vorbereitung auf eine Arbeit im Bereich der Erwachsenen- und Weiterbildung zählen.

Themen, Aufbau und Umfang der Lehrbücher orientieren sich an der grundständigen und berufsbegleitenden Lehre in Bachelor- und Masterstudiengängen an Hochschulen. Die Bücher können veranstaltungsbegleitend oder im Selbststudium sowohl von Studierenden als auch von Berufstätigen genutzt werden: als Einführung in ein Themengebiet, als Repetitorium zur Vorbereitung auf Prüfungen oder als Nachschlagewerk. Sie vermitteln ein umfassendes Wissen, führen ihre Leserinnen und Leser in das wissenschaftliche Denken und Arbeiten ein und unterstützen den praxisorientierten Wissenstransfer. Um sowohl veranstaltungsbegleitend als auch selbstgesteuert genutzt werden zu können, finden sich in jedem Lehrbuch Impulse zum Weiterdenken, Recherchieren, Diskutieren, Reflektieren und Hinterfragen.

Die Buchreihe wird durch ein unabhängiges Gremium von Hochschullehrerinnen und Hochschullehrern herausgegeben und vom Deutschen Institut für Erwachsenenbildung – Leibniz-Zentrum für Lebenslanges Lernen e. V. (DIE) redaktionell betreut. Die Mitglieder des Herausgebergremiums begleiten kritisch beratend die Entstehung jedes Bandes und sichern so eine hohe fachliche Qualität. Dem Gremium gehören an: Anke Grotlüschen (Universität Hamburg), Christiane Hof (Universität Frankfurt), Bernd Käpplinger (Universität Gießen), Henning Pätzold (Universität Koblenz-Landau), Michael Schemmann (Universität zu Köln), Sabine Schmidt-Lauff (Helmut-Schmidt-Universität Hamburg), Josef Schrader (Universität Tübingen, Deutsches Institut für Erwachsenenbildung) und Rudolf Tippelt (Universität München). Die Mitglieder des Herausgebergremiums danken wbv Media und der Arbeitsgemeinschaft utb für die verlegerische Betreuung und wünschen der Reihe viel Erfolg!

Die Mitglieder des Herausgebergremiums
Bonn, Oktober 2018

Einblick in die Kapitel

Auch wenn die Teilnahme an Weiterbildung oft freiwillig erfolgt, wird sie von verschiedenen Bedingungen begünstigt oder gehemmt. Dieses Kapitel behandelt individuelle und institutionelle Einflussfaktoren und stellt Befunde der bildungssoziologischen und der entwicklungspsychologischen Forschung vor. Die Motivation zur Teilnahme wird anhand des Erwartungs-Wert-Modells erläutert. Am Beispiel der Weiterbildungsberatung wird aufgezeigt, wie wissenschaftliche Befunde für informierte Entscheidungen für oder gegen eine Teilnahme genutzt werden können.

Wenn sich Erwachsene für eine Teilnahme entscheiden, haben sie die Wahl zwischen einer Vielfalt an Angeboten und Anbietern. Dieses Kapitel beschreibt die institutionellen und curricularen Strukturen der Erwachsenen- und Weiterbildung. Angebote und Programme werden als Bedingungen wirksamen Lehrens und Lernens vorgestellt. Abschließend wird aufgezeigt, was Akteure dieses Bildungsbereichs tun können, um den Beitrag der Erwachsenen- und Weiterbildung zur Bildung Erwachsener zu legitimieren.

In diesem Kapitel geht es um die Beschäftigungsbedingungen und die Qualifikationen von Lehrkräften der Erwachsenen- und Weiterbildung. Ihr beruflicher Status wird professionstheoretisch gedeutet und offene Fragen werden aufgezeigt. Abschließend werden aktuelle Initiativen zur Anerkennung der Kompetenzen von Lehrkräften vorgestellt, die zur Weiterentwicklung der pädagogischen Professionalität und damit zur gesellschaftlichen Anerkennung der Erwachsenen- und Weiterbildung beitragen wollen.

In diesem Kapitel geht es um die Kompetenzen von Lehrkräften, d. h. um die doppelte Frage, wer berechtigt ist bzw. als befähigt gilt, in der Erwachsenen- und Weiterbildung zu lehren. Neben historischen Vorstellungen von einer „guten“ Lehrkraft werden Kompetenzmodelle und Befunde aus Kompetenztests vorgestellt. Abschließend wird erörtert, inwiefern Portfolios zur Förderung der Entwicklung von Kompetenzen sowie zur Fundierung von Auswahlentscheidungen beitragen können.

In diesem Kapitel geht es um die Koordination der Planungen von Beschäftigten, die für Programme bzw. für Veranstaltungen zuständig sind. Während makrodidaktische Modelle die Verantwortung des Planungspersonals auch für die Gestaltung von Lehr-Lern-Prozessen einfordern, liefern empirische Studien Hinweise für eine hohe pädagogische Autonomie der Lehrkräfte. Zudem werden die Potenziale von Handreichungen und Checklisten erörtert, da diese die Koordination von Veranstaltungs- und Programmplanung verbessern können.

Das Kapitel führt in didaktische Modelle zur Planung, Durchführung und Evaluation von Lehr-Lern-Prozessen ein. Didaktische Prinzipien wie das der Teilnehmerorientierung formulieren Grundsätze für den Umgang mit erwachsenen Lernenden. Empirische Befunde zum alltäglichen Planungshandeln werden vorgestellt. Sie regen das Nachdenken darüber an, wie analoge und digitale Werkzeuge eine didaktisch reflektierte Vorbereitung von Lehr-Lern-Prozessen unterstützen können.

Die Vielfalt der Anbieter und Angebote der Erwachsenen- und Weiterbildung lässt eine Vielfalt an didaktisch-methodischen Arrangements erwarten. Dieses Kapitel konzentriert sich gleichwohl auf empirisch identifizierte Muster von Lehr- und Lernaktivitäten in verschiedenen Typen von Veranstaltungen. Abschließend wird aufgezeigt, wie die Modelle und Befunde der Forschung ebenso wie ihre Instrumente und Verfahren genutzt werden können, um die Reflexivität und Sichtbarkeit des Lehr- und Lernhandelns zu erhöhen.

In diesem Kapitel geht es um die Lernmotivation und die Lerninteressen Erwachsener und damit um ihre Bereitschaft, engagiert zu lernen. Dazu werden ausgewählte psychologische und erziehungswissenschaftliche Modelle und Befunde zur Erklärung des Lernverhaltens vorgestellt. Abschließend wird die Frage erörtert, ob und wie Lehrkräfte ihre Teilnehmenden „motivieren“ können.

In diesem Kapitel geht es um die Ethik erwachsenenpädagogischen Handelns. Am Beispiel moralischer Konflikte in Lehr-Lern-Prozessen werden Prinzipien einer pädagogischen Ethik aufgezeigt und Unterschiede zu einer Ethik für Pädagogen herausgearbeitet. Berufsethische Prinzipien werden als Teil der Kompetenzen von Lehrkräften erörtert. Die Relevanz für die Praxis wird am Beispiel der Bedeutung von Berufsverbänden für die Kodifizierung und Durchsetzung professionsethischer Standards diskutiert.

Dieses Kapitel behandelt die Frage, ob (Weiter-)Bildung „sich lohnt“. Auf der Basis eines Modells der Evaluationsforschung werden Arten der Wirkungen des Lernens Erwachsener unterschieden. An ausgewählten empirischen Studien wird gezeigt, welche Wirkungen auf welche Weise festgestellt wurden. Abschließend wird die Frage diskutiert, welche Verantwortung Lehrkräfte für den Erfolg der Erwachsenen- und Weiterbildung haben und wie sie dieser Verantwortung gerecht werden können.

Die Forschung hat sich oft mit der Frage beschäftigt, was eine „gute“ Lehrkraft ist. Demgegenüber wissen wir noch wenig darüber, wie man eine gute Lehrkraft wird. Das Kapitel informiert über theoretische Annahmen, empirische Befunde und praktische Empfehlungen zur Entwicklung der Kompetenzen von Lehrkräften. Abschließend wird aufgezeigt, was Lehrkräfte selbst tun können, um ihre Kompetenzentwicklung zu fördern.

Einleitung

Lehren, Lernen und die Wirkungen der Erwachsenen- und Weiterbildung[1]

Am Anfang steht das Lernen. Erst wenn häusliche Erziehung und alltägliche Erfahrung nicht mehr genügen, um Heranwachsende zu selbstständigem Handeln zu befähigen, erfinden Gesellschaften Institutionen, die die Aufgabe übernehmen, das Lernen zu begleiten. Dieser Prozess der Vergesellschaftung der Erziehung kann in Deutschland seit über 200 Jahren beobachtet werden (Roessler, 1961).

> Es ist schlimm genug [...], dass man jetzt nichts mehr für sein ganzes Leben lernen kann. Unsre Vorfahren hielten sich an den Unterricht, den sie in ihrer Jugend empfangen; wir aber müssen jetzt alle fünf Jahre umlernen, wenn wir nicht ganz aus der Mode kommen wollen. (Goethe, 2008, S. 41; zuerst erschienen 1809)

So ließ Johann Wolfgang von Goethe einen aufgeklärten Adeligen, die Hauptfigur seines Romans *Die Wahlverwandtschaften*, angesichts des Fortschritts der Naturwissenschaften klagen. Mehr als 200 Jahre später ist aus einer persönlichen Klage über die Lernzumutungen an manche ein bildungspolitischer Appell an die lebenslange Lernbereitschaft aller geworden:

> Was in erster Linie zählt, ist die Fähigkeit der Menschen, Wissen zu produzieren und dieses Wissen effektiv und intelligent zu nutzen, und dies unter sich ständig verändernden Rahmenbedingungen. Wollen sie diese Fähigkeit voll entwickeln, müssen die Menschen bereit und in der Lage sein, ihr Leben selbst in die Hand zu nehmen und – kurz gesagt – aktive Staatsbürger zu werden. Lebenslange Aus- und Weiterbildung ist für alle der beste Weg, um den Herausforderungen des Wandels zu begegnen. (Kommission der Europäischen Gemeinschaften, 2000, S. 8)

Das *EU-Memorandum* fokussiert die Aus- und Weiterbildung, also das organisierte Lernen in Kursen, Seminaren oder Trainings, nicht das beiläufige Lernen im Alltag oder am Arbeitsplatz. Mit der Institutionalisierung des Lebenslangen Lernens hat

---

1 In dieses Lehrbuch konnte ich viele Anregungen und Kritiken von Kolleginnen und Kollegen aufnehmen, mit denen ich z. T. seit vielen Jahren zusammenarbeiten darf. Anne Hild und Franziska Loreit haben im gesamten Prozess des Schreibens Literatur und Materialien recherchiert und aufbereitet, die Entwürfe einzelner Kapitel kommentiert und zahlreiche Verbesserungsvorschläge für den Aufbau des Buches gemacht. Dörthe Herbrechter, Christian Marx, Sabine Schöb und insbesondere Petra Hetfleisch haben mich bei ausgewählten Kapiteln der Endfassung nicht nur auf Fehler aufmerksam gemacht, sondern auch Vorschläge für eine klarere Darstellung formuliert. Henning Pätzold und Anke Grotlüschen haben für die Gruppe der Herausgeberinnen und Herausgeber der Lehrbuchreihe die Erstellung des Bandes als „Peer" begleitet. Ihnen allen danke ich sehr herzlich. Für alle verbleibenden Mängel bin selbstverständlich allein ich selbst verantwortlich.

sich die Erwachsenen- und Weiterbildung – gleichsam unbemerkt von der öffentlichen Aufmerksamkeit – zum größten Bildungsbereich entwickelt, nicht nur nach Teilnehmenden und Einrichtungen, sondern auch nach Beschäftigten (Schrader, im Druck).

Der vorliegende Band zum „Lehren und Lernen“ gehört zu einer Lehrbuchreihe, die Studierende der Erziehungswissenschaft oder benachbarter Disziplinen, insbesondere jene mit noch geringen Vorkenntnissen, bei der Vorbereitung auf eine Berufstätigkeit in der Erwachsenen- und Weiterbildung unterstützen möchte. Lehren und Lernen bilden die Kernaktivitäten dieses Bildungsbereichs. Sie werden in diesem Band primär als *pädagogische* und nicht als bloß soziale oder kommunikative Aktivitäten behandelt. Insbesondere geht es in dem Band um die Frage, wie das Lehren das Lernen unterstützen kann und welche Wirkungen sich daraus ergeben (können) (Kade & Seitter, 2003). Das pädagogische Nachdenken über Bildung und Erziehung ist untrennbar gebunden an die Formulierung und Rechtfertigung von Zielen. Die Geschichte der Erwachsenen- und Weiterbildung bietet Beispiele für eine Vielfalt sehr unterschiedlicher Ziele und daraus abgeleiteter Erwartungen an die Wirkungen des Lernens Erwachsener. Zumeist geht es um das Individuum.

Zahlreich sind Anschlüsse an Konzepte der Aufklärung und an jene des Neuhumanismus in der Humboldtschen Tradition:

> Der wahre Zweck des Menschen – nicht der, welchen die wechselnde Neigung, sondern welche die ewig unveränderliche Vernunft ihm vorschreibt – ist die höchste und proportionierlichste Ausbildung aller menschlichen Kräfte zu einem Ganzen. (v. Humboldt, 1903, S. 106; zuerst erschienen 1792)

Individuelle Bildung wurde als Ziel der Erwachsenenbildung zumeist dann betont, wenn es um kompensatorische Angebote für jene ging, die trotz eines mehrjährigen Schulbesuchs über keine hinreichende Allgemeinbildung verfügten (Tews, 1921). Aber nicht nur zur Entfaltung persönlicher Anlagen, sondern auch zur Stiftung sozialer (Volks-)Gemeinschaften sollte die Erwachsenenbildung, die bis zur Mitte des 20. Jahrhunderts zumeist als „Volksbildung“ bezeichnet wurde, beitragen. So forderte Flitner zu Beginn der Weimarer Zeit von der Volksbildung nicht weniger als einen Beitrag zur „Volkbildung“ nach den Verwerfungen des Ersten Weltkrieges. Dies könne nur bei einer Abkehr von einer rein „priesterlichen“, wissenschaftsorientierten Elitebildung und einer Hinwendung zu einer „im Leben selbst“ verankerten und traditionspflegenden „Laienbildung“ (Flitner, 1921) gelingen. Weitere Beispiele finden sich, teils auch in einer fortschrittsskeptischen, ja widerständigen Grundhaltung, u. a. in den Traditionen der Handwerker- oder der Arbeiterbildung (Liebknecht, 1872; Huge, 1989). In der zweiten Hälfte des 20. Jahrhunderts sprachen sich u. a. Vertreter des Kommunitarismus für einen Beitrag von (Erwachsenen-)Bildung zur Stiftung von Gemeinschaften und zur gesellschaftlichen Selbstregulation von unten aus, da die Gemeinschaften, nicht das Individuum oder die Ökonomie, der zu stärkende Kern moderner Gesellschaften seien (Etzioni, 1968). Nicht die Gemeinschaften, sondern Gesellschaft und Staat wurden von der politischen Bildung adressiert. So forderte Borinski (1954) eine „mitbürgerliche Bildung“, die insbesondere von der sogenannten freien, also nicht an Kirchen oder Gewerkschaften gebundenen Erwachsenenbildung zu leisten sei und die sich nicht nur an die politisch Engagierten, sondern an alle für die Zivilgesellschaft Verantwortlichen richten solle. Sie sollte den „ganzen Menschen“, nicht nur den Staatsbürger, ansprechen und ihn nicht nur in den Formen, sondern auch zu den Inhalten der Demokratie bilden. Für Borinski war politische Bildung ein übergreifendes Prinzip der Erwachsenenbildung. Distanz gegenüber einer auf Integration zielenden politischen Erwachsenenbildung betonten die Vertreter einer kritischen Pädagogik. Sie sprachen sich gegen eine Instrumentalisierung des Lernens Erwachsener für fremde, speziell ökonomische Zwecke aus und votierten stattdessen für eine Erwachsenen- und Weiterbildung, die Menschen befähigt, sich von gesellschaftlichen Zwängen zu emanzipieren (Faulstich, 1981). Vornehmlich in bildungspolitischen Dokumenten findet sich schließlich die Forderung, dass Erwachsenen- und Weiterbildung zur ökonomischen Wettbewerbsfähigkeit beitragen möge. So heißt es etwa im Koalitionsvertrag der deutschen Bundesregierung aus dem Jahre 2018:

> Den Transformationsprozess in der Arbeitswelt wollen wir zum Nutzen aller gestalten. Insbesondere die berufliche Aus- und Weiterbildung muss mit der wachsenden Dynamik veränderter Qualifikationsanforderungen Schritt halten und langfristig den Qualifizierungsbedarf der Wirtschaft und des öffentlichen Bereichs decken. (Bundesregierung, 2018, S. 29)

Schon diese wenigen Beispiele lassen eine Vielfalt an Zielen erkennen, die auf die Vielfalt der Handlungsräume Bezug nehmen, in denen sich Erwachsene in modernen Gesellschaften bewegen. Bereits Schleiermacher (1983; zuerst erschienen 1826) hatte in seinem Entwurf einer Theorie der Erziehung darauf aufmerksam gemacht, dass Erziehung nicht nur auf die Förderung von Individuen, sondern auch auf die „größeren Lebensgemeinschaften“ gerichtet sein solle, d. h. auf die Familie, die Kirche, die bürgerliche Gesellschaft (gemeint ist: der Staat), die „freie Geselligkeit“ und die Wissenschaft. Schleiermacher sah bereits, dass diese Institutionen den lebenslang zu denkenden Prozess der Erziehung mitgestalten und prägen.

Die Akteure der Volks-, Erwachsenen- und Weiterbildung haben sich oft positiv auf von außen formulierte Erwartungen bezogen. Ein aktuelles Beispiel bieten die Volkshochschulen, die in ihren Wahlprüfsteinen zur Bundestagswahl 2017 versprechen, bei einer staatlichen Regelförderung, die allen Betroffenen die Teilnahme an Alphabetisierungs- und Grundbildungsangeboten ermögliche, die „dramatisch hohe Zahl von 7,5 Mio. Erwachsenen in Deutschland, die nicht ausreichend lesen und schreiben können, zu vermindern“ (DVV, 2017). Wer Anbieter, Angebote und Teilnahmequoten in der Alphabetisierung und Grundbildung kennt, wird fragen, ob und, wenn ja, *wie* tatsächlich erreicht werden kann, was hier versprochen wird.

Denn Erziehung und Bildung haben Grenzen. Bernfeld (1967; zuerst erschienen 1925), ein fast vergessener Pädagoge der Weimarer Republik, benannte drei solche Grenzen: die Erziehungsfähigkeit des Kindes, d. h. dessen psychische Möglichkeiten, sodann die psychischen Dispositionen der Erzieher und schließlich die Funktion der Pädagogik, die ihr die Gesellschaft zuschreibt. Solche Grenzen erfahren wir alle täglich: Wir können nicht alles lernen, was wir lernen möchten, da wir nicht „Herr im eigenen Hause“ sind. Bei manchen Pädagogen fällt uns das Lernen leichter als bei anderen. Nicht für alles, was wir lernen wollen, finden wir geeignete, finanzierbare und erreichbare Angebote. Manche Ziele stehen miteinander in Konflikt: Wer beim Lernen fremder Sprachen viel Zeit für Grammatik und Vokabeln aufwendet, hat weniger Zeit für kommunikativen Austausch. Es genügt also nicht, über wünschenswerte Ziele zu streiten, wenn nicht zugleich auch die pädagogischen Mittel bedacht werden, mit denen angesichts vorhandener institutioneller und personaler Grenzen Erwünschtes bewirkt und Unerwünschtes vermieden werden kann.

Um Wirkungen und Grenzen der Erwachsenen- und Weiterbildung und damit auch die Verantwortung der jeweils Handelnden, insbesondere der Lehrkräfte, einschätzen zu können, orientiert sich das Lehrbuch an einem Angebots-Nutzungs-Wirkungsmodell von Erwachsenen- und Weiterbildung in seiner Mehrebenenstruktur (→ Abb. 1).

Erwachsenen- und Weiterbildung weist eine Mehrebenenstruktur auf, und ihre Wirkungen lassen sich als das Ergebnis einer Ko-Konstruktion der sozial kontextuierten Handlungen von Akteuren auf unterschiedlichen Ebenen interpretieren. Die beispielhaft erwähnten erwünschten Wirkungen sind gebunden

- an individuelle und institutionelle Voraussetzungen, die eine Teilnahme befördern;
- an eine Anbieterstruktur, die alle erreichen kann, die lernen wollen oder sollen;
- an Angebote, die bedarfsgerecht und bedürfnisgerecht geplant und veranstaltet sind;
- an Lehrende und Lernende, die motiviert sind und über die notwendigen Fähigkeiten verfügen, so dass erfolgreich gelernt und gelehrt wird;
- an eine Umwelt außerhalb des Lernraums, die Gelegenheiten eröffnet, Gelerntes auch anzuwenden.

Wirkungen lassen sich nicht gleichsam linear erzeugen, wie es die Pfeile in → Abbildung 1 suggerieren könnten. Vielmehr handeln die Akteure unter den Bedingungen doppelter Kontingenz (Baumert & Kunter, 2006, S. 476–477; Luhmann, 1997): Handlungs*angebote*, die Akteure einander machen, können *genutzt* werden oder auch nicht. Wie das jeweils geschieht, hat Einfluss auf intendierte und auch unerwünschte Wirkungen.

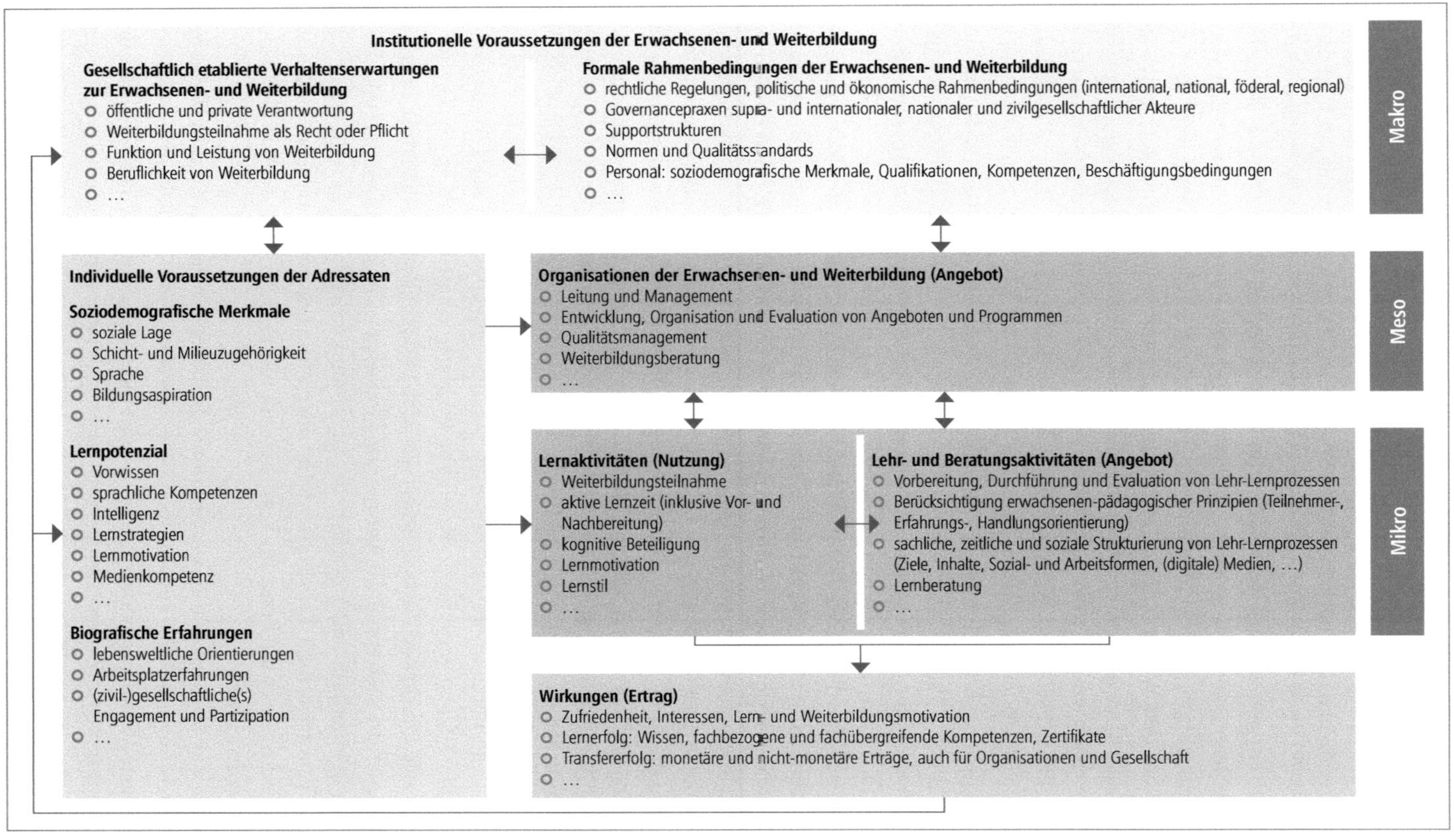

Abbildung 1. Angebots-, Nutzungs- und Wirkungs-Beziehungen im Mehrebenensystem der Erwachsenen- und Weiterbildung (Schrader, im Druck)

Die Gliederung des vorliegenden Bandes lehnt sich an dieses Mehrebenenmodell an. Zunächst wird erläutert, wie Teilnahme an Weiterbildung in Abhängigkeit von individuellen und institutionellen Voraussetzungen möglich ist (→ Kap. 1). Kommt es zu einer Teilnahmeentscheidung, haben die Adressatinnen und Adressaten die Wahl zwischen einer Vielfalt an Angeboten. Der Begriff des Angebots wird in einem doppelten Sinne verwandt: Am Anfang stehen *Angebote*, die Weiterbildungsanbieter machen (→ Kap. 2). Damit wird der Blick auf Inhalte und Ziele von Veranstaltungen gerichtet und die Frage nach einem „Curriculum" der Erwachsenen- und Weiterbildung gestellt. In einer zweiten Bedeutung geht es um die (didaktischen) *Angebote,* die Lehrkräfte ihren Teilnehmenden machen. In → Kapitel 3 werden zunächst die Lehrkräfte als Teil der institutionellen Voraussetzungen der Erwachsen- und Weiterbildung vorgestellt. Dazu werden ihre Qualifikationen, ihre soziodemografischen Merkmale sowie ihre Beschäftigungsbedingungen beschrieben. → Kapitel 4 richtet den Blick auf ihre Kompetenzen, d. h. auf ihre Berechtigungen und Befähigungen zur Gestaltung von Lehr-Lern-Prozessen. Die Koordination der Planungen von Programmverantwortlichen in Organisationen und von Lehrkräften in deren Umfeld wird in → Kapitel 5 behandelt. → Kapitel 6 widmet sich den didaktischen Modellen und Prinzipien, auf die sich Lehrkräfte beziehen können, wenn sie Veranstaltungen vorbereiten, durchführen und auswerten. In → Kapitel 7 stehen die Muster von Lehr- und Lernaktivitäten im Vordergrund. Dabei geht es zum einen um die *Angebote* der Lehrkräfte zur zeitlichen, sachlichen und sozialen Strukturierung des Lehr-Lern-Geschehens; zum anderen wird deren *Nutzung* durch die Teilnehmenden beleuchtet. Ihr Zusammenwirken bestimmt das Gruppen- und Lernklima, das im Modell nicht als eigene Dimension ausgewiesen wird. → Kapitel 8 behandelt die Bedeutung von Lernmotivation und Lerninteressen für erfolgreiches Lernen und zeigt auf, wie diese von Lehrkräften gefördert werden können. Lernmotivation wird als eine Voraussetzung, aber auch als ein Ergebnis von Lernaktivitäten betrachtet. Da in Veranstaltungen der Erwachsenen- und Weiterbildung moralische Konflikte auftreten können, wird in → Kapitel 9 gezeigt, wie Lehrkräfte diese, gestützt auf eine pädagogische Berufsethik, bearbeiten können. In → Kapitel 10 werden die Wirkungen der Erwachsenen- und Weiterbildung innerhalb und außerhalb des Lernraums erörtert und es wird reflektiert, welche Verantwortung Lehrkräfte dafür übernehmen können. Im abschließenden → Kapitel 11 steht die Frage im Vordergrund, wie man eine „professionelle" Lehrkraft werden kann.

Wenn in diesem Band das Lehren und damit die Erwachsenen- und Weiterbildung nicht nur im Blick auf legitime Ziele, sondern auch im Blick auf erreichbare Wirkungen thematisiert werden, wenn es also nicht nur um das Wirken-Wollen, sondern auch um das Wirken-Können geht, so ist dies zwar immer wieder eingefordert worden (Tietgens & Weinberg, 1971), aber keineswegs selbstverständlich. Dagegen sind nicht nur normative, sondern auch theoretische Einwände erhoben worden,

z. B. auf der Basis konstruktivistischer Lerntheorien. Von Siebert (2009) stammt das viel zitierte Bonmot, dass Erwachsene zwar lernfähig sind, aber nicht belehrt werden können. Zutreffend ist diese Aussage insofern, als die subjektive (und damit immer selbstreferenzielle) Operation des Lernens und die intersubjektive Operation des Lehrens zwar aufeinander bezogen, aber nicht ineinander überführt werden können (Prange, 2005). Folglich hat das Lehren unüberwindbare Grenzen. Nicht zutreffend ist diese Annahme insoweit, als Erwachsene manches nicht lernen können, wenn sie nicht belehrt werden. „Belehrung" findet z. B. dann statt, wenn ein allgemeines, den Lernenden fremdes Wissen ihnen in einer Form gezeigt wird, dass sie dieses ihrem je besonderen Vorwissen hinzufügen können. Lernende können das nicht aus sich heraus, denn dazu müssten sie bereits wissen, was sie noch nicht wissen (Prange, 2008, S. 73–76). Das Lehrbuch folgt also weder dem notorischen Optimismus mancher „Macher" der Praxis, die versprechen, man werde eine erfolgreiche Führungskraft in zwei Tagen, aber auch nicht dem bequemen Gleichmut manch radikaler Konstruktivisten, die beim Lehren und Lernen alles für möglich, aber nichts für wahrscheinlich halten, so dass am Ende auch niemand verantwortlich scheint. Stattdessen steht hier die Frage im Vordergrund, unter welchen Bedingungen und in welchen Formen des Lehrens das Lernen *wahrscheinlicher* wird. Eine solche Frage lässt sich theoretisch konkretisieren und empirisch untersuchen, und ihre Beantwortung kann praktisch folgenreich sein. Denn (angehende) Lehrkräfte wollen „nützen", wie es ein Wanderlehrer aus der Weimarer Zeit einmal formulierte (Seitter, 2007, S. 44), sie wollen, so die Befunde der Bildungsberichterstattung, ihre „Kenntnisse und Erfahrungen weitergeben" (Autorengruppe wb-personalmonitor, 2016, S. 132). Nicht zuletzt ist es Teil ihrer berufsethischen Verantwortung, ihr Wirken-Wollen auf ein Wirken-Können zu stützen.

Was kann Wissenschaft zur Vorbereitung von Studierenden auf Lehrtätigkeiten beitragen? Die Wissenschaft, so Popper (1973), zielt auf die systematische, kontrollierte Erzeugung und Prüfung von konsistenten Aussagen über die physikalische Welt, die Welt der Erfahrungen, die Welt der Ideen und die Beziehungen zwischen diesen Welten. Die Erziehungswissenschaft beschäftigt sich mit der Welt der Erfahrungen in Erziehungs-, Bildungs- bzw. Lehr-Lern-Situationen. In Anlehnung an Brezinka (1975) wird sie als eine Disziplin begriffen, die Prozesse der Erziehung und Bildung beschreibt, erklärt, prognostiziert und anzuleiten sucht (Roth, 1967). Als *theoretische* Erziehungswissenschaft entwickelt sie Modelle ihres Gegenstandsbereichs. Als *empirische* Erziehungswissenschaft untersucht sie Strukturen, Verläufe und Ergebnisse von Lern- und Bildungsprozessen sowie deren institutionelle und personenbezogene Bedingungen. Dafür greift sie auf jene Methoden der empirischen Bildungs- und Sozialforschung zurück, die einen Zugang zu den Erfahrungen der Akteure ermöglichen. Die historische Forschung lässt sich als ein Teilbereich der empirischen Forschung begreifen. Die *Philosophie der Erziehung* erörtert Wertungsfragen und Wertungsprobleme, ohne die weder pädagogisches Handeln noch erziehungswissenschaftliche Forschung möglich sind, gestützt auf die Mittel der Vernunft, d. h. nicht allein auf der Basis von Setzungen. Die *Praktische Pädagogik* formuliert Handlungsempfehlungen, z. B. als Unterrichts- oder Trainingskunde, und stützt sich dabei u. a. auf wissenschaftliches Wissen, aber auch auf im Alltag bewährte Praktiken. Folgt man diesen Vorschlägen, lassen sich mindestens drei Arten wissenschaftlicher Aussagen unterscheiden:

1. theoretische Aussagen, die pädagogische Phänomene und ihre Beziehungen in Modelle übersetzen,
2. empirische Aussagen, die beschreiben, erklären und prognostizieren, „was der Fall ist", sowie
3. normative oder pragmatische Aussagen, die vorschreiben, was der Fall sein und was dazu getan werden soll.

Keine dieser drei Formen wissenschaftlichen Wissens kann die anderen „regieren" (Benner, 1980), aber sie können einander balancieren. Studierende sollten zum einen lernen, Formen des wissenschaftlichen Wissens zu unterscheiden, zum anderen, sie für die Bewältigung alltäglicher Anforderungen zu nutzen.

In *disziplinärer* Hinsicht folgt das Lehrbuch einer genuin erziehungswissenschaftlichen Perspektive: Die Beschäftigung mit Prozessen der Bildung (Erwachsener) besteht „in dem Versuch, auf theoretisch klug gestellte ‚Wie'-Fragen Forschung zu organisieren und technologisch orientierte Antworten zu geben" (Tenorth, 2003, S. 429). Dazu wird, wo immer nötig, auch das Wissen der Nachbardisziplinen genutzt, z. B. der (pädagogischen) Psychologie, der Sozialwissenschaften oder der Bildungsökonomie. Eine „gute" Erwachsenen- und Weiterbildung ist zweifellos mehr als eine „wirksame": Zu ihr gehören Anbieter, die die Vielfalt der Kulturen ihrer Adressatinnen und Adressaten respektieren; Angebote, die resonanzfähig sind gegenüber einer sich wandelnden Welt; Lehrkräfte, die mit Enthusiasmus unterrichten; Teilnehmende, die Veranstaltungen gern aufsuchen; Gespräche, die bereits in ihrer Form zu einem mündigen und verantwortbaren Leben „erziehen". Aber ohne dass Erwachsenen- und Weiterbildung wirksam zur Bildung Erwachsener beiträgt, gäbe es sie wohl nicht.

Daraus ergibt sich die didaktische Konzeption des Lehrbuchs. Es führt genetisch, sokratisch und exemplarisch (Wagenschein, 1989) in ausgewählte Problemstellungen des Lehrens und Lernens ein. Die Kapitel beginnen jeweils mit (Fall-)Beispielen, die zum eigenständigen Nachdenken anregen sollen, skizzieren vor diesem Hintergrund die Genese ausgewählter Forschungsfragen und Forschungsbefunde und zeigen abschließend an Beispielen auf, wie unterschiedliche Formen wissenschaftlichen Wissens (theoretisches, empirisches, präskriptives Wissen) für die Bearbeitung praktischer Problemstellungen genutzt werden können. Forschung kann in diesem Lehrbuch nur exemplarisch vorgestellt werden; für resümierende Darstellungen wird auf Handbücher und Überblicksbeiträge verwiesen.

In *pädagogischer* Hinsicht wird das Lehrbuch getragen vom Respekt vor den Lehrkräften der Erwachsenen- und Weiterbildung: Sie sehen die Welt durch die Augen der Teilnehmenden, denken darüber nach, welches Wissen für Erwachsene hilfreich sein könnte, bereiten es auf, zeigen, wie es erworben und wozu es genutzt werden kann, und melden zurück, ob dies gelungen ist. Dies ist eine ebenso herausfordernde wie verantwortungsvolle Aufgabe. Prange hat diesen Respekt in der Auslegung der Schrift *De Magistro* von Thomas von Aquin wie folgt formuliert:

> Folglich ist [für Thomas von Aquin] das Lehren beides: *vita activa* und *vita contemplativa, actio in contemplatione, contemplatio in actione*; eine höhere Lebensform gibt es nicht. Dafür wollen wir Thomas rühmen. Er ist nicht nur für die Theologen der Fürst der Scholastik, er ist oder er könnte sein: der Fürst der Didaktik für den Lehrer- und Erzieherberuf. (Prange, 2008, S. 76)

1 Individuelle und institutionelle Voraussetzungen der Teilnahme

Auch wenn die Teilnahme an Weiterbildung oft freiwillig erfolgt, wird sie von verschiedenen Bedingungen begünstigt oder gehemmt. Dieses Kapitel behandelt individuelle und institutionelle Einflussfaktoren und stellt Befunde der bildungssoziologischen und der entwicklungspsychologischen Forschung vor. Die Motivation zur Teilnahme wird anhand des Erwartungs-Wert-Modells erläutert. Am Beispiel der Weiterbildungsberatung wird aufgezeigt, wie wissenschaftliche Befunde für informierte Entscheidungen für oder gegen eine Teilnahme genutzt werden können.

Lernziele

- empirische Befunde zur Entwicklung der Weiterbildungsteilnahme kennen und statistische Daten für die Identifikation institutioneller und individueller Einflussfaktoren nutzen können
- das Erwartungs-Wert-Modell kennen und auf Fragen der Weiterbildungsmotivation anwenden können
- Annahmen und Befunde des Erwartungs-Wert-Modells für die Weiterbildungsberatung nutzen können

„Wer hat, dem wird gegeben."

Wenn in der Forschung zur Erwachsenen- und Weiterbildung die Beobachtung erklärt wird, dass bestimmte Gruppen Erwachsener häufiger an Weiterbildung teilnehmen als andere, dann wird zumeist auf den sogenannten Matthäus-Effekt verwiesen: Wer Status hat, dem wird Bildung gegeben; wer ihn nicht hat, dem wird sie erschwert, trotz gegebenenfalls vorhandener Bedarfe und Bedürfnisse. So lautet eine in der Weiterbildungsforschung verbreitete Auslegung des Matthäus-Effekts (z. B. Iller, 2017, S. 434). Demgegenüber betont eine theologische Auslegung nicht nur die „Macht der gesellschaftlichen Verhältnisse", sondern auch die individuelle Verantwortung. Vollständig lautet die eingangs zitierte Bibel-Passage: „Denn wer da hat, dem wird gegeben, dass er die Fülle habe; wer aber nicht hat, dem wird auch das genommen, was er hat" (Mt 25,29). Jene also, so die theologische Auslegung, die aktiv glauben, gewinnen ein fortlaufend tieferes Verständnis des Glaubens, während jene, die nicht (mehr) glauben, nach und nach die Fähigkeit dazu verlieren (Schrottroff, 2007). Übertragen hieße dies, dass jene, die sich bilden, ein immer tieferes Verständnis von sich selbst, der Gesellschaft und der Welt gewinnen (so der Deutsche Ausschuß für das Erziehungs- und Bildungswesen, 1960, S. 20–21), während jene, die ihre Talente nicht mehr nutzen, sei es aus Angst oder Protest, auch jene Fähigkeiten noch verlieren, die sie einmal besaßen. Eine dritte Deutung des Matthäus-Effekts findet sich in der Soziologie. Beschrieben wird damit das Phänomen, dass bereits vorhandene gesellschaftliche Anerkennung zusätzliche Anerkennung hervorbringt. Beispielsweise wird in der Wissenschaft oft behauptet, dass Veröffentlichungen bekannter Autorinnen und Autoren häufiger zitiert werden als Beiträge der noch unbekannten und so die Bekanntheit der Ersteren weiter steigt (Merton, 1985). Ob dies an den Machtstrukturen der Wissenschaft oder an der Kompetenz der Rezipienten liegt, wäre noch zu prüfen. Je nach Interpretation des Matthäus-Effekts geraten also unterschiedliche Ursachen für die soziale Selektivität der Erwachsenen- und Weiterbildung in den Blick: die gesellschaftlichen Verhältnissen (Fremdselektion), die individuellen Voraussetzungen (Selbstselektion) oder deren Zusammenspiel (→ Abb. 1).

1.1 Wie werden Erwachsene zur Teilnahme motiviert?

Erwachsenen- und Weiterbildung muss, anders als Schule, ihre Teilnehmenden immer wieder neu finden und binden, wenn lebenslanges Lernen gelingen und wirksam werden soll (Tietgens, 1986). Insofern zielen die Fragen, wer unter welchen Bedingungen (nicht) kommt und warum, welche Rolle also individuelle und institutionelle Merkmale spielen, auf die Konstitutionsbedingungen dieses Bildungsbereichs.

Um Informationen über (Nicht-)Teilnehmende zu erhalten, wurden in Deutschland bereits zu Beginn des 20. Jahrhunderts sogenannte „Hörerstatistiken" genutzt, um die soziodemografischen Angaben, die Teilnehmende mit ihrer Kursanmeldung hinterlegen, mit jenen der relevanten Adressatengruppen der jeweiligen Einrichtung zu vergleichen (v. Wiese, 1921). Mit dem Ende der 1970er Jahre wurde eine Dauerberichterstattung zur Weiterbildung auf- und schrittweise ausgebaut.

Tabelle 1

Beteiligung an Weiterbildung insgesamt und in den Weiterbildungssegmenten nach verschiedenen Bevölkerungsgruppen unter Erwerbstätigen (Bilger et al., 2017, S. 45)

	Teilnahmequote in %													
	Weiterbildung gesamt					betriebliche Weiterbildung[c]			individuelle berufsbezogene Weiterbildung[c]			nicht berufsbezogene Weiterbildung[c]		
	2007	2010	2012	2014	2016	2012	2014	2016	2012	2014	2016	2012	2014	2016
	(*n*=4971)[d]	(*n*=3869)[d]	(*n*=4636)[d]	(*n*=1855)[d]	(*n*=4560)[d]	(*n*=4636)[d]	(*n*=1855)[d]	(*n*=4560)[d]	(*n*=4636)[d]	(*n*=1855)[d]	(*n*=4560)[d]	(*n*=4636)[d]	(*n*=1855)[d]	(*n*=4560)[d]
alle Erwerbstätigen	52	49	56	58	56	46	49	47	8	9	5	10	10	11
Region														
West	51	49	54	57	55	45	47	45	8	9	5	11	10	12
Ost	57	50	61	63	60	53	58	54	10	8	5	9	8	8
Geschlecht														
Männer	52	48	55	57	55	48	51	48	7	7	4	8	7	8
Frauen	52	50	56	59	58	44	48	46	11	11	7	13	13	14
Stellung im Beruf[a]														
Arbeiter	33	29	38	44	41	32	39	34	3	4	1	6	5	7
Angestellte	59	55	61	63	60	53	56	51	7	8	4	12	10	11
Beamte	78	73	81	74	71	76	66	67	11	14	4	13	13	12
Selbstständige	51	46	52	53	55	29	28	32	23	20	19	9	15	13
Voll- und Teilzeit														
Vollzeiterwerbstätige	54	50	57	59	57	49	52	49	8	9	5	8	8	10
Teilzeiterwerbstätige	45	46	52	54	54	39	42	40	10	9	7	15	15	14
Beschäftigungsverhältnis[b]														
befristeter Arbeitsvertrag	53	47	59	66	51	46	54	36	14	15	9	11	11	10
unbefristeter Arbeitsvertrag	49	51	57	59	58	51	53	51	6	6	3	10	9	10
Altersgruppen														
18/19–24 Jahre	53	41	52	55	55	41	44	37	7	10	6	10	13	19
25–29 Jahre	56	45	56	62	53	48	53	45	5	13	4	13	12	10
30–34 Jahre	53	48	60	67	58	51	55	49	10	12	4	8	10	12
35–39 Jahre	54	52	55	59	58	44	53	46	9	9	8	10	12	10
40–44 Jahre	55	52	57	59	60	47	53	51	9	6	7	11	9	10
45–49 Jahre	52	53	58	54	59	48	47	49	10	4	4	10	10	11
50–54 Jahre	52	48	53	58	54	45	51	47	8	9	6	9	7	9
55–59 Jahre	45	49	55	51	56	47	40	47	9	10	4	10	9	11
60–64 Jahre	32	40	46	57	51	37	43	41	5	13	5	13	9	11

Anmerkungen. Datengrundlage: AES 2007, AES 2010, AES 2012, AES 2014, AES 2016; Basis 2007: 19- bis 64-jährige Erwerbstätige; Basis seit 2010: 18- bis 64-jährige Erwerbstätige.

[a] Die Unterscheidung von Angestellten und Arbeitern wird (offiziell) nicht mehr vorgenommen. Es ist daher anzunehmen, dass Personen in neuen Beschäftigungsverhältnissen sich kaum mehr als Arbeiter bezeichnen, sondern eher als Angestellte. Um dennoch den Personen in längeren Beschäftigungsverhältnissen eine bekannte Zuordnungsmöglichkeit in der Befragung einzuräumen, wurde die Trennung nach Arbeitern und Angestellten auch im AES 2016 beibehalten.

[b] Basis: abhängig Beschäftigte (Stellung im Beruf: Arbeiter, Angestellte und Beamte).

[c] Die Ergebnisse des AES 2007 und des AES 2010 sind nicht vergleichbar und hier daher nicht dargestellt.

[d] Ungewichtete Fallzahl.

Dazu hat das *Berichtssystem Weiterbildung* (BSW) einen herausragenden und bis heute unverzichtbaren Beitrag geleistet.[2] Die Zahlen des BSW bzw. des AES (→ Tab. 1) dokumentieren einen kontinuierlichen, von Phasen der Konsolidierung unterbrochenen Anstieg der Weiterbildungsbeteiligung der 18- bis 64-Jährigen in Deutschland von durchschnittlich 23 Prozent im Jahr 1979 auf 50 Prozent im Jahr 2016 (das sind ca. 26,3 Mio. Teilnehmende), seit der deutsch-deutschen Wiedervereinigung im Jahr 1990 mit etwas höheren Beteiligungsquoten im Osten als im Westen.

Der Blick auf ausgewählte individuelle und institutionelle Merkmale sowie zu beobachtende Veränderungen zeigt, dass Zusammenhänge zwischen *zugeschriebenen*, d. h. von den Individuen nicht oder nur schwer veränderbaren, Merkmalen, wie Geschlecht oder Alter und Weiterbildungsbeteiligung, an Bedeutung verlieren. Dieser Befund deutet auf Phänomene der Selbstselektion, z. B. auf veränderte Wertzuschreibungen der Weiterbildung bei Frauen und Älteren. Gleichzeitig behalten *erworbene* und institutionell gerahmte Merkmale, wie Schulbildung oder Stellung im Beruf, ihre große Bedeutung. Dies gilt besonders für die betriebliche und die individuelle berufsbezogene, weniger für die nicht berufsbezogene Weiterbildung (Bilger et al., 2017).

Welche Gründe vermuten Sie für die beschriebenen Phänomene?

1.2 Weiterbildungsteilnahme als Gegenstand der Forschung

Die Erwachsenen- und Weiterbildung befasst sich in einem ihrer problemorientierten Forschungsprogramme, der sogenannten Adressaten- und Teilnehmerforschung, fortwährend mit ihren Teilnehmenden und hat von Beginn an auch Befunde ihrer (Bezugs-)Disziplinen rezipiert (Born, 1991). Zum Teil gestützt auf eine fortschreitend verbesserte Berichterstattung hat sich die Forschung aus unterschiedlichen Perspektiven mit den Bedingungen einer Weiterbildungsteilnahme beschäftigt:

- Die *Bildungssoziologie* hat insbesondere mit der Lebenslaufforschung die Bedeutung der sozialen Lage und mit der Biografieforschung die Relevanz individueller Deutungen von Lebensläufen für (Nicht-)Teilnahme untersucht.
- Die *Entwicklungspsychologie* hat sich vor allem mit dem Lernpotenzial, d. h. mit den kognitiven und psychischen Voraussetzungen (z. B. der Lernmotivation und Lernfähigkeit) für das Lernen Erwachsener, beschäftigt.
- Die in der *Erziehungswissenschaft* etablierte Forschung zur Weiterbildungsmotivation hat u. a. Erwartungs-Wert-Modelle genutzt, um das Zusammenspiel gesellschaftlicher Gelegenheitsstrukturen (im Sinne der Erwartbarkeit von Erträgen) und individueller Einstellungen zur Weiterbildung (im Sinne der Wertzuschreibungen von Bildung) untersuchen zu können.

2 Das *Berichtssystem Weiterbildung* wurde vom seinerzeitigen Bundesministerium für Bildung und Wissenschaft 1979 in Auftrag gegeben und später in den europäischen *Adult Education Survey* (AES) überführt. Mit dem AES wird im Zweijahresturnus eine repräsentative Stichprobe der 18- bis 64-jährigen Bevölkerung in Deutschland zu ihren Weiterbildungsaktivitäten in den letzten zwölf Monaten befragt.

1.2.1 Teilnahme an Weiterbildung zwischen Lebenslauf und Biografie

Ende der 1950er Jahre begann in Deutschland eine Diskussion über den Reformbedarf des Bildungswesens, die durch die Beobachtung auffälliger Bildungsbenachteiligungen angestoßen wurde. Nach Dahrendorf (1965) kulminierten diese Benachteiligungen in der Figur der katholischen Arbeitertochter vom Lande. In der Erwachsenenbildung wurde der Zusammenhang zwischen sozialer Lage, Bildungsvorstellungen und Bildungsbeteiligung exemplarisch in der sogenannten *Göttinger Studie* untersucht. Deren Autoren, Strzelewicz, Raapke und Schulenberg (1966), stützten ihre Studie auf eine repräsentative, standardisierte Befragung, auf Gruppendiskussionen und auf Intensivinterviews. Ein Teil der befragten Personen nahm an allen drei Erhebungen teil. Die Autoren konnten bei einer durchschnittlichen Teilnahmequote von 33 Prozent (Teilnahme an „irgendwelchen Kursen" nach der Schulzeit) deutliche Differenzen zwischen den Geschlechtern (zum Nachteil für Frauen), den Altersgruppen (zum Nachteil insbesondere für die über 45-Jährigen) sowie in Abhängigkeit von Schulbildung, sozialer Schicht und Beruf (zum Nachteil für die geringer Qualifizierten und Positionierten) nachweisen (ebd., S. 125–126). Zudem zeigte sich, dass auch die Vorstellungen und Bewertungen von Bildung zwischen den sozialen Gruppen deutlich variierten (ebd., S. 90–114). Diese Studie, die in einen größeren Forschungszyklus eingebettet war (Schulenberg, 1957; Schulenberg & Driessen, 1978), wurde von Schlutz (2010) zu den „Leitstudien" der Erwachsenenbildung gerechnet. Sie ist exemplarisch für einen bildungssoziologischen Zugang, der mehr an institutionellen und sozialen als an individuellen Bedingungen der Teilnahme interessiert war.

Definition

Bildungssoziologie

„Die Bildungssoziologie analysiert die ökonomischen, kulturellen, politischen und sozialstrukturellen Rahmenbedingungen von Bildungsprozessen (Erziehung, Sozialisation, Bildung) sowie ihre individuellen und gesellschaftlichen Folgen." (Becker, 2017, S. 2)

Drei theoretische Modelle haben in der bildungssoziologischen Forschung besondere Beachtung gefunden:

- das Konzept des Lebenslaufs,
- das Konzept des Humankapitals und damit konkurrierende Signal- und Filtertheorien sowie
- das Konzept der Biografie.

Der Schweizer Soziologe Kohli[3] (1985) hat in historisch-vergleichenden Analysen gezeigt, dass das, was heute wie selbstverständlich als ein „Lebenslauf" bezeichnet wird, eine relativ junge soziale Institution ist, die erst im Übergang vom 18. zum 19. Jahrhundert entstand. Der Lebenslauf ist als ein institutionelles Ablaufprogramm um das Erwerbs- und Familienleben herum organisiert; dieses institutionelle Ablaufprogramm wird ergänzt um biografische Konstruktionsleistungen, mit denen die Individuen ihrem Leben einen Sinn geben.

Unter Lebenslauf verstehen wir einen zeitlich weithin festgelegten Ablauf von Phasen der Schulbildung, der Erwerbstätigkeit und der Familiengründung, des Eintritts in den Ruhestand für viele, wenn nicht alle Mitglieder moderner Gesellschaften.

Die Lebenslaufforschung ist zumeist nicht an individuellen Lebensläufen, sondern an denen ganzer sozialer Gruppen oder (Alters-)Kohorten interessiert. Von besonderem Interesse sind die Übergänge zwischen relevanten Passagen im Lebenslauf (von der Schule in Ausbildung oder Studium, von Ausbildung oder Studium in Beschäftigung). Methodisch werden Längsschnittstudien favorisiert, da diese es erlauben, für Gruppen von Personen die individuellen Bildungsentscheidungen vor dem Hintergrund institutioneller und gesellschaftlicher Rahmenbedingungen zu analysieren. Für die Weiterbildung sind u. a. folgende Befunde von Bedeutung (Hillmert, 2017):

- Teilhabe an Weiterbildung ist eingebunden in die institutionellen Regelungen moderner, zunehmend individualisierter Lebensläufe (z. B. in Reglementierungen beruflicher Laufbahnen, in Strategien betrieblicher Personalpolitik, in Regelungen zur Finanzierung lebenslangen Lernens, in das gesellschaftliche Weiterbildungsklima usw.).
- Soziale Differenzierung setzt sich über die Bildungsbiografie fort. Dabei verlieren herkunftsbedingte Benachteiligungen, wie sie etwa beim Übergang von der Grundschule in die Sekundarstufe I deutlich sichtbar sind, im Lebensverlauf an Bedeutung, während u. a. Erfahrungen im Erwerbssystem folgenreicher werden.
- Zu beobachten ist eine Kumulation der Bildungsbe(nach)teiligung (eine sogenannte „Pfadabhängigkeit der Bildungslaufbahnen"), da spätere Teilhabe oft an vorhandene Kompetenzen oder Zertifikate gebunden ist. Zwar kann lebenslanges Lernen soziale Mobilität fördern, jedoch ist diese Mobilität nur schwer zu realisieren, wenn soziale Benachteiligungen und geringes Bildungsniveau zusammenkommen.

Rückfragen an die Forschung

Die bildungssoziologische Forschung hat die Relevanz institutioneller Merkmale für die Weiterbildungsbeteiligung nachgewiesen. Da sich die Ausprägung solcher Merkmale (z. B. rechtliche, ökonomische oder finanzielle Rahmenbedingungen) zwischen Staaten deutlich unterscheidet, sind von international-vergleichenden Studien vertiefte Einsichten zum Verhältnis von institutionellen zu individuellen Einflüssen zu erwarten. Welche Länder bieten sich für einen Vergleich an?

3 Martin Kohli hatte von 1977 bis 2004 einen Lehrstuhl für Soziologie an der Freien Universität Berlin inne. Ab 1985 hat er dort die von ihm gegründete *Forschungsgruppe Altern und Lebenslauf* geleitet.

Im Zentrum der bildungsökonomischen Forschung stehen die Erfahrungen im Erwerbssystem, auf deren Relevanz für die Teilnahme an Weiterbildung bereits die Bildungssoziologie hingewiesen hat. Nach der Humankapitaltheorie investieren Beschäftigte und Unternehmen in berufliche und betriebliche Weiterbildung dann, wenn sie von gestiegenen Kompetenzen und Qualifikationen eine höhere Produktivität und damit ökonomische Gewinne erwarten (Becker, 1964). Im Gegensatz dazu gehen sogenannte Signal- oder Filtertheorien (Arrow, 1973; Spence, 1973) davon aus, dass Arbeitgeber in der Regel kein zuverlässiges Bild über die Qualifikationen und Kompetenzen ihrer Beschäftigten haben und stattdessen Bildungsabschlüsse und Zertifikate als „Filter" oder „Signale" für Lernfähigkeit nehmen. Interessanterweise lassen sich mit der Erhebung des *Programme for the International Assessment of Adult Competencies* (PIAAC) (Rammstedt, 2013), das grundlegende Kompetenzen Erwachsener in OECD-Staaten erfasste, beide Typen von Annahmen überprüfen. In dieser Studie wurden sowohl vorhandene Zertifikate, grundlegende Kompetenzen und der sogenannte Skill-Mismatch am Arbeitsplatz (kognitive Anforderungen, Ermessenspielräume etc.) erfasst. Bislang wurde die Frage nach der relativen Bedeutung von „Humankapital" im Vergleich zu „Filtern" oder „Signalen" aber noch nicht untersucht. Die bisherige Forschung liefert Hinweise darauf, dass für die Teilnahme an innerbetrieblicher Weiterbildung die Anforderungen des Arbeitsplatzes (die Nachfrage) bedeutsamer sind als die vorhandenen Zertifikate oder Kompetenzen der Beschäftigten (das Angebot) (Desjardins & Rubenson, 2011).

Die theoretischen Modelle der bildungssoziologischen und der bildungsökonomischen Forschung konnten in empirischen Studien gut gestützt werden. Die Milieuforschung hat versucht, die Erklärungskraft dieser Modelle zu verbessern, indem neben „harten" Indikatoren der sozialen Lage auch Präferenzen für bestimmte Lebensstile, d. h. für kulturelle Praxen, politische Orientierungen oder Formen des familiären Zusammenlebens, berücksichtigt wurden (Barz & Tippelt, 2004; Bremer, 2007). Diese Forschungsarbeiten zeigen, dass der Einfluss von Lebensstilen eher in der allgemeinen als in der betrieblichen Weiterbildung von Bedeutung ist. Damit schlägt die Milieuforschung eine Brücke zur Biografieforschung, die sich mit der Frage beschäftigt, wie sich einzelne Subjekte ihr Leben aneignen, wie sie es deuten und auslegen und welche Konsequenzen sie daraus ziehen. Lebenslauf- und Biografieforschung nehmen kaum aufeinander Bezug, obwohl bereits Kohli die Bedeutung der individuellen Aneignung institutionalisierter Ablaufprogramme konzeptuell berücksichtigt hatte. Da sich biografisch verankerte und individuell variierende Deutungen in standardisierten Befragungen nicht oder nur schwer erfassen lassen (Wittpoth, 2018), wählt die Biografieforschung vor allem qualitative Erhebungsverfahren, wie z. B. narrative Interviews, die den Befragten viel Raum für eigene Erzählungen bieten (Schütze, 1983), die sodann mit rekonstruktiven, d. h. interpretativen oder hermeneutischen, Verfahren gedeutet werden (Bohnsack, 2000). Häufig mündet die vergleichende Analyse von Einzelfällen in Typologien, z. B. der (Nicht-)Teilnahme.

Seit den 1990er Jahren hat sich auch ein erziehungswissenschaftlicher Strang der Biografieforschung etabliert. Dieser hat Vorläufer in der pädagogischen Anthropologie (Roth, 1971), für die Loch (1979) ein Stufenmodell für die Entwicklung der Lernfähigkeit Erwachsener als Aufgabe der Erziehung nach verschiedenen Dimensionen hin entfaltete. Kade (1985a) untersuchte in Interviewstudien die biografische Verankerung der Teilnahme an Weiterbildung und identifizierte eine „diffuse Zielgerichtetheit" oft episodischer Bildungsaktivitäten. Erwachsene nutzten Veranstaltungen, um je spezifische Identitätsprobleme zu bearbeiten, die in Differenz zum Bildungsanspruch der Anbieter und Lehrkräfte stehen (Kade, 1989, S. 317). Die Autonomie der Aneignung wurde auch in der Studie von Kade und Seitter (1996) zur biografischen Verankerung von Weiterbildungsaktivitäten bei Teilnehmenden des Funkkollegs herausgearbeitet. Mit der Biografieforschung gerieten außerdem Phänomene des bewussten oder latenten Widerstands (Bolder & Schneider, 2002) gegen Weiterbildung in den Blick.

1.2.2 Kognitive und psychische Lernpotenziale Erwachsener

Aus der entwicklungspsychologischen Forschung sind hier vor allem jene Arbeiten von Bedeutung, die sich mit den kognitiven und psychischen Voraussetzungen beschäftigen, mit denen Erwachsene in Kurse, Seminare und Trainings gehen oder die sie davon abhalten. Insbesondere in der Frühphase einer universitären Erwachsenenbildung wurde diese Forschung intensiv rezipiert (Born, 1991, S. 53–91; Zdarzil & Olechowski, 1976). Die Entwicklungspsychologie beobachtet – anders als die Lebenslaufforschung – die Individuen zumeist als Personen und nicht als Repräsentanten sozialer Gruppen. Gesucht wird nach allgemeinen Gesetzmäßigkeiten psychischer und kognitiver Entwicklung. Bis in die Mitte des vergangenen Jahrhunderts war die Forschung auf das Kindes- und Jugendalter fixiert (Kohlberg, 1996; Piaget, 1975). Erst danach hat eine *Life Span Developmental Psychology* die gesamte Lebensspanne in den Blick genommen. In der Erwachsenen- und Weiterbildung wurden vor allem die Befunde zur Entwicklung der kognitiven Leistungsfähigkeit im Lebenslauf rezipiert. Querschnittsstudien zu den Intelligenzleistungen unterschiedlicher Altersgruppen führten zu der sogenannten Adoleszenz-Maximum-Hypothese, nach der Intelligenz in der Jugend ihr Maximum erreicht und mit der Erreichung des dritten Lebensjahrzehnts kontinuierlich und unaufhaltsam abnimmt. Längsschnittstudien, die es erlauben, Alters- von Kohorteneffekten abzugrenzen, konnten diese Befunde entscheidend differenzieren.

Dazu hat vor allem die Unterscheidung einer fluiden (Auffassungsgabe und Orientierungsfähigkeit) und einer kristallinen Intelligenz (erworbenes Wissen) beigetragen (ursprünglich Cattel, 1971). Diese beiden Komponenten wurden später als „wissensfreie Mechanik" und „wissensbasierte Pragmatik" bezeichnet. Bezieht man diese Unterscheidung auf die Entwicklung des kognitiven Leistungspotenzials im Lebenslauf, so wird die „Mechanik" deutlich früher eingeschränkt als die „Pragmatik" (vereinfacht dargestellt in → Abb. 2). Für beides ist jedoch das Ausmaß an Anwendung und Übung von entscheidender Bedeutung. Dies zeigt sich u.a. in einer wachsenden Heterogenität kognitiver Leistungsfähigkeit mit zunehmenden Alter, so dass Unterschiede *innerhalb* von Altersgruppen größer werden als *zwischen* Altersgruppen (Schaie, 2013). Für die Teilnahmechancen an Erwachsenen- und Weiterbildung ist insbesondere die grundlegend bereits von Baltes und Baltes (1989) formulierte und inzwischen gut bestätigte Annahme bedeutsam, dass die Handlungsfähigkeit alternder Erwachsener durch Strategien der Optimierung (andauernde Verbesserung der Leistungs- und Handlungsfähigkeit durch Übung und lebenslanges Lernen), durch Selektion (Konzentration auf ausgewählte Handlungsfelder) sowie durch Kompensation (Nutzung personaler oder technischer Hilfen) aufrechterhalten werden kann. Diese Strategien stoßen in der Erwachsenen- und Weiterbildung auf ein vielfältiges Angebot für ältere Teilnehmende (Kade, 2001). Relativ unbeeinflusst vom Stand der Forschung dominieren jedoch in der Gesellschaft, u.a. in Unternehmen, Altersstereotype, die die Lernfähigkeit im Alter skeptisch einschätzen (Bellmann, Dahms & Wahse, 2005).

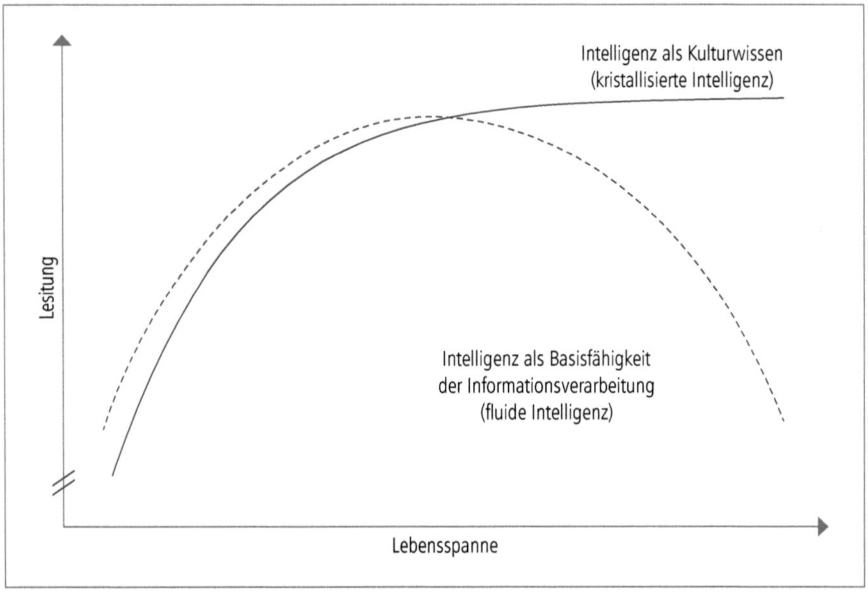

Abbildung 2. Entwicklungsverlauf intellektueller Fähigkeiten (Hasselhorn & Gold, 2017, S. 208)

Neben den Arbeiten zur kognitiven Leistungsfähigkeit sind für die Erwachsenen- und Weiterbildung zudem Arbeiten zur psychosozialen Entwicklung von Kindern, Jugendlichen und Erwachsenen von Interesse. Lernen, insbesondere im Erwachsenenalter, ist eingebunden in den Aufbau, die Sicherung und die Weiterentwicklung personaler und sozialer Identität. Beispielhaft kann auf das bereits ältere Stufenmodell psychosozialer Entwicklung verwiesen werden, das Erik H. Erikson (1973, zuerst erschienen 1959), ein Schüler Freuds, entwickelt hat. Erikson sieht die Entwicklung von personaler und sozialer Identität als einen lebenslangen Prozess, der sich im Spannungsfeld von Bedürfnissen und Wünschen einerseits und Anforderungen der sozialen Umwelt andererseits vollzieht. Für das frühe Erwachsenenalter sah Erikson mögliche Krisen im Spannungsfeld von Intimität und Isolierung, für das mittlere Erwachsenenalter im Spannungsfeld von Generativität und Stagnation und im höheren Erwachsenenalter im Spannungsfeld von Integrität und Verzweiflung. Für die Erwachsenen- und Weiterbildung können solche Modelle helfen zu verstehen, welche Identitätsprobleme Erwachsene in Veranstaltungen einbringen, oft ganz unabhängig vom konkreten Thema.

Sowohl die Lebenslauf-, die Biografie- als auch die entwicklungspsychologische Forschung haben wichtige Befunde zum Zusammenhang von sozialer Lage, biografischer Deutung und kognitiven und psychischen Potenzialen Erwachsener und ihrer (möglichen) Bedeutung für die Weiterbildungsteilnahme erarbeitet. Diese Befunde legen es nahe, die immer situativ zu treffende Entscheidung für oder gegen eine Teilnahme als ein Zusammenspiel von (überdauernden) Faktoren der sozialen Lage (und damit den immer auch subjektiv gefärbten Erwartungen an den Nutzen von Erwachsenen- und Weiterbildung), biografisch geprägten und zeitlich relativ stabilen Deutungen und Einstellungen (und damit einhergehenden Bewertungen von (Weiter-) Bildung) sowie dem Aufforderungscharakter spezifischer Angebote zu interpretieren. An dieser Stelle setzt die Forschung zur Weiterbildungsmotivation an. Dazu hat die jüngere Forschung Erwartungs-Wert-Modelle (Eccles & Wigfield, 2002) aufgegriffen.

Definition

Weiterbildungsmotivation

Motivation ist das Produkt aus den Erwartungen an die Folgen eines Handelns sowie dem Wert, der diesen Folgen (oder auch dem Handeln selbst) zugemessen wird. Motivation zur Weiterbildung ist dann ein Produkt aus den *Erwartungen* an den Ertrag einer Weiterbildung sowie dem *Wert*, den Erwachsene dem Ertrag bzw. der Weiterbildung selbst zuschreiben.

Gorges und Hollmann (2015) haben auf dieser Grundlage Zusammenhänge zwischen Erinnerungen an die Schulzeit, dem subjektiven Wert von Weiterbildung und der tatsächlichen Beteiligung untersucht. Mit Daten des *Adult Education Survey* konnten sie herausarbeiten, dass der subjektive Wert von Weiterbildung vor allem durch positive affektive Erinnerungen getragen wird. Die Wertzuschreibung an Weiterbildung war vor allem dann bedeutsam, wenn die Teilnahme selbstbestimmt erfolgte. Insbesondere bei Personen mit niedrigem Bildungsniveau erwies sich diese Zuschreibung als ein wichtiger Einflussfaktor. Demgegenüber existierte kein signifikanter Zusammenhang zwischen den Wertzuschreibungen und der Teilnahme bei Personen mit hohem Bildungsniveau, die an betrieblicher oder beruflicher Weiterbildung teilnahmen. Dies verweist auf die hohe Bedeutung von Erwartungen an den Ertrag von Weiterbildung, den die Unternehmen bzw. die Beschäftigten selbst der Teilnahme zuschrieben (ebd., S. 63). Zudem zeigten die Befunde, dass Effekte der Selbst- und Fremdselektion nach Adressatinnen und Adressaten sowie Feldern der Erwachsenen- und Weiterbildung variieren können.

1.3 Weiterbildungsberatung und Weiterbildungsteilnahme

Spätestens seit den 1970er Jahren hat sich Beratung zu einer stetig wichtiger werdenden Form pädagogischen Handelns im Bildungsbereich insgesamt und auch in der Erwachsenen- und Weiterbildung entwickelt. Im Kern geht es bei der Beratung um einen Vorgang, in dem ein Ratgebender einem Ratsuchenden Informationen anbietet oder erschließt, die er oder sie für die Lösung von Problemen bzw. das Treffen von Entscheidungen nutzen kann (Gieseke & Nittel, 2016, S. 15; Stanik, 2015, S. 13). Die Erwachsenen- und Weiterbildung bietet vielfältige Anwendungsbereiche für Beratung.

Beispiel

Beratung wird u. a. praktiziert als (Weiter-)Bildungsberatung, als arbeitsplatzbezogenes Coaching, als Qualifizierungsberatung, als Beratung zum Abschluss einer Bildungsteilnahme, als Beratung im Zuge von Kompetenzerfassungs- und Bilanzierungsverfahren, als Lernberatung bei Lernschwierigkeiten, als pädagogische Begleitung eines selbstgesteuerten Lernprozesses, als psychosoziale Beratung in Lebenskrisen im Schnittfeld von Sozialpädagogik und Erwachsenen- und Weiterbildung, als Organisations- oder auch als Politikberatung (→ Band „Beratung im Kontext lebenslangen Lernens" dieser Reihe).

Von „Weiterbildungsberatung" lässt sich dann sprechen, wenn es um eine erweiternde „Zwischenfunktion" des Lehrens und Lernens sowie des Planens und Organisierens geht. Dann stellt sie ein Verbindungsglied zwischen Bildungsangebot und Teilnahmeentscheidung dar (Gieseke, 1997). Einen Ausgangspunkt der Weiterbildungsberatung bildet die Diskrepanz zwischen Weiterbildungsbedarfen oder -bedürfnissen und Weiterbildungsbeteiligung. Insofern richtet sie sich häufig an unterrepräsentierte Gruppen (Stanik, 2015, S. 13). Sie wird in zahlreichen Institutionen, teils von spezifisch qualifiziertem Personal, teils aber auch gleichsam „beiläufig" von Planenden und Lehrkräften der Erwachsenen- und Weiterbildung realisiert.

Wenn es um Weiterbildungsberatung zum Abbau von Bildungsbenachteiligungen geht, bieten die hier präsentierten Befunde nützliches Orientierungswissen. Das gilt zum einen für das empirische Wissen über die institutionellen und curricularen Strukturen der Erwachsenen- und Weiterbildung, vor allem im Blick auf die regionalen Bedingungen „vor Ort". Nur bei einer zuverlässigen Kenntnis der institutionellen Gelegenheitsstrukturen können informierte Entscheidungen getroffen werden. Zum anderen zeigen die empirischen Befunde der Lebenslauf- und der Biografieforschung, dass die Entscheidung für oder gegen eine Teilnahme nur vor dem Hintergrund der Lebens- und Arbeitssituation der Beratenen verstanden werden kann. Daraus lässt sich die Aufforderung ableiten, genau diese Situation zum Ausgangspunkt von Weiterbildungsberatung zu machen, und zwar nicht nur die gleichsam „harten" Daten, sondern auch deren Deutung durch die Beratenen. Für die Weiterbildungsberatung kann es zudem hilfreich sein, sich an theoretischen Modellen der Weiterbildungsmotivation zu orientieren, für die es empirisch gute Belege gibt. Daraus lässt sich die Empfehlung ableiten, die Aufmerksamkeit in Beratungsprozessen u. a. auf die Frage zu lenken, welche *Erwartungen* Beratene mit einer Teilnahme verbinden und welchen *Wert* sie einer Teilnahme oder deren Folgen zuschreiben. Für die Beratenden ist es zudem hilfreich zu wissen, dass Erwartungs- und Wertvorstellungen nach Bildungs- und Beschäftigungsstatus variieren.

1.4 Zusammenfassung

Ob Erwachsenen- und Weiterbildung zustande kommt, hängt von vielfältigen individuellen und institutionellen Bedingungen ab, die die Teilnahme wahrscheinlicher machen, aber in der Regel nicht determinieren. Die Lebenslaufforschung hat die Bedeutung gesellschaftlicher Erwartungen an Erwachsene in Abhängigkeit von ihrer Bildungslaufbahn und ihrer Stellung im Erwerbssystem nachgewiesen. Die Biografieforschung eröffnet Einsichten in die „Autonomie" individueller Entscheidungen in Abhängigkeit von Deutungen der Lebenssituation. Die entwicklungspsychologische Forschung hat gezeigt, dass kognitive Voraussetzungen, wenn sie kontinuierlich genutzt werden, bis ins hohe Alter erhalten bleiben können, insbesondere wenn es um die „wissensbasierte Pragmatik" geht. Ob dieser Befund allerdings bereits in gesellschaftlich verbreitete Altersstereotype eingegangen ist, bleibt fraglich. Weiterbildungsberatung kann notwendige Informationen bereitstellen, um eine reflektierte Entscheidung für oder gegen eine Teilnahme zu treffen, die sowohl Phänomene der Fremd- und der Selbstselektion und ihres Zusammenspiels (Matthäus-Effekt) reduzieren. Die lebenslaufbezogene und biografische Verankerung von Teilnahme legt es nahe, in Beratungsgesprächen die Erwartungen der Beratenen an den Ertrag von Erwachsenen- und Weiterbildung sowie den Wert, den sie der Weiterbildung zuschreiben, zu thematisieren. Wert kann sich auf das Lernen selbst sowie auf die Erweiterung von Handlungs- oder Wahlmöglichkeiten beziehen.

Fragen & Aufgaben

1. Was wird unter dem Matthäus-Effekt verstanden und welche Annahmen zu Einflussfaktoren auf eine Teilnahme lassen sich daraus ableiten? Für welche dieser Annahmen liefert der *Adult Eduation Survey* empirische Hinweise?

2. Erläutern Sie das Erwartungs-Wert-Modell der Weiterbildungsmotivation und formulieren Sie auf dieser Basis Hypothesen für die Weiterbildungsteilnahme ausgewählter sozialer Gruppen, die anhand des AES geprüft werden können.
3. Erörtern Sie, ob die soziale Selektivität der Erwachsenen- und Weiterbildung sozial ungerecht ist. Nutzen Sie dazu sowohl empirische als auch normative Argumente (z. B. das Gleichheitsprinzip; das Leistungsprinzip; das Anrechtsprinzip; das Bedarfsprinzip). Für eine vertiefte Auseinandersetzung ist der Beitrag von Leisering (2004) hilfreich.

   Literatur: Leisering, L. (2004). Paradigmen sozialer Gerechtigkeit. Normative Diskurse im Umbau des Sozialstaats. In S. Liebig, H. Lengfeld & S. Mau (Hrsg.), Verteilungsprobleme und Gerechtigkeit in modernen Gesellschaften (S. 29–68). Frankfurt a. M.: Campus.

Tipps zum Weiterlesen

Bilger, F., Behringer, F., Kuper, H. & Schrader, J. (Hrsg.). (2017). *Weiterbildungsverhalten in Deutschland 2016: Ergebnisse des Adult Education Survey (AES).* Bielefeld: wbv Media. https://dx.doi.org/10.3278/85/0016w
Der AES ist eine unverzichtbare Quelle für die Berichterstattung zur Weiterbildung, die über individuelle und institutionelle Einflussfaktoren der Teilnahme informiert.

Schlüter, A. (Hrsg.). (2014). *Beratungsfälle – Fallanalysen für die Lern- und Bildungsberatung.* Opladen: Budrich.
Dieses Buch eignet sich zur Vertiefung, da hier Fallanalysen unterschiedlicher Beratungssituationen in der Weiterbildung geboten werden, die verdeutlichen, unter welchen Bedingungen Beratung wahrgenommen wird (oder nicht).

Strzelewicz, W., Raapke, H.-D. & Schulenberg, W. (1966). *Bildung und gesellschaftliches Bewusstsein: eine mehrstufige soziologische Untersuchung in Westdeutschland.* Stuttgart: Enke.
Die Göttinger Studie *ist immer noch lesenswert, da sie nicht nur einen Einblick in bildungssoziologische Fragestellungen gewährt, sondern in ihrer multimethodischen Anlage (standardisierte Befragung, Gruppendiskussionen, Interviews) beispielhaft für eine produktive Integration unterschiedlicher Forschungsmethoden ist.*

2 Anbieter und Angebote der Erwachsenen- und Weiterbildung

Wenn sich Erwachsene für eine Teilnahme entscheiden, haben sie die Wahl zwischen einer Vielfalt an Angeboten und Anbietern. Dieses Kapitel beschreibt die institutionellen und curricularen Strukturen der Erwachsenen- und Weiterbildung. Angebote und Programme werden als Bedingungen wirksamen Lehrens und Lernens vorgestellt. Abschließend wird aufgezeigt, was Akteure dieses Bildungsbereichs tun können, um den Beitrag der Erwachsenen- und Weiterbildung zur Bildung Erwachsener zu legitimieren.

Lernziele

- den Begriff „Curriculum" definieren und Unterschiede zum Lehrplan benennen und begründen können
- den Begriff des Curriculums für eine Analyse des Angebots der Erwachsenen- und Weiterbildung nutzen können
- bildungstheoretisch und empirisch fundierte Argumente für die Legitimation von Erwachsenen- und Weiterbildungsangeboten formulieren können

Eine ausführlichere Fassung dieses Kapitels findet sich bei Schrader (im Druck).

Im einleitenden Kapitel wurden die hohen Erwartungen beschrieben, die (heute) an die Leistungen der Erwachsenen- und Weiterbildung für die individuelle Entfaltung, die gesellschaftliche Integration und das ökonomische Wachstum gestellt werden. Ihre Leistungsmöglichkeiten lassen sich jedoch erst beurteilen, wenn bekannt ist, was in diesem Bildungsbereich tatsächlich gelehrt und gelernt wird. Einen ersten Zugang vermittelt eine Sichtung ihrer Veranstaltungen und Programme. Den Adressatinnen und Adressaten bietet sich eine Vielfalt an Veranstaltungsformen, Themen und Konzepten, angeboten von einer kaum überschaubaren Anzahl an Organisationen und durchgeführt von unterschiedlich qualifizierten Teamerinnen, Dozenten, Kursleiterinnen oder Trainern. Man findet

- *Angebote zum Nachholen von Schulabschlüssen bei Anbietern des zweiten Bildungswegs;*
- *Alphabetisierungs- und Integrationskurse für Zugewanderte und Geflüchtete in Volkshochschulen;*
- *Einführungen in Standardsoftware bei kommerziellen Anbietern;*
- *Trainings zur Verbesserung der Kommunikationsfähigkeit oder zur Leitung von (Arbeits-)Gruppen bei freiberuflichen Trainern;*
- *Kurse für die großen und die kleinen Sprachen, die mit oft denselben Lehrkräften von Volkshochschulen, gemeinnützigen Organisationen, kommerziellen Sprachinstituten oder Betrieben angeboten werden;*
- *Kurse zum Malen, Musizieren oder kunsthandwerklichen Gestalten, zur Vorbereitung auf Opernaufführungen oder den Besuch von Ausstellungen bei Musikschulen oder Museen;*
- *innerbetriebliche Angebote zur Qualifizierung der Fach- und Führungskräfte, teils extern durchgeführt und mit hohen Preisen „ausgezeichnet";*
- *innerbetriebliche Angebote für die Kernbelegschaft der Unternehmen zur Einführung in die Bedienung neuer Werkmaschinen, zur Personalverwaltung, zum Arbeitsschutz oder zum Arbeitsrecht;*
- *längerfristige Lehrgänge für Meister oder Betriebswirte bei Industrie- und Handels- oder Handwerkskammern, die dem beruflichen Aufstieg dienen;*
- *Achtsamkeitstrainings und Yogakurse an Volkshochschulen oder in Praxen von Heilpraktikern;*
- *Bewerbungstrainings für Arbeitslose, Angebote zur Rückkehr in den Arbeitsmarkt für Mütter oder Väter nach der Familienphase oder für längerfristig Erkrankte, die von der Arbeitsverwaltung oder Berufsgenossenschaften beauftragt werden;*
- *Tages- oder Wochenendseminare zur umweltfreundlichen Gartengestaltung oder zum Obstbaumschnitt;*
- *Kurse zur häuslichen Pflege oder für die ehrenamtliche Arbeit im Hospiz in Einrichtungen der Wohlfahrtsverbände;*
- *Seminare zur Vermittlung von Glaubenswissen und zum interreligiösen Dialog bei kirchlichen Akademien;*
- *Schulungen für die betriebliche Interessenvertretung bei gewerkschaftsnahen Anbietern;*
- *Vortragsreihen zur politischen Bildung bei parteinahen Stiftungen oder kirchlichen Akademien;*

…

Diese Aufzählung ließe sich leicht erweitern, so dass sich die Frage aufdrängt, ob die Vielfalt an Angeboten von Organisationen der Erwachsenen- und Weiterbildung (→ Abb. 1) ein „Curriculum" ergibt, das zur Bildung Erwachsener beiträgt.

2.1 Welche Bedeutung haben Anbieter und Angebote für die Bildung Erwachsener?

Die schulbezogene Forschung hat in vielen Studien gezeigt, dass es vor allem das Lehr-Lern-Geschehen selbst, nachgeordnet aber auch die institutionellen und organisationalen Rahmenbedingungen sind, die den Lernerfolg bestimmen. So zeigen Schulleistungsstudien, dass Leistungsunterschiede innerhalb von Schulen häufig größer sind als zwischen Schulen und zwischen Schulen wiederum größer als zwischen Bundesländern (Deutsches PISA-Konsortium, 2003, S. 283–285). Auch Hattie (2009) betont auf der Grundlage einer Metaanalyse, dass Merkmale des Unterrichts und der Lehrpersonen größeren Einfluss auf Lernergebnisse haben als Merkmale der Organisationen. Diese Befunde, so die Annahme, können im Großen und Ganzen auf die Erwachsenen- und Weiterbildung übertragen werden (→ Abb. 1). Die Kenntnis der Anbieter und Angebote als „Gelegenheitsstrukturen" für Lern- und Bildungsprozesse (Kuper, 2001) stellt daher eine unverzichtbare Voraussetzung dar, um die Frage zu beantworten, welche (Bildungs-)Ziele die Erwachsenen- und Weiterbildung verfolgt, welche gerechtfertigt und welche tatsächlich erreicht werden können. Der Begriff „Curriculum" kann helfen, diese Fragen zu beantworten.

2.2 Forschung zu institutionellen und curricularen Strukturen

In der Erwachsenen- und Weiterbildung fehlt es an Forschungen, die den Einfluss der auf unterschiedlichen Ebenen handelnden Akteure (Politik und Administration, Leitung und Programmplanung, Lehrende und Lernende) auf die Wirkungen des Lernens Erwachsener zu beurteilen erlauben. Folgt man den Begründungen, mit denen das Angebots-Nutzungs-Wirkungs-Modell eingeführt wurde (→ Einleitung), so sind dazu mehrebenenanalytische Forschungen notwendig, die aber an methodische Grenzen stoßen: Mehrebenenanalysen benötigen „geschachtelte" Datensätze, die nicht nur Informationen über individuelle Teilnehmende und deren Lernergebnisse bereithalten, sondern auch über den Kurs, den sie besuchen, und die Lehrkräfte, die ihn geleitet haben, über die Einrichtung, die ihn angeboten hat usw. Solche Datensätze sind selten. Zwar erfasst das *Nationale Bildungspanel* (National Educational Panel Study, NEPS) (Blossfeld, Roßbach & v. Maurice, 2011) Individualdaten von Adressaten und Teilnehmenden im Längsschnitt, die Stichproben sind aber zu klein, als dass die Individualdaten auf die Ebene von Kursen oder auch nur auf die Ebene von (Typen von) Weiterbildungseinrichtungen aggregiert werden könnten. Eine zweite Einschränkung ergibt sich daraus, dass sowohl die institutionelle Struktur als auch das inhaltliche Angebot der Erwachsenen- und Weiterbildung deutlich schlechter dokumentiert und erforscht sind als in Schule und Hochschule. Gleichwohl liegt inzwischen nicht nur zur Teilnahme, sondern auch zu den institutionellen und curricularen Strukturen ein verlässlicher Überblick vor. Dazu haben z. B. Anbieterbefragungen wie der *wbmonitor*[4] (Koscheck & Ohly, 2016) oder der *Continuing Vocational Training Survey*[5] (CEDEFOP, 2015) und eine Vielzahl von Programmanalysen beigetragen (→ Band 2 dieser Reihe).

2.2.1 Institutionelle Strukturen

Wenn vom „Bildungssystem" gesprochen wird, ist zumeist die vorschulische, schulische, berufliche und universitäre (Aus-)Bildung gemeint. Übersehen wird dabei gewöhnlich, dass die Erwachsenen- und Weiterbildung in Deutschland der größte Bildungsbereich ist (Schrader, im Druck), getragen von einer vielfältigen „Landschaft" an Einrichtungen (→ Band „Institutionelle Strukturen" dieser Reihe). Das vorliegende Buch orientiert sich an einem Modell der Reproduktionskontexte von Organisationen der Weiterbildung, um die Institutionenstruktur zu beschreiben (→ Abb. 3).

Wegweiser Forschung

Reproduktionskontexte der Erwachsenen- und Weiterbildung

Das Modell geht von der Annahme aus, dass Organisationen in modernen Gesellschaften die Verteilung von Waren und Dienstleistungen maßgeblich steuern und dass sie Ressourcen und Legitimationen benötigen, um dauerhaft zu bestehen und sich zu reproduzieren. Dafür stehen Organisationen zwei Möglichkeiten in zwei Dimensionen zur Wahl:

- Ressourcen, wie Geld oder Personal, können Organisationen über *Verträge* oder über *Aufträge* beschaffen.
- Legitimation können Organisationen erhalten, indem sie sich darauf berufen, *öffentliche* oder *private Interessen* zu verfolgen.

Die Kombination dieser beiden voneinander unabhängigen Dimensionen der Ressourcen- und Legitimationsbeschaffung ergibt ein Modell von vier Reproduktionskontexten (Gemeinschaften, Staat, Unternehmen, Markt), die unterschiedliche Typen von Organisationen beheimaten, die sich anhand ihrer Träger, ihrer Rechtsformen, ihres öffentlich-rechtlichen Status, ihres Auftrags und Selbstverständnisses usw. unterscheiden. → Abbildung 3 illustriert das Modell anhand der Zuordnung ausgewählter Anbieter.

4 Der *wbmonitor* ist eine jährliche repräsentative Befragung von Anbietern frei zugänglicher allgemeiner oder beruflicher Weiterbildung zu einem aktuellen Thema, dem Weiterbildungsangebot und der Geschäftsentwicklung. Der *wbmonitor* ist ein Kooperationsprojekt des Bundesinstituts für Berufsbildung (BIBB) und des Deutschen Instituts für Erwachsenenbildung (DIE) (wbmonitor.bibb.de).

5 Der CVTS ist eine Erhebung der EU-Mitgliedsstaaten zur betrieblichen Weiterbildung in Unternehmen verschiedener Wirtschaftsbereiche. Der CVTS ist Teil der EU-Statistiken zum lebenslangen Lernen (verfügbar über die Eurostat-Datenbank und das Statistische Bundesamt) und erfasst z. B. Gestaltungsmerkmale betrieblicher Weiterbildung, betriebliche Ausgaben für Weiterbildung und Weiterbildungsstrategien der Unternehmen.

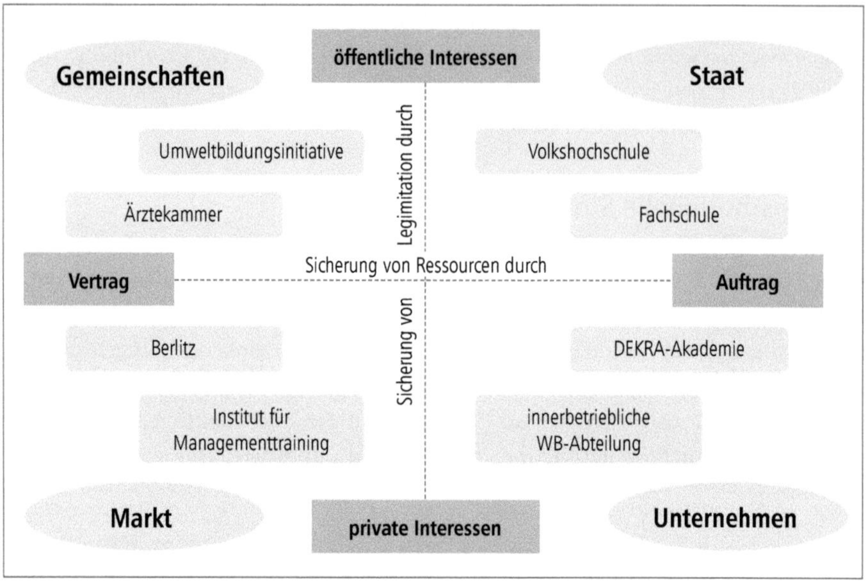

Abbildung 3. Reproduktionskontexte der Erwachsenen- und Weiterbildung – Verortung beispielhafter Organisationen (Schrader, 2010a)

Nach dem *wbmonitor* gibt es in Deutschland ca. 8.000 Weiterbildungseinrichtungen in öffentlich-rechtlicher Trägerschaft, die einem staatlichen Bildungsauftrag folgen. Dazu gehören Volkshochschulen für die allgemeine Erwachsenenbildung und Fachschulen für die berufliche Weiterbildung. Außerdem existieren ca. 3.300 gemeinwohlorientierte Anbieter, getragen von Berufsverbänden und politischen oder religiösen Gemeinschaften, die auf Kollektivverträgen ihrer Mitglieder beruhen und sich am Gemeinwohl orientieren. Laut Unternehmensregister bieten zudem ca. 37.000 kommerzielle Anbieter auf der Basis privatrechtlicher Verträge Weiterbildung als eine Dienstleistung an. Schließlich sind laut *IAB-Betriebspanel*[6] ca. zwei Millionen Betriebe weiterbildungsaktiv, haben eigene Abteilungen für Weiterbildung oder Personalentwicklung eingerichtet oder beauftragen externe Trainer oder kommerzielle Trainingsinstitute. Folgt man diesem Modell, so lassen sich einige Annahmen für die erwartbaren Leistungen unterschiedlicher Typen von Organisationen formulieren, die empirisch zu prüfen wären.

> Die Adressaten und Teilnehmenden besitzen im Kontext der Gemeinschaften den Status von Mitgliedern, im Kontext des Staates den Status von Klienten, in Unternehmen sind sie (weisungsgebundene) Mitarbeiter und im Markt Kunden. Ihre Zah-

6 Das *IAB-Betriebspanel* ist eine jährliche repräsentative Arbeitgeberbefragung, durchgeführt im Auftrag und unter der Leitung des Instituts für Arbeitsmarkt- und Berufsforschung (IAB) der Bundesagentur für Arbeit in Nürnberg. Das *IAB-Betriebspanel* erfasst Beschäftigungsbedingungen.

> lungen werden mal als Beiträge, mal als Gebühren, mal als Preise behandelt. Die Lehrkräfte erscheinen aus Sicht der Organisationen entweder als (an die Werte und Interessen der Gemeinschaften gebundene) „Honorar-"Kräfte, als nebenberufliche Mitarbeiter, als Lieferanten oder als Geschäftspartner. [...] Schließlich ergeben sich für die Organisationen der Weiterbildung je nach Kontext unterschiedliche Leistungsversprechen und Leistungserwartungen. Im Bereich der sozialen Gemeinschaften ist Weiterbildung ein Mittel der gemeinschaftlichen und gesellschaftlichen Integration, im öffentlich-rechtlichen Bereich ein soziales (öffentliches) Gut, im Feld der Unternehmen ein Instrument sekundärer Rationalisierung und nur im Bereich des Marktes eine Dienstleistung [...] im ökonomischen Sinn. (Schrader, 2010a, S. 277–278)

Die institutionelle Struktur der Erwachsenen- und Weiterbildung folgt den Leistungswartungen unterschiedlicher gesellschaftlicher Teilsysteme, wie denen der Ökonomie, der sozialen Gemeinschaften, des Wohlfahrtssystems, der individuellen Lebenswelten usw. (Harney, 1997), macht ausgewählten Adressatinnen und Adressaten spezifische Angebote, die je nach Lebenslauf und Biografie wahrgenommen werden und nur lose an vorgängige Strukturen der allgemeinen und beruflichen Bildung angeschlossen sind. Damit ergeben sich deutliche Unterschiede zur institutionellen Struktur der Schule: Diese ist staatlich reglementiert, folgt dem Lebenslauf (vom Primar- über den Sekundär- bis zum Tertiärbereich), schließt alle Schülerinnen und Schüler ein und selektiert sie auf der Grundlage von Noten in unterschiedliche Laufbahnen, die Wiederholungen und Übergänge zulassen. Aus diesen institutionellen Differenzen zwischen Schule und Erwachsenen- und Weiterbildung ergeben sich Besonderheiten in den curricularen Strukturen.

2.2.2 Curriculare Strukturen

Unter einem „Curriculum" wird gewöhnlich ein systematisches Angebot von Lerngelegenheiten verstanden. Im Unterschied zum schulischen Lehrplan werden Curricula nicht primär auf der Grundlage einer Systematik „kanonisierter Bildungsgüter" entwickelt, sondern auf der Basis einer Analyse beruflicher oder privater Verwendungssituationen der Lernenden. Das zwingt das didaktische Denken, seine Selbstbeschränkung auf die Vermittlung vorgegebener Inhalte zu überwinden. Bildung wird in der curricularen Tradition als „Ausstattung zum Verhalten in der Welt" interpretiert. Dazu werden Inhalte, Methoden und Medien entwickelt, Lernwege aufgezeigt, kontinuierlich evaluiert und gegebenenfalls revidiert (Robinsohn, 1967, S. 13, S. 16; für die Erwachsenenbildung Siebert, 1974).

Die Inhalte und Ziele des Schulunterrichts folgen einem strukturierten und verpflichtenden Lehrplan. Betrachtet man die *materiale* Ebene der konkreten Themen und Inhaltsbereiche, so ist dieser Lehrplan nach Tenorth (1994) auf jene Inhaltsbereiche fokussiert, die kulturelle Basiskompetenzen im Sinne einer Grundbildung für alle vermitteln. Dieser Lehrplan ist Teil eines „Weltcurriculums" (Kamens, Meyer & Benavot, 1996).

Es geht um

- die Beherrschung der Verkehrssprache,
- eine mathematische Modellierungsfähigkeit,
- eine fremdsprachliche Kompetenz,
- eine IT-Kompetenz sowie – übergreifend –
- die Selbstregulation des Wissenserwerbs.

Programmanalysen bieten der Forschung Zugang zu den Themen und Inhalten der Erwachsenen- und Weiterbildung (→ Band 2 dieser Reihe). Wenn Programmanalysen kontextübergreifend und längsschnittlich angelegt sind, erlauben sie einen Einblick in die Bestandteile ihres Curriculums, in die Arbeitsteilung zwischen Organisationen und Kontexten sowie in ihre „Responsivität" (Etzioni, 1968) gegenüber Bezugssystemen. Dafür liefern die Bremer Regionalstudien ein Beispiel (Körber et al., 1995; Schrader, 2011).

Die Struktur des Curriculums der Erwachsenen- und Weiterbildung wurde in diesen Studien anhand von Inhalts- und Themenbereichen abgebildet, die teils an den schulischen Lehrplan anschließen, teils darüber hinausgehen. Inhaltlich geht es um

Besondere Aufmerksamkeit erfährt die kompensatorische Bildung aktuell, denn für den Zeitraum 2016 bis 2026 wurde vom BMBF die Nationale Dekade für Alphabetisierung und Grundbildung ausgerufen, um Initiativen aus Forschung und Praxis zur Verbesserung des Angebots zu fördern.

- eine kompensatorische Vermittlung schriftsprachlicher und alltagsmathematischer Basiskompetenzen in der Verkehrssprache,
- das Nachholen von Schulabschlüssen,
- die Erweiterung von Kommunikations- und Schlüsselfähigkeiten (Fremdsprachen, aber auch soziale Kompetenzen),
- das weite Feld der erwerbs- und berufsbezogenen Anpassungs- und Aufstiegsfortbildung,
- die Verhaltens- und Wissensausstattung für die besonderen Rollen und Lebensräume Erwachsener außerhalb von Politik und Beruf (in Angeboten der Familien-, Gesundheits-, Umwelt-, Verbraucher-, Freizeit- oder der kulturellen Bildung) und
- Angebote der politischen Bildung.

Die Bremer Studien haben zudem gezeigt, dass einzelne Anbieter je nach Kontextzugehörigkeit und institutionellen Umwelten, auf die sie sich beziehen, mit spezifischen Profilen zum Gesamtangebot beitragen. Die thematischen Schwerpunkte liegen teils eher in der allgemeinen, der beruflichen, der kulturellen oder der politischen Weiterbildung. Die Responsivität der Erwachsenen- und Weiterbildung ließ sich an Themenkonjunkturen erkennen (hier beobachtet über einen Zeitraum von etwa 30 Jahren), die sich zumeist relativ unbeeinflusst von bildungspolitischen Programmatiken durchsetzten. So wurden auf der Ebene der Lernbereiche Bedeutungsgewinne der beruflichen und erwerbsbezogenen Weiterbildung mit branchenspezifischen Akzentuierungen beobachtet, die sich mit dem gewandelten Stellenwert von Produktions- und Dienstleistungsberufen erklären ließen. Zu beobachten war zudem ein kontinuierlicher Rückgang der politischen Bildung trotz bevorzugter öffentlicher Förderung.

Im Lernbereich der allgemeinen Weiterbildung wurde ein kontinuierlicher Anstieg der Angebote für formale Schlüsselqualifikationen und kulturelle Bildung sowie eine kontinuierlich hohe Bedeutung der Gesundheitsbildung und der EDV-Grundbildung beobachtet.

Merksatz

Das Curriculum der Erwachsenen- und Weiterbildung folgt nicht den „Lehrplänen" von Anbietern und Auftraggebern, sondern den antizipierten Verhaltensanforderungen der Adressatinnen und Adressaten.

Um die Arbeitsweisen der Erwachsenen- und Weiterbildung mit jenen der Schule zu vergleichen, werden im Folgenden nicht die *materialen*, sondern die *formalen* Gemeinsamkeiten und Unterschiede betrachtet. Baumert (2002) hat in der Diskussion um die bildungstheoretische Fundierung international vergleichender Large-Scale-Assessments eine Beschreibung des Kerncurriculums der Schule skizziert, die sich an das Konzept der kategorialen Bildung nach Klafki (1963) anlehnt. Danach bereitet Schule auf vier Modi der Weltbegegnung vor:

- eine kognitiv-instrumentelle Modellierung der Welt,
- eine ästhetisch-expressive Weltbegegnung,
- eine normativ-evaluative Weltbegegnung sowie
- eine Auseinandersetzung mit Problemen konstitutiver Rationalität.

Für die Erwachsenen- und Weiterbildung rekonstruierte Schrader (2003), gestützt wiederum auf Programmanalysen, das Leistungsangebot von Erwachsenen- und Weiterbildungseinrichtungen vor allem im Blick auf die Frage, welche Art von Handlungsfähigkeit „in der Welt" das in den Kursen und Seminaren vermittelte Wissen unterstützen soll. Auf empirisch-induktivem Weg kam er zu einer Typologie von Wissensformen:

Handlungswissen beschreibt Bildungsangebote (z. B. in den Fremdsprachen, der EDV-Grundbildung), die es Lernenden ermöglichen, gegenüber der Welt der Sachen und Symbole handlungsfähig zu werden oder zu bleiben.

Interaktionswissen zielt auf die Verbesserung der Handlungsfähigkeit gegenüber der sozialen Welt, soweit sie in (klein- und großgruppenbezogenen) Interaktionen zum Ausdruck kommt (z. B. durch Angebote zur Vermittlung formaler Schlüsselqualifikationen).

Identitätswissen wird in Angeboten vermittelt, die darauf zielen, den Umgang der Lernenden mit sich selbst zu verbessern, Identität zu sichern und Selbstkontrolle zu verbessern (z. B. in der Gesundheitsbildung).

Beim *Orientierungswissen* (z. B. in der politischen oder religiösen Bildung) geht es um Fähigkeiten zum Verhalten in der Welt, um Fragen nach dem guten und richtigen Leben, dem Fundament und Sinn menschlicher Existenz, um Werte und Normen in einem weiten Sinn und damit um Aushandlung, Engagement und Partizipation.

Diese Typologie schließt sowohl an die bildungstheoretische Unterscheidung von Bildung und Wissen von Baumert (2002) als auch an das Bildungsverständnis des Deutschen Ausschußes für das Erziehungs- und Bildungswesen (1960) an.

> Gebildet im Sinne der Erwachsenenbildung wird jeder, der in der ständigen Bemühung lebt, sich selbst, die Gesellschaft und die Welt zu verstehen und diesem Verständnis gemäß zu handeln. Soweit es dabei um Einsicht und Verständnis, das heißt um eine Erhellung des Bewußtseins geht, knüpft diese Definition der Bildung an einen der umstrittensten Bildungsbegriffe der europäischen Geistesgeschichte an: denn Erhellung des Bewußtseins ist nur ein anderer Name für das, was man früher Aufklärung nannte. [...] Diese Helle des Bewußtseins darf nicht als abgesonderte Rationalität mißverstanden werden. Gebildet ist nicht der Kopf, sondern der Mensch. (Deutscher Ausschuß für das Erziehungs- und Bildungswesen, 1960, S. 20–21)

Während es in den Modi der Weltbegegnung durchaus Gemeinsamkeiten zur Schule gibt, zeigen sich die Besonderheiten des Lernens Erwachsener in der betonten Ausrichtung der Angebote auf die Kompetenz zum „Verhalten in der Welt“ (Robinsohn, 1967; Roth, 1971). Die Analyse von Ankündigungstexten (Schrader, 2003) brachte Besonderheiten der Inhalte und Formen der Wissensvermittlung und damit auch der didaktisch-methodischen Arrangements zum Vorschein. Zugespitzt formuliert wird in der Erwachsenen- und Weiterbildung möglichst unmittelbar anwendbares Wissen vermittelt und angeeignet. Wissen erscheint als Ressource zur Erweiterung von Handlungsfähigkeit, es muss sich, wie Dewey (1951) es formuliert hat, im Handeln bewähren. Der Fokus auf die Anwendbarkeit von Wissen bestimmt seine Auswahl. Angeboten wird sowohl genuin wissenschaftliches Wissen, kodifiziertes Expertenwissen, alltägliches Erfahrungswissen oder auch religiöses und metaphysisches Wissen. Seine Anerkennung als Bildungsinhalt erfolgt, anders als in der Schule, nicht durch eine staatliche Instanz, sondern ist Ergebnis der Aushandlungsprozesse von Auftraggebern, Anbietern, Lehrkräften und Teilnehmenden. Die Folgen für die Erfassung der Wirkungen der Erwachsenen- und Weiterbildung werden später diskutiert (→ Kap. 10).

Rückfragen an die Forschung

In den Veranstaltungen der Erwachsenen- und Weiterbildung wird eine Vielfalt unterschiedlicher Formen des Wissens angeeignet und vermittelt. Darüber, wie unterschiedlich strukturierte Arten des Wissens so aufeinander bezogen werden, dass erfolgreich gelernt wird, wissen wir noch wenig. Das gilt z. B. für die Verknüpfung individueller Erfahrungen mit verallgemeinertem wissenschaftlichem Wissen. Wie können diese Handlungsanforderungen am Beispiel alltäglicher Lernerfahrungen illustriert werden?

Wenn man mit Rücksicht auf ihre institutionellen und curricularen Strukturen die Frage stellt, inwieweit Erwachsenen- und Weiterbildung zur Bildung Erwachsener beiträgt, so lassen sich zwei Antworten geben: 1) Die Praxis orientiert sich explizit oder implizit an einem realistischen Bildungsbegriff, der Bildung als Sicherung oder Herstellung von Handlungsfähigkeit gegenüber der Welt der Sachen und Symbole, der Welt der Ideen und der Welt des Sozialen begreift und damit die personale und soziale Identität stützt. 2) Die Programmverantwortlichen praktizieren eine curriculare Denkweise, die didaktische Konzepte auf der Basis antizipierter Verwendungssituationen entwickelt. Dies führt zu „offenen Curricula" (Siebert, 1974), deren Episoden nur von den Teilnehmenden selbst zu „Weiterbildungs-Laufbahnen" verknüpft werden können. Von daher ist es nicht überraschend, dass Systematisierungsvorschläge, die in Anlehnung an schulische Lehrpläne einen „dritten Bildungsweg" für mittlere berufliche Karrieren (z. B. der „Bochumer Plan"; Knoll, Siebert & Wodraschke, 1967) zu etablieren suchten, sich nicht durchgesetzt haben, auch weil sie das Zertifizierungsmonopol der (Berufs-)Schulen berührten.

2.3 Legitimationsstrategien für die Bildung Erwachsener

Solange zwar das lebenslange Lernen Erwachsener, nicht aber die Anerkennung der Erwachsenen- und Weiterbildung als vierter Bildungsbereich selbstverständlich sind, müssen ihre Organisationen und Akteure ihre Arbeit immer wieder neu legitimieren, um notwendige Ressourcen (von der Politik, den Unternehmen, den sozialen Gemeinschaften, den Individuen) zu erhalten. Für solche Legitimationsdebatten kann es hilfreich sein, das theoretische, empirische und normative Wissen zu den institutionellen und curricularen Strukturen „ausbalanciert" (→ Einleitung) zu nutzen. Dies soll am Beispiel der aktuellen Debatte um Alphabetisierung und Grundbildung skizziert werden.

Die *leo. – Level-one Studie* (Grotlüschen & Riekmann, 2012) sowie die *PIAAC-Studie* (Rammstedt, 2013) haben gezeigt, dass große Gruppen der Erwachsenen in Deutschland nicht über jenes Maß an schriftsprachlichen, alltagsmathematischen und informationstechnischen Grundkenntnissen verfügen, das moderne Gesellschaften als notwendig für gesellschaftliche Teilhabe betrachten. Empirische Analysen verweisen zugleich auf die große Diskrepanz zwischen diagnostiziertem Bedarf und tatsächlicher Nachfrage. Daher steht eine bildungspolitische Diskussion darüber an, wer dafür zuständig ist, Erwachsenen eine (nachholende) Grundbildung zu ermöglichen.

Theoretisch ist dazu zunächst die Frage zu klären, was zur Grundbildung gerechnet werden soll (Schrader & Tröster, 2016). Bereits Spranger (1925, S. 161–162) hatte darauf aufmerksam gemacht, dass mit der Institutionalisierung von Bildungsbereichen jenseits der Schule die Frage neu diskutiert werden müsse, was als Grund- und was als Allgemeinbildung betrachtet wird.

Sein Vorschlag lautete, die schulische Bildung als Grundbildung zu verstehen, die

> ihren natürlichen Mittelpunkt in der heimatlichen Welt, vom Dorf beginnend bis zu der Gemeinsamkeit des geistigen Volksbesitzes in Wissen und Technik, Sitte und Staat, Kunst und Religiosität [hat]. Und weil jeder an ihr teilhaben muß, werden wir sie als grundlegende Bildung bezeichnen dürfen. (Spranger, 1925, S. 161)

Daran anschließend gebe es aber noch eine andere Allgemeinbildung,

> die statt am Anfang vielmehr am Ende des ganzen Bildungsweges liegt und die sich, soweit ein Menschengeist dafür überhaupt Raum hat, des unübersehbaren Lebensstoffes bemächtigt, über die enge Stätte des nächsten Wirkens und Erlebens hinauswächst und den Menschen auch mit ferneren Welten in Berührung setzt. (ebd., S. 162)

Den Mittelpunkt dieser *anderen* Allgemeinbildung sah Spranger im Beruf, und zugleich dachte er bereits über den Beruf hinaus, wie das Zitat belegt. Folgt man der Argumentation Sprangers, so lässt sich eine Verantwortung von Bund, Ländern und Gemeinden für die Sicherung einer grundlegenden Bildung begründen. Ob diese Verantwortung heute noch auf basale schriftsprachliche, alltagsmathematische und informationstechnische Kompetenzen begrenzt werden kann, wäre auf der Basis von Angebots- und Bedarfsanalysen zu diskutieren. Angebotsanalysen zeigen, welche Bereiche des Angebots teils mehr, teils weniger, teils gar nicht auf öffentliche Förderung angewiesen sind. Auf dieser Grundlage ließe sich diskutieren, wie die Finanzierung des Lernens Erwachsener zwischen Staat, sozialen Gemeinschaften, Unternehmen und Adressatengruppen zukünftig verteilt werden sollte. Insbesondere geht es um die Frage, wie funktionale Alphabetisierung mit schulischen oder beruflichen Abschlüssen in „pathways of adult learning" (Desjardins, 2017) verbunden werden können. Dazu existieren derzeit keine staatlich gesicherten und curricular verlässlichen Strukturen. Zudem muss der empirische Befund berücksichtigt werden, dass angesichts großer regionaler Unterschiede in Angebot und Beteiligung die im Grundgesetz verankerte Sicherung vergleichbarer Lebensverhältnisse in allen Regionen nicht (mehr) gewährleistet ist, wie der *Deutsche Weiterbildungsatlas* gezeigt hat (Martin et al., 2015).

2.4 Zusammenfassung

Mit dem Begriff „Curriculum" können die vielfältigen Angebote der Erwachsenen- und Weiterbildung erfasst und kategorisiert werden. Bildung wird in curricularer Betrachtung als Herstellung von Handlungsfähigkeit in der Welt interpretiert. Hieran knüpft die Erwachsenen- und Weiterbildung an und stellt Angebote in einem „offenen" Curriculum bereit, in dem Wissen vornehmlich als eine Handlungsressource und nicht um seiner selbst willen vermittelt und angeeignet wird. Dieses Angebot wird vor dem Hintergrund veränderter Anforderungen an die Handlungsfähigkeit

Erwachsener in ihren lebensweltlichen und systemischen Umwelten kontinuierlich weiterentwickelt. Unterschiedliche Typen von Organisationen engagieren sich in unterschiedlicher Weise und prägen nicht nur das Programm, sondern auch die Gestaltung von Lehr-Lern-Prozessen. Die im Begriff des Curriculums mitgedachte Strukturierung von Lernwegen ist in der Erwachsenen- und Weiterbildung kaum ausgebildet. Vielmehr realisieren Erwachsene zumeist isolierte Lernepisoden, denen nur sie selbst eine „Gestalt“ geben können. Ein Desiderat dürfte dies vor allem für jene Adressatengruppen darstellen, denen Mindestkompetenzen für die gesellschaftliche Teilhabe fehlen und die staatlich gesicherte „pathways of adult learning“ vermissen. Theoretisch fundierte und empirisch informierte Legitimationspraxen können anschlussfähige Reformen begründen.

Fragen & Aufgaben

1. Definieren Sie den Begriff „Curriculum" und erläutern Sie die Unterschiede zum Begriff „Lehrplan".
2. Versuchen Sie, die einleitend zitierten Veranstaltungen dem Curriculum der Erwachsenen- und Weiterbildung in seinem *materialen* Gehalt zuzuordnen.
3. Diskutieren Sie die vom DIE herausgegebene Checkliste für Weiterbildungsinteressierte im Hinblick auf die Frage, ob den Adressatinnen und Adressaten hier die „richtigen" Fragen empfohlen werden (Stellenwert des Anbieters, der Lehrenden, des Kursgeschehens).
   Link: https://www.die-bonn.de/id/9394/about/html/

Tipps zum Weiterlesen

Deutscher Ausschuß für das Erziehungs- und Bildungswesen. (1960). *Zur Situation und Aufgabe der deutschen Erwachsenenbildung*. Stuttgart: Klett.
Die bildungstheoretische Argumentation dieses Bandes bietet auch heute noch überzeugende Argumente für die Legitimation der Erwachsenen- und Weiterbildung.

Schrader, J. (2011). *Struktur und Wandel der Weiterbildung*. Bielefeld: W. Bertelsmann.
Diese Studie beruht auf einer längsschnittlichen Programmanalyse eines regionalen Weiterbildungsmarktes und zeichnet vor dem Hintergrund von Strategien der Bildungsreform Strukturen und Veränderungen bei Anbietern, Angeboten und didaktischen Arrangements nach.

Siebert, H. (1974). *Curricula für die Erwachsenenbildung*. Braunschweig: Westermann.
Der Band von Siebert hat die in der Schule geführte Curriculumdiskussion in die Erwachsenen- und Weiterbildung übertragen. Er ist immer noch hilfreich, auch für Lehrkräfte, um Strategien kennenzulernen, die es erlauben, auf Handlungs- und Transferfähigkeit ausgerichtete Angebote zu entwickeln.

3

Soziale Lage und beruflicher Status von Lehrkräften

In diesem Kapitel geht es um die Beschäftigungsbedingungen und die Qualifikationen von Lehrkräften der Erwachsenen- und Weiterbildung. Ihr beruflicher Status wird professionstheoretisch gedeutet und offene Fragen werden aufgezeigt. Abschließend werden aktuelle Initiativen zur Anerkennung der Kompetenzen von Lehrkräften vorgestellt, die zur Weiterentwicklung der pädagogischen Professionalität und damit zur gesellschaftlichen Anerkennung der Erwachsenen- und Weiterbildung beitragen wollen.

Lernziele

- Unterschiede in den Beschäftigungsbedingungen und Qualifikationen zwischen den Kontexten der Erwachsenen- und Weiterbildung kennen und erklären können
- professionstheoretische Modelle kennen und darüber den beruflichen Status sowie die Kompetenzen von Lehrkräften erklären können
- nationale und internationale Strategien zur Anerkennung der Kompetenzen von Lehrkräften kennen und bewerten können

Stellenanzeigen vermitteln einen ersten Eindruck von den Erwartungen, die an Beschäftigte gestellt werden. Die beiden folgenden Anzeigen richten sich an Lehrkräfte und stammen aus unterschiedlichen Kontexten der Erwachsenen- und Weiterbildung.

LESEN+ Schreiben

e.V. Berlin · Gemeinnütziger Verein · Arbeiten und Lernen mit Schreibungeübten

Stellenausschreibung Lehrkraft m/w

Lesen und Schreiben e.V. ist seit 35 Jahren spezialisiert auf Alphabetisierung und Grundbildung. Schwerpunkt ist die Durchführung von Lernangeboten für funktionale Analphabeten.

Zur Verstärkung unseres Teams suchen wir zum nächstmöglichen Zeitpunkt eine

Lehrkraft m/w für Alphabetisierung und Grundbildung
für 25-35 Stunden/Woche (schrittweise Erhöhung ist möglich)

Ihre Aufgaben:

- Sie unterrichten im Bereich Alphabetisierung/Schriftspracherwerb und allgemeine Grundbildung. Dazu gehören Vor- und Nachbereitung, Lernstandserhebungen sowie entsprechende Dokumentation.
- In Abstimmung mit dem Kernteam gehören Akquise und Netzwerkarbeit ebenso zu Ihrer Tätigkeit wie verwaltungstechnische und organisatorische Aufgaben.
- Die Teilnahme an Teamsitzungen ist obligatorisch.
- Je nach persönlichem Interesse und Eignung ist auch die Mitarbeit an Projekten vorgesehen.

Unsere Anforderungen:

- Sie verfügen über eine abgeschlossene wissenschaftliche Hochschulausbildung oder gleichwertige Kenntnisse, Erfahrungen und Fertigkeiten.
- Sie haben bereits mindestens 500 UE als Kursleiterin oder Kursleiter von Alphabetisierungskursen durchgeführt oder an einer Fortbildung zur Durchführung von Alphabetisierungskursen mit mindestens 30 UE teilgenommen.

- Wünschenswert sind Erfahrungen in der Arbeit mit funktionalen Analphabeten und/oder in der Grundbildung von Teilnehmenden mit Muttersprache Deutsch.
- Notwendig sind sichere Computerkenntnisse vorrangig in Word und Excel.
- Wir erwarten eine lösungsorientierte und eigenverantwortliche Arbeitsweise, Offenheit und einen guten Blick fürs Ganze sowie Einsatzbereitschaft und Freude an Teamarbeit.

Wir bieten

eine interessante und vielseitige Tätigkeit in einem kleinen Team. Die Stelle ist zunächst befristet bis 31.12.2018. Eine Weiterbeschäftigung wird angestrebt. Die Vergütung erfolgt in Anlehnung an TV-L 10.

Wir freuen uns auf Ihre Bewerbungen (Motivation, Lebenslauf, Angabe des Starttermins) per E-Mail ab sofort bis zum **11.03.2018** an
Urda Thiessen, u.thiessen@lesen-schreiben.com
Bewerbungsgespräche werden voraussichtlich ab der 11. KW stattfinden.
Die Integration von Menschen mit Behinderung entspricht unserem Selbstverständnis und wir begrüßen daher deren Bewerbung.

Lesen und Schreiben e.V.
Hermhuter Weg 16 Fax: 030 6869392
12043 Berlin info@lesen-schreiben.com
Tel.: 030 6874081 www.lesen-schreiben.com

Vorstand:
Dietlinde Bombitzki
Frank Biedermann
Dr. Burghard Kleu

Vereinsregister: 7701 B
Steuer-Nr.: 27/671/51344
Mitglied im Bundesverband
Alphabetisierung und Grundbildung e.V.

https://www.draexlmaier.com (Stand: 28.06.2018)

DRÄXLMAIER

Unser Anspruch: Premium. **Unsere Produkte:** Moderne Bordnetzsysteme, exklusives Fahrzeuginterieur, zukunftsweisende Elektrik-/Elektroniklösungen. **Unsere Kunden:** Audi, BMW, Jaguar, Land Rover, Maserati, Mercedes-Benz, MINI, Porsche, VW.

Unsere Business Academy in Geisenhausen / Nähe Landshut sucht Sie:

Inhouse Trainer (m/w) – befristet für 2 Jahre

50847822A17201

Ihre Aufgaben

- Organisation und Durchführung von Trainings für Sozialkompetenzen sowie deren Evaluation und Erfolgskontrolle
- Konzeption zielgruppenspezifischer Trainingsprogramme
- Zukunftsorientierte Weiterentwicklung des Schulungsangebotes unter Berücksichtigung neuer Lernmethoden (z.B. virtual classrooms)
- Beratung der Mitarbeiter und Führungskräfte bei Entwicklungs- und Veränderungsprozessen
- Datenpflege im SAP und Veröffentlichung des Seminarangebots im Intranet

Ihr Profil

- Abgeschlossenes Studium (Psychologie, Wirtschafts- oder Sozialwissenschaften, o.Ä.) oder abgeschlossene Ausbildung mit entsprechender Weiterbildung
- Mehrjährige Berufserfahrung in der Trainingsdurchführung oder alternativ vergleichbare Kenntnisse und Fertigkeiten
- IT Affinität
- Sehr gute Deutsch- und gute Englischkenntnisse
- Bereitschaft zu gelegentlichen Dienstreisen (innerhalb Deutschlands, Österreich, ggf. Ausland)

Wir bieten

einen flexiblen Arbeitsplatz, da Sie Ihre Trainings im Homeoffice vorbereiten. Die Durchführung findet an unserer Business Academy in Geisenhausen sowie an den Standorten der DRÄXLMAIER Group statt. Wir freuen uns auf Ihre Online-Bewerbung!

Die Bewerbungen von geeigneten Schwerbehinderten und Gleichgestellten sind ausdrücklich erwünscht.

Ihr Ansprechpartner:
DRÄXLMAIER Group
Recruiting
Frau Julia Hausperger
Landshuter Str. 100
84137 Vilsbiburg
T.: +49 8741 47-2305

https://www.draexlmaier.com (Stand: 28.06.2018)

3.1 Welche Lehrkräfte finden Beschäftigung?

Das (pädagogische) Personal stellt eine zentrale institutionelle Voraussetzung für die Arbeitsfähigkeit der Erwachsenen- und Weiterbildung dar (→ Abb. 1). Die ausgewählten Stellenausschreibungen vermitteln einen Einblick darin, welche Lehrkräfte von Einrichtungen der Erwachsenen- und Weiterbildung gesucht werden und unter welchen Bedingungen diese Beschäftigung finden können. Die erste Stellenausschreibung bietet eine befristete Beschäftigung für Lehrkräfte in der Alphabetisierung und Grundbildung, die in den vergangenen Jahren große Aufmerksamkeit gefunden hat (→ Kap. 2). Das zweite Beispiel stammt aus der innerbetrieblichen Weiterbildung. In der Stellenausschreibung sucht ein Automobilzulieferer eine Inhouse Trainerin bzw. einen Inhouse Trainer für die Vermittlung von Sozialkompetenzen, die zum Kern des Angebots betrieblicher Weiterbildung zählen. Es wird eine ebenfalls befristete Beschäftigung in einem dauerhaft vorgehaltenen Angebotsbereich geboten, in diesem Fall in Vollzeit. Beide Stellenausschreibungen verweisen auf die Planung, Durchführung und Evaluation von Lehr-Lern-Prozessen als Kernaufgaben. Die Lehraufgaben sind eingebettet in spezifische Erwartungen und Auftragskonstellationen der Weiterbildungsanbieter: im ersten Fall in bildungspolitische Förderprogramme und im zweiten in innerbetriebliche Strategien der Personalentwicklung und sekundären Rationalisierung. Die Berufsbezeichnungen („Lehrkraft" und „Trainer") sind ebenso wenig einheitlich wie die Beschäftigungsbedingungen: Befristete Honorartätigkeiten, die im Alphabetisierungsbereich üblicher sind als befristete Arbeitsverträge wie in dem gezeigten Beispiel, finden sich ebenso wie unbefristete Vollzeitstellen. Als Zugangsvoraussetzung wird akademische Vorbildung erwartet, aber nicht spezifiziert. Dagegen wird einschlägige Berufserfahrung hervorgehoben. Das Gehalt liegt teils unterhalb (Tarifgruppe TV-L 10), teils im üblichen Korridor einer für Akademikerinnen und Akademiker üblichen Bezahlung. Die beiden oben genannten Stellenausschreibungen könnten um weitere Ausschreibungen bei Volkshochschulen, Gewerkschaften, kirchlichen, kommerziellen oder anderen betrieblichen Anbietern ergänzt werden, in denen teils ähnliche, teils unterschiedlich gelagerte Erwartungen und Angebote formuliert werden.

3.2 Forschung zur Situation von Lehrkräften

Die Forschung der Erwachsenen- und Weiterbildung hat sich immer wieder mit den Beschäftigungsbedingungen von Lehrkräften befasst. Neben Studien für bestimmte Segmente des vierten Bildungsbereichs liegen auch repräsentative Daten aus der Bildungsberichterstattung vor (z. B. Autorengruppe wb-personalmonitor, 2016). Basierend auf der Auswertung von Daten des *wb-personalmonitors* wird im *Nationalen Bildungsbericht*[7] folgende Einschätzung formuliert:

> Weiterbildung als nur begrenzt professionalisiertes pädagogisches Beschäftigungsfeld: Der erstmals berichtete Indikator zum Personal in der Weiterbildung weist die Weiterbildung als ein pädagogisches Feld aus mit sehr heterogenen Institutionen, hohen Anteilen an Nebenerwerbstätigkeit sowie einem vergleichsweise niedrigen Durchschnittseinkommen, auch bei den Haupterwerbstätigen – trotz einem {sic!} relativ hohen Qualifikationsniveau (zwei Drittel aller Erwerbstätigen mit Studienabschluss). Insgesamt bestätigen diese Befunde das in der Wissenschaft seit längerem diskutierte Bild eines semiprofessionellen Beschäftigungsbereichs (begrenzte exklusive fach-wissenschaftliche Ausbildung, Laufbahnstrukturen, gemeinsames Berufsethos u. a.). (Autorengruppe Bildungsberichterstattung, 2016, S. 6)

7 Der *Nationale Bildungsbericht* ist ein indikatorengestützer Bericht, der federführend vom Deutschen Institut für Internationale Pädagogische Forschung (DIPF) betreut und in Zusammenarbeit mit verschiedenen namhaften nationalen Forschungsinstituten erstellt wird. Mit dem Bericht wird versucht, die Leistungen aller Bildungsbereiche indikatorengestützt zu erfassen (www.bildungsbericht.de).

Die Frage ist, ob eine solche Einschätzung auf der Grundlage des Forschungswissens über Strukturmerkmale des Arbeitsmarktes für Lehrkräfte der Erwachsenen- und Weiterbildung gerechtfertigt ist und welche Perspektiven für eine Verbesserung ihrer individuellen und kollektiven Situation bestehen.

3.2.1 Wandel der Vorstellungen zur Beruflichkeit

Die eingangs zitierten Stellengesuche dokumentieren, dass Lehre in der Erwachsenen- und Weiterbildung inzwischen als ein „Beruf" ausgeübt werden kann. Das ist noch nicht lange der Fall.

Wegweiser Geschichte

Sowohl im 19. als auch in weiten Phasen des 20. Jahrhunderts wurden Lehraufgaben in der sich entwickelnden Volks- und Erwachsenenbildung fast ausschließlich ehrenamtlich oder nebenberuflich übernommen, z. B. von Theologen, (Volksschul-)Lehrern oder lokalen Honoratioren. Seltene Ausnahmen waren sogenannte Wanderlehrer, die sich für kürzere Zeiträume oder einzelne Veranstaltungen von Bildungsgesellschaften oder zentralen Volksbildungseinrichtungen anstellen ließen (Seitter, 2007, S. 41–44). Zwar finden sich bereits seit 1923 mit dem Seminar für freies Volksbildungswesen an der Universität Leipzig erste, universitär verantwortete Angebote zur Fortbildung (ebd., S. 34–38), in denen auch grundlegende didaktisch-methodische Kenntnisse vermittelt bzw. entsprechende Schulungen durchgeführt wurden, doch gleichzeitig betrachteten führende Vertreter der Erwachsenenbildung Lehraufgaben als eine Aufgabe für und von Laien, gestützt auf eine „leichte, beinah absichtslos im Leben selbst entspringende Tradition" (Flitner, 1921, S. 2). Diese Traditionen der Weimarer Republik wirkten in der bundesdeutschen Nachkriegsgeschichte fort. Noch in den 1950er Jahren „hofften" führende Repräsentanten der Erwachsenenbildung, dass Volksbildung „[n]iemals … nur eine Sparte der akademischen Bildung sei" (Weniger, 1952, S. 520). Pointiert formulierte es Pöggeler, ein ehemaliger Mitarbeiter Flitners und später Professor für Allgemeine Pädagogik in Aachen, wie folgt: „So ist Andragogie als Beruf ein *‚zweiter'* Beruf, und jeder echte Berufs-Andragoge ist demnach ein *‚Spät*berufener' (Pöggeler, 1957, S. 109).

Mit der Bildungsreform der 1960er und 1970er Jahre finden sich erste, meist auf bestimmte Segmente der Erwachsenen- und Weiterbildung gerichtete empirische Studien, die ein differenziertes Bild von den Beschäftigungsbedingungen des Lehrpersonals zeichneten. Nach ihrem beruflichen Status ließen sich – vereinfacht gesagt – die folgenden Gruppen unterscheiden:

- ehrenamtliche Mitarbeitende, die z. B. in Weiterbildungseinrichtungen der Kirchen ihre gemeindebezogene Bildungs- und Gesprächskreisarbeit teils wegen des „Honorars", teils als Ausdruck religiösen oder kirchlichen Engagements leisteten (Jütting, 1992; Knoblauch-Flach, 1994);
- nebenberufliche Lehrkräfte als quantitativ größte Gruppe, wie von Volkshochschulen bevorzugt (Knoll, 1974);
- freiberuflich tätige Mitarbeitende, die als sogenannte „neue Selbstständige" vorzugsweise in der öffentlich geförderten Erwachsenenbildung (Arabin, 1996)

oder als professionelle Dienstleister vorzugsweise in der betrieblichen Weiterbildung (Seipel, 1992) ihren Lebensunterhalt oder große Teile davon durch Lehre, Training oder Beratung bestritten;

- festangestellte Lehrkräfte, die als Weiterbildungslehrer befristet oder unbefristet z. B. in AFG- bzw. SGB-III-geförderten Qualifizierungsmaßnahmen oder bei bundesweit agierenden Sprachschulen auf der Basis von (Haus-)Tarifverträgen arbeiteten (Dröll, 1994).

Über die Lehrkräfte der Erwachsenenbildung in der DDR ist wenig bekannt. Angenommen wird, dass Lehrkräfte der beruflichen Weiterbildung überwiegend nebenberuflich arbeiteten und in betriebliche Qualifizierungsstrategien eingebunden waren (Dietrich, 1991). In den Volkshochschulen arbeiteten vor allem abgeordnete Lehrerinnen und Lehrer aus dem Schulbereich (Opelt, 2004).

3.2.2 Soziodemografie, Beschäftigungsbedingungen und beruflicher Status

Während die zuvor zitierten Studien sich auf ausgewählte Segmente oder Anbietertypen der Erwachsenen- und Weiterbildung konzentrierten, wurden mit Beginn des neuen Jahrtausends erste Versuche unternommen, die soziodemografischen Merkmale und die Beschäftigungsbedingungen von Lehrkräften repräsentativ zu erfassen.

Wegweiser Daten

Die *WSF-Studie* aus dem Jahr 2005 wurde vom Bundesministerium für Bildung und Forschung (BMBF) beim Institut Wirtschafts- und Sozialforschung (WSF) in Auftrag gegeben und richtete sich auf die offen zugängliche Weiterbildung. Die schriftliche Personalbefragung wählte den Zugang über die Weiterbildungseinrichtungen. Es wurden 4.857 Lehrkräfte aus 1.054 Einrichtungen erfasst.

Der *wb-personalmonitor* wurde von einem Konsortium des Deutschen Instituts für Erwachsenenbildung (DIE), des Bundesinstituts für Berufsbildung (BIBB) und der Universität Duisburg-Essen durchgeführt. Als zweistufig angelegte Erhebung war er an die von BIBB und DIE jährlich durchgeführte Umfrage zum *wbmonitor* 2014 gekoppelt (→ Kap. 2). Insgesamt konnten 1.874 Weiterbildungseinrichtungen (erste Stufe) und 6.062 Erwachsenenbildner (zweite Stufe) standardisiert befragt werden (https://wbmonitor.bibb.de/wbpersonalmonitor/).

Einschränkend ist zu betonen, dass sowohl die *WSF-Studie* als auch der *wb-personalmonitor* die betriebliche Weiterbildung nicht erfassen.

Nach den Befunden des *wb-personalmonitors* arbeiten in Deutschland hochgerechnet ca. 530.000 Lehrkräfte in der Erwachsenen- und Weiterbildung. Stellt man in Rechnung, dass die betriebliche Weiterbildung nicht berücksichtigt wurde, auf die aber nach repräsentativen Adressatenbefragungen mehr als die Hälfte aller Weiterbildungsaktivitäten entfällt (Bilger et al., 2017, S. 39), so kann angenommen werden, dass die Lehrkräfte nicht nur die größte Gruppe der Beschäftigten in der Erwachsenen- und Weiterbildung darstellen, sondern dass in diesem Bildungsbereich auch mehr Lehrkräfte arbeiten als in anderen (Schrader, im Druck). Lehrkräfte des vierten Bildungsbereichs arbeiten zumeist im Nebenerwerb auf der Basis von Honorar- und Werkverträgen, allerdings auch mit einem beachtlichen und wachsenden Anteil im Haupterwerb (→ Abb. 4); die zuerst genannte Variante findet sich besonders häufig in der öffentlich anerkannten Erwachsenenbildung, die zweite Variante häufiger in der innerbetrieblichen Weiterbildung. Das Bildungsniveau ist hoch: 64 Prozent haben ein Fachhochschul- oder Hochschulstudium abgeschlossen oder konnten mit der Promotion sogar die höchste Niveaustufe des Deutschen Qualifikationsrahmens (DQR) erreichen. 17 Prozent haben eine Aufstiegsfortbildung mit einem Meister-, Fachwirt- oder Technikerabschluss beendet oder eine Fachschule der DDR besucht. Insgesamt verfügt etwa ein Viertel (27 %) aller Lehrkräfte über ein pädagogisches Studium (wozu auch Lehramtsstudiengänge oder ein Studium der Wirtschaftspädagogik gezählt wurden). Weitere sieben Prozent haben ein Studium anderer Fachrichtungen mit einem pädagogischen bzw. erziehungswissenschaftlichen Neben- bzw. Beifach absolviert. Nebenberufliche Lehrkräfte verfügen seltener über eine pädagogische Ausbildung als Lehrkräfte, die in diesem Bildungsbereich ihren Haupterwerb realisieren (20 % zu 32 %).

Blickt man auf die Einkommenssituation der Beschäftigten, so zeichnet der *wb-personalmonitor* ein sehr heterogenes Bild. Bei Angestellten, Beamten und Inhabern von Weiterbildungseinrichtungen liegt der Median der Einkommensverteilung bei rund 3.000,00 Euro im Monat und ist damit nahezu vergleichbar mit dem durchschnittlichen Einkommen der Erwerbsbevölkerung insgesamt. Demgegenüber weicht die Gruppe der hauptberuflichen Honorarkräfte, die zumeist als Lehrkräfte beschäftigt sind, deutlich nach unten ab. Dabei muss allerdings berücksichtigt werden, dass das Einkommen aus der Erwachsenen- und Weiterbildung für viele Lehrkräfte nur einen Teil des Haushaltseinkommens darstellt. Der weit überwiegende Teil (94 %) der Erwerbstätigen in der Erwachsenen- und Weiterbildung ist eher zufrieden oder sogar sehr zufrieden mit der jeweiligen Beschäftigung.

Rückfragen an die Forschung

Bisher liegen vor allem Bestandsaufnahmen zur sozialen und beruflichen Situation von Lehrkräften in (Teilbereichen) der Erwachsenen- und Weiterbildung vor. Längsschnittliche Analysen über Veränderungen der Beschäftigungsbedingungen, der Kompetenzentwicklung und ihres Zusammenspiels fehlen allerdings bisher. Wie könnten solche Studien angelegt sein? Welche qualitativen oder quantitativen Verfahren eignen sich hier?

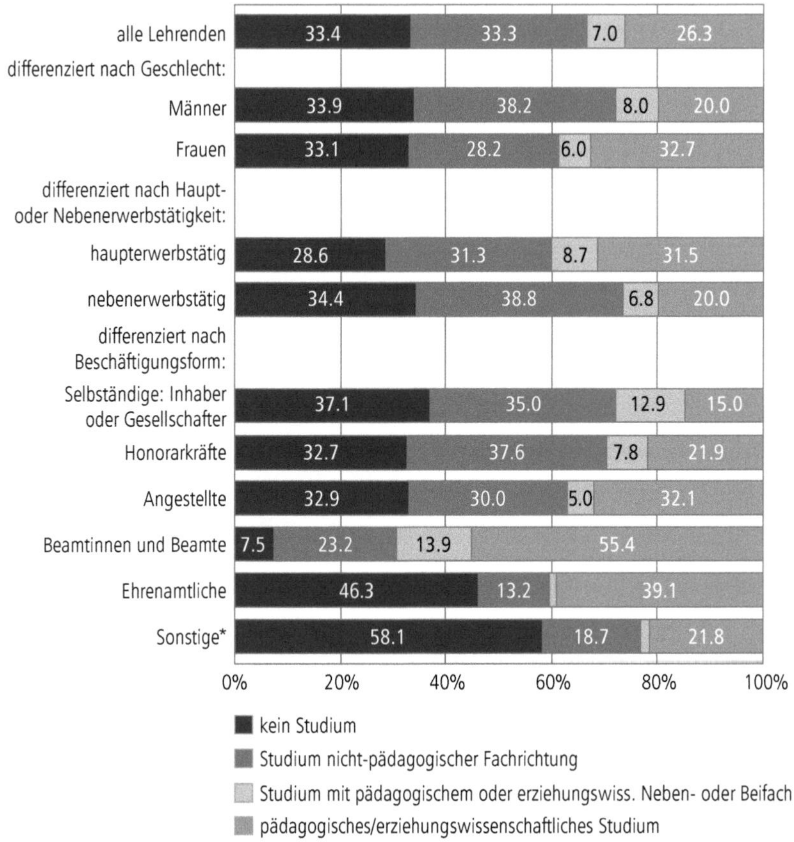

Anmerkungen. Datengrundlage: wb-personalmonitor 2014 (Stufe 1); hochgerechnet nach Personen; $n = 3\,834$ [Haupt-/Nebenerwerbstätigkeit] bis $n = 3\,961$ [alle Lehrenden]; Angaben in Prozent.
* geringfügig Beschäftigte, Auszubildende, Bundesfreiwilligendienst oder Freiwilliges Soziales Jahr, Praktikantinnen und Praktikanten, Leih- und Zeitarbeiter.

Abbildung 4. Pädagogisches oder erziehungswissenschaftliches Studium der Lehrkräfte nach Geschlecht, Haupt- oder Nebenerwerbstätigkeit und Beschäftigungsform (Autorengruppe wb-personalmonitor, 2016, S. 115)

Der *Nationale Bildungsbericht* hatte die Erwachsenen- und Weiterbildung als einen begrenzt professionalisierten bzw. als semiprofessionellen Bildungsbereich beschrieben. Der Bericht berührte damit eine Fragestellung, die spätestens seit den 1970er Jahren, seit der sozialstaatlich motivierten Modernisierung der Weiterbildung zu den identitätsstiftenden Debatten in Wissenschaft, Politik und Praxis gehört (Deutscher Bildungsrat, 1970; Dobischat, Elias & Rosendahl, 2018; Schulenberg et al., 1978; Nittel, 2000; → Band „Profession, Professionalisierung, Professionalität" dieser Reihe). In dieser Diskussion werden wissenschaftliche Analysen oft mit Fragen der gesellschaftlichen Anerkennung des Berufsstandes verknüpft und gelegentlich auch vermischt. Zu fragen ist, ob dies nicht auch im *Nationalen Bildungsbericht* der Fall ist.

Das Konzept der „Profession" wurde in der Berufssoziologie entwickelt und genutzt, um die Entwicklung der Vielfalt an Formen und Funktionen beruflicher Tätigkeiten in modernen Gesellschaften zu analysieren. Nicht nur in der Erwachsenen- und Weiterbildung wird der Begriff „Professionalisierung" aber oft auch als ein „Kampfbegriff" (Tietgens, 1988, S. 36–37) für gesellschaftliche Anerkennung bestimmter Tätigkeiten oder Berufe genutzt. Während es im ersten Diskussionsstrang auch um Fragen der individuellen Expertise der Beschäftigten geht, stehen im zweiten Diskussionsstrang eher Fragen des gesellschaftlichen Status im Vordergrund. Insofern ist es sinnvoll, Fragen nach den Bedingungen einer *individuellen* von solchen einer *kollektiven* Professionalisierung zu unterscheiden.

Wenn es um die Analyse der *kollektiven Professionalisierung* geht, werden in der Wissenschaft vor allem machttheoretische Professionskonzepte genutzt. „Professionen" bezeichnen in der Berufssoziologie jene Berufe, die beim Übergang von frühmodernen zu modernen Gesellschaften entstehen und auf deren strukturellen Bedarf an personenbezogenen Dienstleistungen reagieren. Diese Dienstleistungen richten sich auf die physische, psychische, juristische oder pädagogische Wiederherstellung oder Aufrechterhaltung der Sozial- und Systemintegration von Individuen (Stichweh, 2013) und werden gegenüber Einzelnen oder auch gegenüber Gruppen erbracht. Als klassische Professionen gelten Ärzte, Gymnasiallehrerinnen, Anwälte, Richterinnen, Geistliche und Apothekerinnen. Professionen sind charakterisiert durch wissenschaftliche Ausbildungen sowie geregelte Wege des Berufszugangs und der Berufsausübung, die vom Staat oder von Berufsverbänden (z. B. Kammern) kontrolliert werden. Gefragt wird in der Forschung zur Professionalisierung u. a., wie sich Professionen historisch etabliert haben (Abbott, 1988; Freidson, 1988). In Phasenmodellen (z. B. Wilensky, 1972) werden übliche Stationen, wie die Durchsetzung von Hauptberuflichkeit, die wissenschaftlich-theoretische Fundierung von Ausbildungswegen sowie die Gründung von Berufsverbänden zur Interessenvertretung gegenüber Arbeitgebern und Öffentlichkeit, unterschieden.

Bei der *individuellen Professionalisierung* geht es um den Aufbau von Professionalität im Sinne einer gekonnten Beruflichkeit durch Studium, berufliche Erfahrung und Weiterbildung (Tietgens, 1970; Gieseke, 1989; Oevermann, 1996). Hier stehen Fragen nach dem verfügbaren (wissenschaftlichen) Fachwissen und dem beruflichen Erfahrungswissen zur erfolgreichen Bearbeitung je individueller „Fälle" personenbezogener Dienstleistungen im Vordergrund. Die Bewertungsmaßstäbe des professionellen Handelns werden an Merkmalen der (wissenschaftlichen) Begründbarkeit und (praktischen) Nützlichkeit des Handelns sowie der Autonomie des Handelns im Binnenraum und der ethischen Orientierung am Wohl des Klienten, Patienten oder Mandanten festgemacht.

Wendet man professionstheoretische Konzepte auf die Befunde des *wb-personalmonitors* und auf weitere Daten der Bildungs- und Sozialberichterstattung an, so haben Lehrkräfte (noch) keinen Professionsstatus im Sinne von Abbott oder Freidson erreicht. Dazu fehlt es u. a. an einer engen Verknüpfung von wissenschaftlichem Studium und beruflicher Tätigkeit, an der Reglementierung des Berufszugangs und der Berufsausübung, an der Existenz kontextübergreifender Berufsverbände und an einflussreichen Zusammenschlüssen zur Interessenvertretung. Allerdings sind Elemente solcher Phänomene mindestens in Teilbereichen des Arbeitsmarktes durchaus zu beobachten. Dafür spricht u. a. eine fortschreitende Verberuflichung und Akademisierung nicht nur der Lehrtätigkeiten. Zudem wurden insbesondere im Umfeld der betrieblichen Weiterbildung Coaching- oder Trainerverbände gegründet, die Standards des Berufszugangs und der Berufsausübung zu etablieren suchen (z. B. DBVC, 2012; Schreyögg & Schmidt-Lellek, 2015).

Weniger eindeutig lässt sich die Frage nach der Professionalität der Lehrkräfte beantworten. Dazu fehlt es an einer verlässlichen und repräsentativen Erfassung ihrer Kompetenzen innerhalb und außerhalb des Lehr-Lern-Geschehens. Blickt man auf das didaktisch-methodische Wissen und Können, das gemeinhin als eine zentrale Facette der Kompetenzen von Lehrkräften betrachtet wird, so stehen derzeit nur recht distale Merkmale, wie z. B. pädagogische Abschlüsse in grundständigen oder Aufbau-Studiengängen, zur Verfügung, die zwar auf Kompetenzen hinweisen, sie aber nicht „beweisen". Jüngst wurden Testinstrumente entwickelt, die es grundsätzlich erlauben, z. B. die pädagogisch-psychologischen Kompetenzen des Lehrpersonals zu erfassen (→ Kap. 4).

Prozesse der kollektiven und der individuellen Professionalisierung sind – das zeigen die Befunde der diachronen Professionsforschung – wechselseitig aufeinander bezogen und auch voneinander abhängig: So fördern berufsständische Strukturen die Aus- und Fortbildung des Personals und damit den individuellen Aufbau von Wissen und Können; umgekehrt stützt die individuelle Professionalitätsentwicklung den Aufbau berufsständischer Strukturen und damit die gesellschaftliche Anerkennung. Eine Re-Analyse des *wb-personalmonitors* ging der Frage nach, unter welchen institutionellen Bedingungen pädagogische Zusatzqualifikationen zu Einkommenseffekten führen (Schrader & Loreit, 2018). Einkommen ist ein informativer, wenn auch kein erschöpfender Indikator für gesellschaftliche Anerkennung (Nittel, 2000, S. 61). Die statistischen Auswertungen belegen, dass sich Qualifikationen generell auch im Feld der Weiterbildung auszahlen. Das Gleiche gilt für spezifische Zusatzqualifikationen: Vergleicht man Lehrende, die sich in relevanten soziodemografischen Merkmalen ähneln, aber im Nachweis erwachsenenpädagogischer Zusatzqualifikationen unterscheiden, so zeigt sich ein zwar schwacher, aber statistisch signifikanter positiver Effekt von zusätzlichen Qualifikationen. Dieser Effekt ist für individuelle Professionalisierungsstrategien insofern ermutigend, als er zeigt, dass sich der Aufbau (non-)formal erworbener Expertise lohnen kann, und dies bereits unter den Bedingungen eines Arbeitsmarktes, der noch wenig reglementiert ist.

3.3 Strategien der kollektiven Professionalisierung

Die empirischen Befunde zu den Qualifikationen, den Beschäftigungsbedingungen und zum beruflichen Status des Lehrpersonals in der Erwachsenen- und Weiterbildung sind ebenso wie Phasenmodelle der Professionalisierung von großer Bedeutung für die Frage, wie sich dessen kollektive und individuelle Professionalisierung fördern lässt. Im Blick auf die individuelle Professionalisierung müssen nicht nur die Lehrkräfte selbst, sondern auch die beschäftigenden Einrichtungen die Frage beantworten, was notwendig ist, um berufliches Expertentum zu erlangen. Diese Frage wird in → Kapitel 11 behandelt. Im Blick auf die kollektive Professionalisierung ist zu fragen, was die Beschäftigten, die Berufs- und Trägerverbände, was Politik und Administration, aber auch die universitäre und außeruniversitäre Forschung tun können, um die gesellschaftliche Anerkennung des Berufsstandes zu unterstützen. Im Anschluss an Honneth (2018, S. 182–235) stellt gesellschaftliche Anerkennung die Bedingung der Möglichkeit individueller Selbstbestimmung und Selbstkontrolle dar, die eine individuelle Auslegung der Lehrtätigkeit nicht behindert, sondern stützt. Welche Anerkennung Pädagoginnen und Pädagogen in verschiedenen Bildungsbereichen finden, behandelt die Studie von Schütz (2018).

Ein erster Schritt könnte darin bestehen, sich unter allen relevanten Akteuren auf Mindeststandards für Lehrtätigkeiten zu verständigen. Ein aktuelles Projekt setzt an diesem Punkt an, indem Grundlagen zur Entwicklung eines trägerübergreifenden Anerkennungsverfahrens für die Kompetenzen Lehrender in der Erwachsenen- und Weiterbildung erarbeitet werden. Kern des Projekts ist ein Modell grundlegender erwachsenenpädagogischer Kompetenzen (→ Kap. 4). Auf der Basis dieses Modells sollen in den nächsten Jahren Wege der Anerkennung sowohl formaler als auch informeller Lernprozesse und die dazu erforderlichen Konzepte sowie Instrumente entwickelt und erprobt werden. In diesem Projekt arbeiten erstmals Berufs- und Trägerverbände aus allen Kontexten der Erwachsenen- und Weiterbildung zusammen. Orientiert man sich an den zitierten Phasenmodellen der Professionalisierung, so ist, nachdem Hauptberuflichkeit von Lehre sich immer weiter durchsetzt, die wissenschaftlich-theoretische Fundierung von formalen und non-formalen Wegen des Kompetenzerwerbs der nächste erforderliche Schritt. Perspektivisch muss und kann dies durch die Gründung von kontextübergreifenden Berufsverbänden gestützt werden (Bosche & Strauch, 2018).

Die Entwicklungen in Deutschland sind eingebettet in eine europäische Diskussion (Gruber, 2018). Zum Teil gefördert mit EU-Mitteln wurden zunächst in der Schweiz und dann in Österreich in enger Zusammenarbeit unterschiedlicher Träger der Erwachsenen- und Weiterbildung (in der Schweiz im Schweizerischen Verband für Weiterbildung (SVEB) zusammengefasst) Strukturen etabliert, die solche Anerkennungs- und Validierungsprozesse unterstützen. Das gilt etwa für das Schweizer Konzept Ausbildung-der-Ausbildenden (AdA) (seit 1995) wie auch für die Weiterbildungsakademie Österreich (wba) (seit 2007) (Heilinger, 2007; Schläfli, 2012, 2014). Diese Angebote wenden sich nicht ausschließlich, aber ausdrücklich auch an Lehrkräfte.

3.4 Zusammenfassung

In der Erwachsenen- und Weiterbildung wird Lehrtätigkeit heute nicht mehr allein als ehrenamtliches Engagement und auf der Basis von Lebens- oder Berufserfahrung, sondern auch freiberuflich oder angestellt und mit pädagogischer Vorbildung ausgeübt. Lehrkräfte bilden die größte Gruppe unter den Beschäftigten, die Beschäftigungsbedingungen reichen von ehrenamtlicher Tätigkeit über nebenberufliche Beschäftigung und freiberufliches Vollzeitengagement bis hin zu für Akademiker üblichen Angestelltenverhältnissen. Der Anteil akademisch qualifizierter Lehrkräfte liegt bei über 60 Prozent, ca. 25 Prozent haben ein pädagogisches (Zusatz-)Studium absolviert. Der berufliche Status der Lehrkräfte bleibt hinter dem Status traditioneller Professionen zurück. Über die Professionalität der Lehrkräfte im Binnenraum des Lehrens und Lernens ist noch wenig bekannt. Strategien der kollektiven Professionalisierung sind zum einen an die kontextübergreifende Verständigung auf Mindeststandards einer Lehrtätigkeit gebunden und erfordern zum anderen die verlässliche Anerkennung auch non-formal oder informell erworbener Kompetenzen. Beide Prozesse sind Voraussetzung für eine höhere gesellschaftliche Anerkennung der Lehrtätigkeit und der Erwachsenen- und Weiterbildung insgesamt.

Fragen & Aufgaben

1. Etzioni (1969) hat das Konzept der „Semi-Professionen" entwickelt. Prüfen Sie, inwieweit dieses Modell den beruflichen Status von Lehrkräften der Erwachsenen- und Weiterbildung zu beschreiben vermag.
   Literatur: Etzioni, A. (1969). *The Semi-Professions and their Organizations.* New York: Free Press.
2. Sammeln Sie fünf Argumente, die gegen eine Reglementierung des Berufszugangs und der Berufsausübung von Lehrkräften in der Erwachsenen- und Weiterbildung sprechen. Versuchen Sie, diese Argumente mit dem Verweis auf empirische Befunde, theoretische Annahmen oder professionspolitische Interessen zu widerlegen.
3. Recherchieren Sie im Internet nach Berufsverbänden von Lehrkräften (Trainerinnen, Coachs, Dozenten), die in einem Feld der Erwachsenen- und Weiterbildung tätig sind, in dem Sie sich selbst eine Beschäftigung vorstellen könnten. Sichten Sie die Satzungen u. Ä. daraufhin, mit welchen Strategien sich diese Verbände für ihre gesellschaftliche Anerkennung einsetzen möchten. Nutzen Sie für Vergleiche entsprechende Dokumente für Medizinerinnen oder Juristen.

Tipps zum Weiterlesen

Autorengruppe wb-personalmonitor. (2016). *Das Personal in der Weiterbildung. Arbeits- und Beschäftigungsbedingungen, Qualifikationen, Einstellungen zu Arbeit und Beruf.* Bielefeld: W. Bertelsmann.
Dieser Band bietet repräsentative Daten zum Personal in der Erwachsenen- und Weiterbildung.

Nittel, D. (2002). *Jongleure der Wissensgesellschaft. Das Berufsfeld der Erwachsenenbildung.* Neuwied: Luchterhand.
In diesem Band stellen sich Berufstätige in der Erwachsenenbildung mit Selbstbeschreibungen zu ihren Studien und Ausbildungen, ihrer Berufslaufbahn und ihren aktuellen Tätigkeiten vor. Die Publikation vermittelt einen anschaulichen Einblick in das Berufsfeld der Erwachsenen- und Weiterbildung und kann die berufliche Orientierung unterstützen.

Etzioni, A. (1969). *The Semi-Professions and their Organizations.* New York: Free Press.
Dieser Band bietet vergleichende Analysen zu Berufsgruppen, die eine Professionalisierung anstreben, sie aber noch nicht erreicht haben.

4 Kompetenzen von Lehrkräften

In diesem Kapitel geht es um die Kompetenzen von Lehrkräften, d. h. um die doppelte Frage, wer berechtigt ist bzw. als befähigt gilt, in der Erwachsenen- und Weiterbildung zu lehren. Neben historischen Vorstellungen von einer „guten" Lehrkraft werden Kompetenzmodelle und Befunde aus Kompetenztests vorgestellt. Abschließend wird erörtert, inwiefern Portfolios zur Förderung der Entwicklung von Kompetenzen sowie zur Fundierung von Auswahlentscheidungen beitragen können.

Lernziele

- Kompetenzanforderungen an Lehrkräfte und deren Wandel in der Zeit kennen
- die Nützlichkeit von Kompetenzmodellen beurteilen können für (a) die trägerübergreifende Verständigung auf Vorstellungen von einer „guten" Lehrkraft, (b) die Entwicklung von Weiterbildungsangeboten und (c) die Messung von Kompetenzen
- die Nützlichkeit von Portfolios für die individuelle Professionalisierung sowie für die Fundierung von Auswahlentscheidungen beurteilen können

Was sollen Lehrkräfte mitbringen, wenn sie in einer Weiterbildungseinrichtung arbeiten? Diese Frage wird in einer Studie zu Rekrutierungspraxen in der Erwachsenen- und Weiterbildung (Goeze & Schneider, 2014) untersucht. In Abstimmung mit dem wbmonitor *aus dem Jahre 2014 (Ambos, Koscheck & Martin, 2015) wurden Mitarbeitende in Weiterbildungseinrichtungen gefragt, nach welchen Kriterien sie Lehrkräfte auswählen und gewinnen. Folgende Antworten haben die Befragten gegeben (→ Abb. 5).*

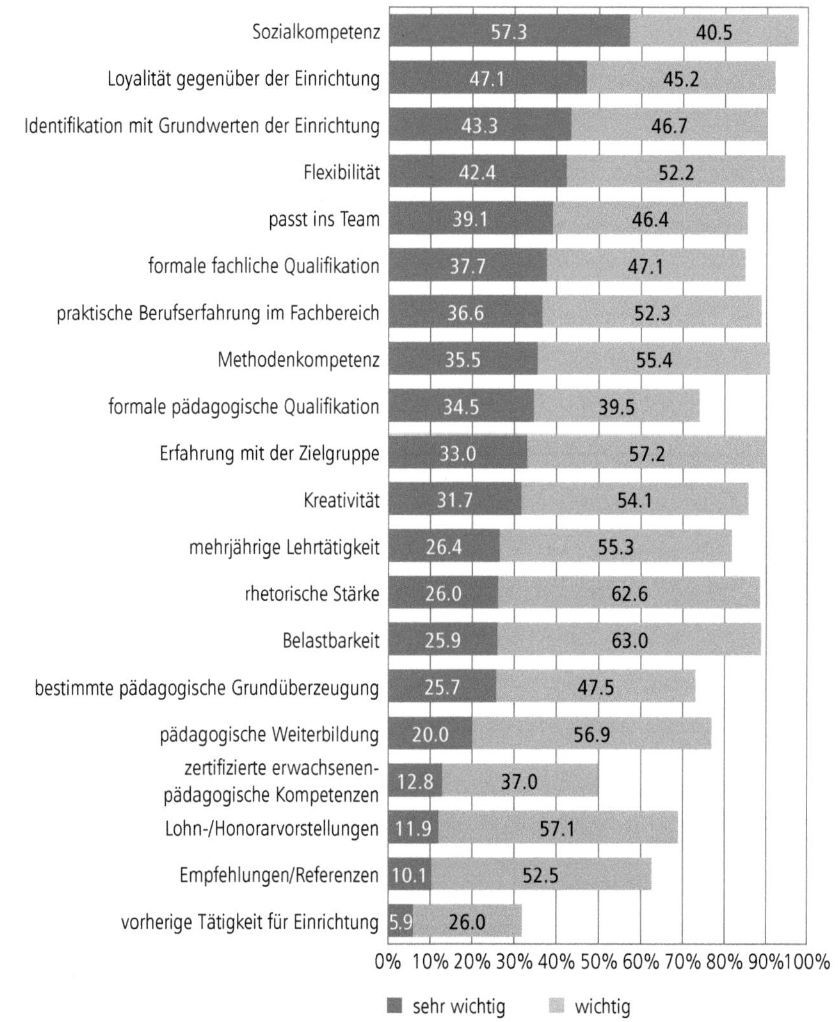

Quelle: BIBB/DIE wb**monitor** Umfrage 2014; hochgerechnete Werte auf Basis von $n = 1\,895$ Angaben (Lohn-/Honorarvorstellungen) bis $n = 1\,979$ Angaben (Sozialkompetenz); nicht abgebildet sind die Werte für die Antwortvorgaben „eher wichtig" und „unwichtig".

Abbildung 5. Relevanz von Auswahlkriterien bei der Rekrutierung von Lehrkräften im Bereich der Weiterbildung (Angaben in Prozent) (Ambos, Koscheck & Martin, 2015, S. 15)

4.1 Welche Kompetenzen werden von Lehrkräften erwartet?

Terhart (2012) hat eine einfache und idealtypische „Einflusskette" beschrieben, nach der die (1) Aus- und Weiterbildungen von Lehrkräften zu (2) professionellen Kompetenzen beitragen und darüber vermittelt (3) eine hohe Qualität bei Lehr-Lern-Prozessen mitbedingen, die (4) den Lernerfolg bei Teilnehmenden befördern. Diese Einflusskette formuliert die in der Forschung weit verbreitete, gut bestätigte und diesem Band zugrunde liegende Annahme (→ Abb. 1), dass die Kompetenzen des Lehrpersonals einen entscheidenden Faktor für die Wirksamkeit organisierten Lehrens und Lernens darstellen. Doch welche Kompetenzen müssen Lehrkräfte in der Erwachsenen- und Weiterbildung tatsächlich dokumentieren und nachweisen? Und ist das Nachzuweisende tatsächlich entscheidend für den Lernerfolg?

Die Ergebnisse des *wbmonitors* zeigen: *Befähigungen* (z. B. Sozialkompetenz) von Lehrkräften werden bei Auswahlentscheidungen insgesamt wichtiger genommen als *Berechtigungen* (z. B. eine formale pädagogische Qualifikation). Zudem legen Weiterbildungsanbieter größeren Wert auf die Loyalität der Lehrkräfte gegenüber der Einrichtung als auf deren pädagogische Grundüberzeugungen. Schließlich werden fachliche Kompetenzen (z. B. formale fachliche Qualifikation) wichtiger genommen als pädagogische Kompetenzen (z. B. Methodenkompetenz). Nicht zuletzt wird praktische Berufserfahrung höher gewichtet als pädagogische Weiterbildung bzw. zertifizierte erwachsenenpädagogische Kompetenzen. Wie ist zu erklären, dass die Auswahlkriterien der Praxis nur bedingt den Annahmen und Befunden der Forschung folgen?

4.2 Die „gute" Lehrkraft in der Forschung

Ein Blick auf die in → Kapitel 3 dokumentierten Stellenausschreibungen und die zu Beginn berichteten Auswahlentscheidungen zeigt, dass in der Praxis keine übergreifenden Standards für Lehrkräfte etabliert sind. Unter anderem deshalb werden gelegentlich Kriterien definiert, die mit der eigentlichen pädagogischen Aufgabe nichts oder wenig zu tun haben. Klar definierte Erwartungen an Berechtigungen und Befähigungen existieren nur in wenigen Bereichen. So hat etwa das Bundesamt für Migration und Flüchtlinge (BAMF) Anforderungen an die Kompetenzen von Lehrkräften in Integrationskursen definiert. Vergleichbare Anforderungen werden an Lehrkräfte in Alphabetisierungskursen gestellt. Auch Krankenkassen definieren Mindestanforderungen an die Kompetenzen von Trainern, wenn sie sich an der Finanzierung des Kursbesuchs beteiligen sollen. Angesichts des Missverhältnisses von Angebot und Nachfrage können solche Standards aber nicht immer durchgesetzt werden, wie die in → Kapitel 3 angeführte Stellenausschreibung zeigt. Dies wirft die Frage auf, ob es auch keine verallgemeinerbaren Vorstellungen einer „guten" Lehrkraft in der Forschung zur Erwachsenen- und Weiterbildung gibt oder ob sie von dort noch nicht in die Praxis vorgedrungen sind.

4.2.1 Vorstellungen von der „guten" Lehrkraft im Wandel

In der Geschichte der Erwachsenenbildung wurde die Einführung formaler Berechtigungen für Lehrkräfte ebenso entschieden zurückgewiesen wie die Vorstellung eines zu erlernenden und dauerhaft auszuübenden Berufs (→ Kap. 3). Stattdessen wurde eine in Biografie und Lebenserfahrung verankerte bzw. an persönliche Merkmale gebundene „Berufung" favorisiert. Für Weniger (1952) musste ein „Volksbildner" drei zentrale Voraussetzungen mitbringen:

1. eine ständige Offenheit gegenüber dem Leben, d. h. Bildsamkeit in einem Humboldt'schen Sinne, verbunden mit den Fähigkeiten zu lernen und zu analysieren,
2. die ständige Teilhabe und Begegnung mit der umgebenden Welt,
3. die Fähigkeit der Interpretation dieser Welt auf die in ihr enthaltenen Möglichkeiten und Aufgaben.

Franz Pöggeler, Mitarbeiter von Wilhelm Flitner, war ein engagierter Vertreter der Andragogik, des lebenslangen Lernens und der katholischen Erwachsenenbildung

Und noch Ende der 1950er Jahren schrieb Pöggeler, dass für Lehrkräfte der Erwachsenenbildung „eine charismatische Begabung lebendig geworden sein (muss), die man hat oder nicht" (Pöggeler, 1957, S. 96).

Diese in Wissenschaft und Praxis verbreitete Haltung änderte sich mit dem Beginn der sozialstaatlichen Modernisierung des Weiterbildungsbereichs seit den 1970er Jahren. Schon Tietgens sprach sich Ende der 1960er Jahre für die Volkshochschulen dafür aus, stärker das „Didaktische" zu berücksichtigen und dabei auch die Erfahrungen der Schule zu nutzen. Er konstatierte zwar Spezifika eines erwachsenengerechten Verfahrens, wie eine teilnehmerorientierte Arbeitsweise (→ Kap. 6), betonte zugleich jedoch, damit „die Grundbedingungen des Lehrens und Lernens nicht aufheben" (Tietgens, 1967, S. 9) zu wollen und zu können. Schulenberg schrieb wenig später: „Die Komplexität der modernen Erwachsenenbildung ist längst nicht mehr durch engagierte Impulsivität und durch Meisterschaft im Improvisieren des stets Irregulären zu bewältigen" (Schulenberg et al., 1972, S. 21).

Die Öffnung der Erwachsenenbildung für allgemeindidaktische Konzepte, wie sie für die Schule vorlagen, erweiterte das Angebot an präskriptivem Wissen, das gleichzeitig in der Erwachsenen- und Weiterbildung mit der Herausarbeitung *didaktischer Prinzipien*, wie dem der Teilnehmer- und Erfahrungsorientierung, entwickelt wurde (→ Kap. 6). Sowohl das didaktische Wissen als auch die didaktischen Prinzipien hatten ihren Ursprung in Reflexionen zur „Weisheit der Praxis", die auf der Übernahme ihrer Perspektiven beruhte. Auf das Wissen der Praxis richteten sich in der Folge erste empirische Arbeiten zum Wissen und Können von Lehrkräften der Erwachsenen- und Weiterbildung. Diese waren interessiert zu erfahren, welche Vorstellungen vom (notwendigen) Wissen und Können Lehrkräfte selbst haben. Theoretisch orientierten sich diese Forschungen implizit oder explizit am Konzept der subjektiven Theorien.

Definition

Subjektive Theorien

Subjektive Theorien sind individuelle Aggregate von kognitiven, emotionalen und volitionalen Bedeutungseinheiten, die sich auf die Lehrwirklichkeit richten und sich in Prozess- und Klassifikationsvorstellungen niederschlagen (Groeben et al., 1988).

Methodisch folgten diese Studien Konzepten der Biografieforschung und waren vor allem daran interessiert zu verstehen, wie sich die Vorstellungen einer gelungenen Lehrtätigkeit in den Lebens- und Arbeitswelten der Lehrkräfte verankern. Folglich lieferten diese Studien ein recht heterogenes Bild der Vorstellungen von einem erwachsenengemäßen Unterricht und von angemessenen Lehrhandlungen (Angenent, 2015; Bastian, 1997; Kade, 1985a). Für die Weiterentwicklung professioneller Kompetenzen stellen die subjektiven Theorien der Lehrkräfte einen zentralen Ausgangspunkt dar (Pachner, 2014; → Kap. 11.2.3).

4.2.2 Modelle der Kompetenzen von Lehrkräften

Interessanterweise war auch die schulbezogene Forschung lange Zeit an der „Persönlichkeit" von Lehrkräften interessiert, also an relativ stabilen, zeitlich überdauernden individuellen Merkmalen (für die geisteswissenschaftliche Tradition Spranger, 1958; für die empirische Unterrichtsforschung Getzels & Jackson, 1963; für die Ermöglichungsdidaktik Arnold, 2015). Andere Ansätze betrachteten Lehre als eine „Kunst", die ähnlich wie ein musikalisches Kunstwerk nur holistisch und ästhetisch, nicht aber variablenbezogen und empirisch beurteilt werden könne (Berg & Schulze, 1995). Die jüngere Forschung orientiert sich dagegen am Bild des reflektierten Praktikers (Schön, 1983), am Bild des Klinikers (Gage, 1979) und schließlich am Bild der professionellen Expertinnen und Experten (Bromme, 1992).

Auch in der Erwachsenen- und Weiterbildung begann mit dem neuen Jahrtausend eine Forschung, die nicht mehr nur an didaktischen Vorgaben oder an subjektiven Sichtweisen interessiert war, sondern eine Verständigung auf wünschenswerte bzw. zu erwartende Fähigkeiten anstrebte, die empirisch beobachtet und geprüft werden können. Für diese Debatte ist der Begriff „professionelle Kompetenzen" grundlegend, der kognitive Aspekte betont, aber nicht darauf beschränkt ist.

Definition

Kompetenzen

Kompetenzen werden nach Weinert (2001) verstanden als „die bei Individuen verfügbaren oder durch sie erlernbaren kognitiven Fähigkeiten und Fertigkeiten, um bestimmte Probleme zu lösen sowie die damit verbundenen motivationalen, volitionalen und sozialen Bereitschaften und Fähigkeiten, um die Problemlösungen in variablen Situationen erfolgreich und verantwortbar nutzen zu können" (ebd., S. 27–28).

Kompetenz kann nur leistungsbezogen erfasst werden. Daher muss sich „[j]ede Illustration oder Operationalisierung einer Kompetenz […] auf konkrete Anforderungssituationen beziehen“ (Klieme et al., 2003, S. 73). Damit sind nicht einzelne Anforderungssituationen gemeint, sondern solche eines bestimmten Typs. In den letzten Jahren wurden gleich mehrere Arbeiten veröffentlicht, die sich auf einer theoretisch-konzeptuellen Ebene mit der professionellen Kompetenz von Lehrkräften in der Erwachsenen- und Weiterbildung beschäftigen (Kraft, Seitter & Kollewe, 2009; Egetenmeyer & Schüßler, 2012; Lattke & Jütte, 2014; Pätzold, 2011). Auch in der Lehrerbildung wurden Versuche unternommen, den Reformbedarf in der Aus- und Fortbildung anhand von Kompetenzmodellen zu ermitteln (Oser, 2001a; Terhart, 2002). Das am häufigsten rezipierte Modell wurde von Baumert und Kunter (2006) auf der Grundlage einer Sichtung des internationalen Forschungsstandes entwickelt. Dieses Modell fußt auf der oben genannten Kompetenzdefinition von Weinert und strukturiert das Professionswissen im Anschluss an Shulman (1987). Es unterscheidet (1) pädagogische Überzeugungen, Werthaltungen sowie Ziele, (2) Selbstregulation und (3) motivationale Orientierungen und integriert die Unterscheidung des (4) Professionswissens in Fachwissen, fachdidaktisches Wissen, pädagogisch-psychologisches Wissen sowie in Organisations- und Beratungswissen.

In dem trägerübergreifenden und vom BMBF geförderten Projekt *GRETA – Grundlagen zur Entwicklung eines trägerübergreifenden Anerkennungsverfahrens für die Kompetenzen Lehrender in der Erwachsenen-/Weiterbildung* wurde ebenfalls ein sogenanntes „Strukturmodell“ der Kompetenzen von Lehrkräften entwickelt (Lencer & Strauch, 2016), das das Modell von Baumert und Kunter für die Erwachsenen- und Weiterbildung adaptiert (Schrader & Goeze, i.V.). *Struktur*modelle benennen die inhaltlichen Bausteine von Kompetenz, während *Niveau*modelle darüber hinaus anzeigen, welche Grade der Ausprägung von Kompetenz unterschieden werden können. Schließlich existieren Modelle zur *Entwicklung* von Kompetenzen (→ Kap. 11). Das in → Abbildung 6 entwickelte Modell unterscheidet vier sogenannte Kompetenzaspekte (äußerer Ring), die in Kompetenzbereiche (mittlerer Ring) und in Kompetenzfacetten (innerer Ring) untergliedert werden.

Ein frühes Kompetenzmodell erarbeitete Ziep (1990). Darin unterscheidet er vier Handlungsebenen (Prozess-, Modal-, Struktur- und Funktionsebene) mit 17 Teilkompetenzen. Leider fehlt eine Operationalisierung und Überprüfung des Modells.

Rückblickend lässt sich erkennen, dass die wissenschaftliche Diskussion über eine „gute“ Lehrkraft in der Erwachsenen- und Weiterbildung deutliche Fortschritte gemacht hat. Diese Fortschritte betreffen zum einen die Tatsache, dass die „gute“ Lehrkraft nicht auf Begabung reduziert, sondern durch Aus- und Fortbildung entwickelbar gedacht wird; zum anderen ist ein Übergang von normativen Leitbildern zu empirisch prüfbaren Modellen zu beobachten; und schließlich eröffnet die enge Verbindung von wissenschaftlicher Forschung und trägerübergreifender Verständigung in der Praxis neue Möglichkeiten für individuelle und kollektive Professionalisierung. „Persönlichkeit“ oder „Charisma“ haben in Kompetenzmodellen durchaus ihren Platz. Sie werden aber als professionelle Überzeugungen bzw. als pädagogische Haltungen konzipiert, die am Enthusiasmus für das Lehren und/oder für das Unterrichtete abgelesen werden können (Bleck, 2019).

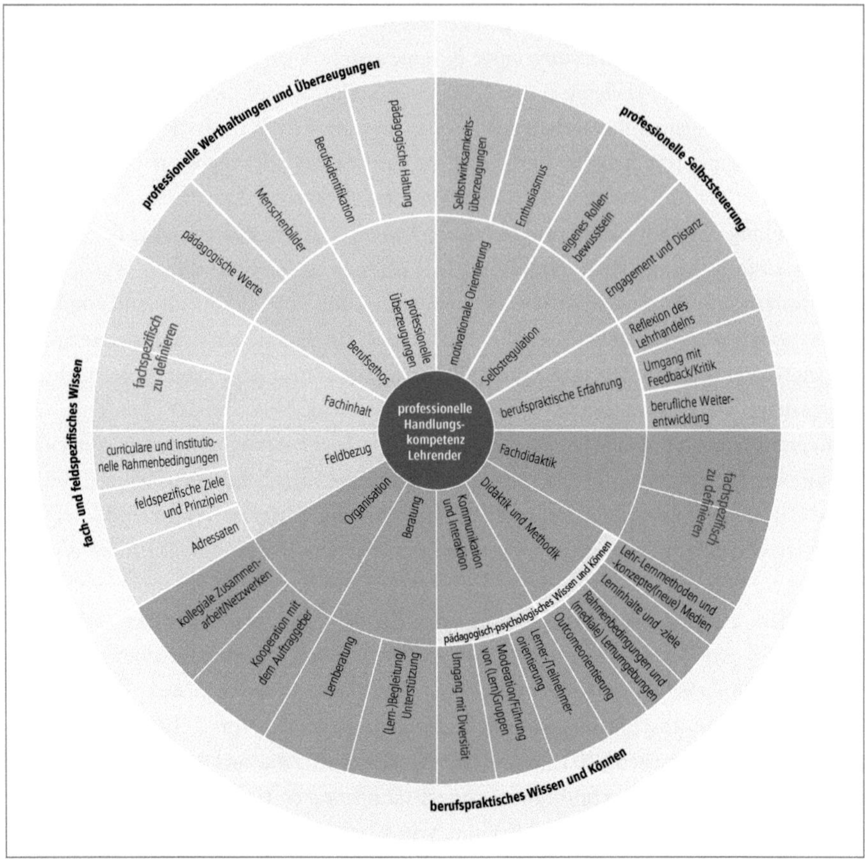

Abbildung 6. Modell professioneller Handlungskompetenz (Lencer & Strauch, 2016, S. 7)

Definition

Professionelle Handlungskompetenz

Professionelle Handlungskompetenz lässt sich als Fähigkeit und Bereitschaft verstehen, Lerngelegenheiten für Erwachsene auf der Basis reflektierter beruflicher Erfahrungen und wissenschaftlichem Wissen zeitlich, sachlich und sozial so zu strukturieren, dass die Erwartungen der Lernenden und der Auftraggeber erfüllt werden. Dies erfordert, die Perspektive der Lernenden einzunehmen sowie ihre Lernvoraussetzungen und -prozesse zu bedenken (Tietgens & Weinberg, 1971) und ihre Lernfortschritte zu diagnostizieren (Brunner, Stanat & Pant, 2014).

4.2.3 Befunde zu den Kompetenzen von Lehrkräften

Was Lehrkräfte der Erwachsenenbildung *wissen* und *können*, mit welchen professionellen Überzeugungen und Werthaltungen sie ihren Beruf *tatsächlich* ausüben und wie sie ihre Kompetenzentwicklung selbst steuern (können), ist bis heute allerdings erst in Ansätzen erforscht. Für die Erwachsenen- und Weiterbildung können zwei Projekte exemplarisch erwähnt werden. Ein erstes Projekt beschäftigt sich mit den medienpädagogischen Kompetenzen des Personals in der beruflichen Weiterbildung (Rohs et al., 2017), ein weiteres mit dem pädagogisch-psychologischen Wissen von Lehrkräften in Schule sowie Erwachsenen- und Weiterbildung (Marx et al., 2017). Grundlegend für das zweite Projekt ist die Frage, ob das pädagogisch-psychologische Wissen von Lehrkräften ein *allgemeines* Wissen ist, also sowohl bildungsbereichs- als auch fächerübergreifend gültig und bezogen auf den Lernerfolg wirksam ist.

Definition

Pädagogisch-psychologisches Wissen

Pädagogisch-psychologisches Wissen gilt als das Wissen über die Gestaltung von Lehr-Lern-Prozessen. Dazu gehört Wissen über den Umgang mit der Heterogenität der Lernenden, über Lehr-Lern-Methoden und -Konzepte, über Lehr- und Lernziele, über die Führung von Lerngruppen, über Kommunikation und Interaktion mit Lernenden, über die Gestaltung von Lernumgebungen sowie über Methoden der Individual- und Lernprozessdiagnostik (Marx, Goeze & Schrader, 2014, S. 174; Voss et al., 2015).

Als zentrale Befunde lassen sich festhalten, dass Lehrkräfte der Erwachsenen- und Weiterbildung über ein insgesamt tragfähiges, aber im Vergleich zu den Schullehrkräften geringeres pädagogisch-psychologisches Wissen verfügen (Marx et al., 2018). Für die Lehrkräfte der Erwachsenen- und Weiterbildung zeigen sich im Wissen über Lehr-Lern-Methoden und -Konzepte entgegen der Annahmen keine Unterschiede zwischen Lehrkräften mit und ohne bildungswissenschaftliches Studium. Allerdings ist einschränkend zu sagen, dass die Art der pädagogischen Vorbildung nur sehr grob anhand unterschiedlicher Studiengänge erfasst wurde. Die Lehrerfahrung (erfasst durch den Lehrumfang in den vergangenen zwölf Monaten sowie die Lehrerfahrung in Jahren) scheint in keinem systematischen Zusammenhang zu stehen zum Niveau des Wissens über Lehr-Lern-Methoden und -Konzepte. Demgegenüber konnte ein systematischer und positiver Zusammenhang aufgedeckt werden zwischen dem Umfang absolvierter Stunden an Fort- und Weiterbildungen zum Thema Lehren und Lernen, Methodik und Didaktik und dem Wissen über Lehr-Lern-Methoden: Ein höherer Umfang an Fortbildungsstunden scheint also einherzugehen mit einem höheren Ausmaß an Wissen (Marx et al., 2018, S. 69).

Rückfragen an die Forschung

Die Forschung zu den Kompetenzen von Lehrkräften konzentriert sich auch in der Erwachsenen- und Weiterbildung auf das berufspraktische Wissen und Können. Was fehlt, sind Studien zur Relevanz dieses Wissens für die Qualität von Lehr-Lern-Prozessen und zu ihren Wirkungen. Mit welchen Forschungsdesigns könnten solche Fragestellungen untersucht werden?

4.3 Nutzung von Portfolios für Kompetenzentwicklung und Rekrutierung

Nimmt man die eingangs zitierte „Einflusskette" (Terhart, 2012) als Bezugspunkt, so wird deutlich, dass die Entwicklung von Kompetenzmodellen nicht nur grundlegend für die Erfassung von Kompetenzen und ihre Wirkungen im Unterricht und bei den Lernenden ist. Vielmehr können theoretisch begründete Kompetenzmodelle auch Wege der Aus- und Fortbildung aufzeigen. Darüber hinaus können sie helfen, weitere Anforderungen in der Praxis zu bewältigen. Zwei Beispiele sollen zeigen, wie *theoretisches* Wissen praxiswirksam werden kann: bei der Gestaltung individueller Prozesse der Kompetenzentwicklung und bei der Rekrutierung von Lehrkräften. Beide Aufgaben können durch sogenannte Portfolios unterstützt werden, die auf Kompetenzmodellen beruhen.

In der Forschung wird zwischen *Lern-* und *Assessmentportfolios* unterschieden (Koch-Priewe, 2013). *Lernportfolios*, oft auch Entwicklungsportfolios genannt, wurden entwickelt, um (angehende) Lehrkräfte in ihrem Professionalisierungsprozess zu unterstützen. Sie bieten eine mehr oder weniger vorstrukturierte Form zur Dokumentation von und Selbstreflexion über eigene Lehrhandlungen, eigene Lernprozesse oder über Lernergebnisse. Anleitungen zu ihrer Handhabung liegen vor (Hascher & Sonntagbauer, 2013).

Ein Beispiel für ein Portfolio der Praxis ist das „Kompetenzprofil – Lehren in der Volkshochschule" (http://www.vhs-recklinghausen.de/images/pdf/kompetenzprofil.pdf).

Assessmentportfolios dienen der Bestandsaufnahme von Kompetenzen. Sie können von Einrichtungen der Erwachsenen- und Weiterbildung z. B. für die Auswahl von Lehrkräften genutzt werden. Idealerweise sollten solche Portfolios den Stand der Forschung berücksichtigen und nicht allein das gegebenenfalls kontextspezifisch variierende Erfahrungswissen der Praktiker dokumentieren. Nimmt man auf das Eingangsbeispiel dieses Kapitels Bezug, so sollte die Auswahl von Lehrkräften zukünftig nicht mehr nur auf Sozialkompetenz, auf Loyalität gegenüber der Einrichtung oder auf fachliche Qualifikationen Bezug nehmen. Vielmehr können auch im engeren Sinne (erwachsenen-)pädagogische Kompetenzen eine größere Beachtung erfahren. In der Praxis sind inzwischen mehrere solcher Portfolios entwickelt worden, die entweder allgemeinpädagogische Kompetenzen oder aber fachdidaktische Kompetenzen erfassen. Auch in anderen europäischen Ländern wurden solche Portfolios in den letzten Jahren entwickelt (Strauch & Pätzold, 2012).

4.4 Zusammenfassung

Wenn Weiterbildungseinrichtungen Lehrkräfte auswählen, legen sie dabei mehr Wert auf personale Befähigungen als auf formale Berechtigungen. Zudem werden fachliche Qualifikationen und berufliche Erfahrungen wichtiger genommen als pädagogische oder gar zertifizierte erwachsenenpädagogische Kompetenzen. Diese Praxis spiegelt zum einen die historisch gewachsenen Bedingungen des Arbeitsmarktes für

Lehrkräfte der Erwachsenen- und Weiterbildung und zum anderen den Forschungsstand. Erst seit einigen Jahren werden theoretisch fundierte und empirisch prüfbare Modelle der Kompetenzen von Lehrkräften entwickelt. Die Fortschritte in der Forschung kommen insbesondere darin zum Ausdruck, dass derzeit trägerübergreifend anerkannte Portfolios entwickelt und etabliert werden. Solche Portfolios können nicht nur in Forschungsprojekten eingesetzt werden, sondern auch die individuelle Kompetenzentwicklung und die Auswahlentscheidungen von Weiterbildungseinrichtungen unterstützen.

Fragen & Aufgaben

1. Wählen Sie drei Facetten des pädagogisch-psychologischen Wissens von Lehrkräften und erörtern Sie, inwieweit diese bildungsbereichsspezifisch oder bildungsbereichsübergreifend bedeutsam sind. Nutzen Sie dazu die Befunde aus dem Beitrag von Marx et al. (2017).
   Literatur: Marx, C., Goeze, A., Voss, T., Hoehne, V., Klotz, V. K. & Schrader, J. (2017). Pädagogisch-psychologisches Wissen von Lehrkräften aus Schule und Erwachsenenbildung: Entwicklung und Erprobung eines Testinstruments. In T. Seidel & F. Thiel (Hrsg.), *Videobasierte Unterrichtsforschung. Analysen von Unterrichtsqualität, Gestaltung von Lerngelegenheiten und Messung professionellen Wissens* (Zeitschrift für Erziehungswissenschaft, Sonderheft 32, S. 165–200). Wiesbaden: Springer.

2. Derzeit gibt es in der Erwachsenen- und Weiterbildung, folgt man der in Terhart (2012) referierten Einflusskette, noch kaum empirische Belege dafür, dass eine „kompetente" Lehrkraft auch eine „wirksame" Lehrkraft ist. Spricht dies gegen eine Verständigung auf Mindeststandards in der Praxis? Begründen Sie Ihre Antwort.
   Literatur: Terhart, E. (2012). Wie wirkt Lehrerbildung? Forschungsprobleme und Gestaltungsfragen. *Zeitschrift für Bildungsforschung, 2* (1), 3–21. https://doi.org/10.1007/s35834-012-0027-3

3. Für die Lehrkräfte der Erwachsenen- und Weiterbildung ist ein eigenständiges Portfolio entwickelt worden. Informieren Sie sich über die Grundlagen (z. B. Bosche, Schneider & Strauch, 2018) und über exemplarische Bearbeitungen. Reflektieren Sie auf dieser Grundlage Ihre Überzeugungen und Haltungen zu einer Lehrtätigkeit in der Erwachsenen- und Weiterbildung.
   Link: https://www.die-bonn.de/docs/GRETA_Kompetenzbilanz_Muster_Marie_Musterfrau_rev3_ENTWURFSVERSION.pdf
   Literatur: Bosche, B., Schneider, M. & Strauch, A. (2018). Lehrkompetenzen in der Erwachsenen- und Weiterbildung: Bilanzierung und Möglichkeiten der Anerkennung mit dem Instrument PortfolioPlus. *Berufsbildung in Wissenschaft und Praxis, 47* (1), 47–50.

Tipps zum Weiterlesen

Lencer, S. & Strauch, A. (2016). *Das GRETA-Kompetenzmodell für Lehrende in der Erwachsenen- und Weiterbildung*. https://www.die-bonn.de/doks/2016-erwachsenenbildung-02.pdf
Dieser Beitrag erläutert ausführlich die Entstehung und die grundlegenden Annahmen des oben zitierten Kompetenzmodells.

Seitter, W. (2007). *Geschichte der Erwachsenenbildung* (3., aktual. u. erw. Aufl.). Bielefeld: W. Bertelsmann.
Dieses Buch bietet nicht nur eine knappe und informative Darstellung von Formen beruflicher Tätigkeiten in der Volks- und Erwachsenenbildung. Vor diesem Hintergrund können die zwischen den Kontexten der Erwachsenen- und Weiterbildung bestehenden Differenzen in der Professionalisierung von Lehrtätigkeiten interpretiert werden.

Strauch, A. & Pätzold, H. (2012). Professionalisierung mit Profil? Theoretische und empirische Entwicklungen von Kompetenzrahmen und -profilen in der Weiterbildungsprofessionalisierung im Kontext der Europäischen Union. In I. Sgier & S. Lattke (Hrsg.), *Professionalisierungsstrategien in der Erwachsenenbildung in Europa* (S. 67–86). Bielefeld: W. Bertelsmann.
Dieser Aufsatz bietet einen prägnanten Einblick in europäische Entwicklungen zur Professionalisierung von Lehrtätigkeiten und erlaubt damit, Spezifika der aktuellen Entwicklungen in Deutschland zu erfassen.

5 Koordination von Programm- und Veranstaltungsplanung

In diesem Kapitel geht es um die Koordination der Planungen von Beschäftigten, die für Programme bzw. für Veranstaltungen zuständig sind. Während makrodidaktische Modelle die Verantwortung des Planungspersonals auch für die Gestaltung von Lehr-Lern-Prozessen einfordern, liefern empirische Studien Hinweise für eine hohe pädagogische Autonomie der Lehrkräfte. Zudem werden die Potenziale von Handreichungen und Checklisten erörtert, da diese die Koordination von Veranstaltungs- und Programmplanung verbessern können.

Lernziele

- Konzepte der Programm- und Angebotsplanung kennen
- empirische Befunde zur Koordination der Programm- und Veranstaltungsplanung kennen und interpretieren können
- Handreichungen zur Verbesserung der Koordination von Veranstaltungs- und Programmplanung bewerten können

Wie gestaltet sich die Zusammenarbeit von Planenden und Lehrenden in der Erwachsenen- und Weiterbildung bei der Umsetzung von Programmen und der Konzeption von Veranstaltungen? In einer laufenden empirischen Studie (Schneider, i. V.) wurden Lehrkräfte gefragt, welche Erfahrungen sie mit Weiterbildungseinrichtungen gemacht haben.

Die Antwort einer Kursleiterin aus dem Bereich der Volkshochschulen: „Also bei den meisten Auftraggebern, für die ich arbeite, bin ich total frei mit dem, was ich mache. Also die haben bestimmte Ideen, bestimmte Inhalte sollen da dran kommen, aber WIE ich das mache, das ist alles meine Entscheidung" (ebd.).

Die Antwort einer Trainerin aus der Personalentwicklung eines öffentlichen Arbeitgebers: „(Kichern) Also da musste ich antreten, einen ganzen Vormittag mit unterschiedlichsten Personen sprechen, und die haben sehr gescheite Fragen auch gestellt, muss ich sagen. Also da war ich überrascht. {...} Ja, das (...) ging also von Fragen los über, ja, wie, wie ich also auf welcher Grundlage ich zum Beispiel so ein Konzept aufbaue {...} Oder, oder wie, ja, wie ich halt so einen Ablauf plane {...} Und dann gings ja, wie, mit welchen Medien ich üblicherweise arbeite" (ebd.).

Auf die Nachfrage der Interviewerin, wie sie das Verfahren bewertet habe, antwortet die Trainerin: „Also das, ich, ich fand das, das fand ich in Ordnung. Also weil ich denke, ja, da macht sich jemand Gedanken und davon kann ich nur profitieren" (ebd.).

5.1 Wie wird die Planung von Veranstaltungen und Programmen koordiniert?

Die konstruktive Zusammenarbeit von Programmverantwortlichen in Organisationen der Weiterbildung und Lehrkräften in deren Umfeld ist eine Voraussetzung für wirksame Lehr-Lern-Prozesse (→ Abb. 1). Empirische Studien haben gezeigt, dass die Qualität der Koordination dieser beiden Planungstätigkeiten einen merklichen Einfluss auf die Wirksamkeit der Weiterbildung hat (Kuper & Schrader, 2013). Die zu Beginn des Kapitels zitierten Interviewpassagen zeigen eine beträchtliche Spannweite der Inhalte und Formen, mit denen Planungs- und Lehrtätigkeiten koordiniert werden: Im ersten Fall scheint sich die Zusammenarbeit auf die Klärung organisatorischer Fragen zu konzentrieren, im zweiten werden die Erwartungen der Einrichtung sowie die Ziele, Inhalte und didaktisch-methodischen Konzepte bereits im Auswahlgespräch differenziert erörtert. Während der erste Interviewausschnitt auf eine große pädagogische Autonomie der Lehrkraft für die mikrodidaktische Gestaltung ihrer Veranstaltung hindeutet, kommt im zweiten der makrodidaktische Gestaltungsanspruch der Planenden und Auftraggeber explizit zum Ausdruck. Offen bleibt in beiden Passagen, inwieweit die Teilnehmenden als ein dritter relevanter Akteur in die Klärung von Ziel- und Gestaltungsfragen einbezogen werden (sollen): vor dem Kurs, zu Beginn oder auch fortlaufend während des Kurses. Schließlich ließe sich fragen, ob kontextspezifische Einflüsse auf die Gestaltung der Zusammenarbeit bestehen.

5.2 Forschungen zur Zusammenarbeit von Lehrkräften und Planenden

Die Wissenschaft der Erwachsenen- und Weiterbildung hat auf der einen Seite ein breites Angebot an makrodidaktischen Konzepten entwickelt, die Empfehlungen für die Ermittlung von Weiterbildungsbedarfen und -bedürfnissen, für die Konzeption von Programmen und Angeboten sowie für die Gewinnung von Lehrkräften formulieren. Zudem wurde das Programmplanungshandeln auch empirisch untersucht. Für die konkrete Gestaltung der Koordination von Programm- und Veranstaltungsplanung sind aber noch keine theoretischen Modelle entwickelt worden, und auch die empirische Forschung weist hier noch eine Leerstelle auf.

5.2.1 Konzepte und Befunde zur Programmplanung

Nimmt man die in der Erwachsenen- und Weiterbildung insgesamt erbrachte Arbeitszeit als Bezugspunkt, so entfällt auf die Lehre (65 %) der bei Weitem größte, auf die Programmplanung ein deutlich geringerer Anteil (ca. 7 %; Autorengruppe wb-personalmonitor, 2016, S. 99–100). In der erwachsenenpädagogischen Literatur hingegen findet die Programmplanung (→ Band 2 dieser Reihe) deutlich mehr Aufmerksamkeit als die Lehrtätigkeit. Aus pädagogischen Gründen wurde schon früh die Hauptberuflichkeit des Leitungs- und Planungspersonals gefordert, um „Zufälligkeiten“ im Angebot zu überwinden und einen bloßen „Agenturbetrieb“ zu begrenzen (Tietgens, 1981, S. 19–20). Mit der Bildungsreform der 1970er Jahre wurde die hauptberufliche Programmplanung zum Kern der Professionalisierungsstrategien in der Erwachsenen- und Weiterbildung (Gieseke, 2000); sie gilt auch in weiten Teilen der erwachsenenpädagogischen Praxis als Herzstück professioneller Tätigkeit. Die Aufgabe der Programmplanung besteht darin, den oft freiwilligen und kurzzeitig ausgerichteten „Suchbewegungen“ (Tietgens, 1986) von Anbietern, Lehrenden und Lernenden mithilfe eines Weiterbildungsprogramms eine pädagogisch verantwortbare Klärung anzubieten, so dass die Bedürfnisse der Adressatinnen und Adressaten sowie die „Erwartungserwartungen“ der Anbieter (Tietgens, 1994, S. 10) ausbalanciert werden können. Folgt man dem vielzitierten Modell der Angebotsentwicklung von Schlutz (2006), so beschäftigt sich die Programm- und Angebotsplanung in didaktischer Hinsicht mit folgenden Fragen:

- Wofür? (Verwendungssituationen)
- Für wen? (Zielgruppe, Bedarfe)
- Wozu? (Lernziele, Qualifikationen)
- Was? (Inhalte)
- Wie? (Organisationsformen, Methoden)
- Womit und wo? (Medien und Lernorte) sollen Angebote der Erwachsenen- und Weiterbildung erschlossen werden

Die Antworten auf diese Fragen münden in einem „Programm“, das nur dann die avisierten Ziele erreichen kann, wenn die programmatischen Überlegungen der Einrichtung Eingang in die Veranstaltungskonzepte der Lehrkräfte finden.

Definition

Programm

Als Programm gilt die Ankündigung von Leistungen, die Organisationen der Erwachsenen- und Weiterbildung ihren Adressaten und Kundinnen offerieren. Programmhefte, Broschüren, Faltblätter oder Internetauftritte sind die Medien, in denen diese Leistungen (Kurse, Seminare, Workshops, Beratungen usw.) veröffentlicht werden, häufig in festen Semester- oder Jahresrhythmen, inzwischen aber oft auch zeitlich flexibler und in digitaler Form (Kraft, 2010, S. 410–411).

In der Literatur wurden makrodidaktische Aufgaben zwar insbesondere für die öffentlich anerkannte Erwachsenenbildung beschrieben, sie müssen aber ebenso in allen anderen Kontexten der Erwachsenen- und Weiterbildung bewältigt werden. Inzwischen liegt eine durchaus beachtliche Zahl empirischer Arbeiten zur Programmplanung vor. Eine frühe Studie von Gieseke (1989) widmete sich dem Habitus von Erwachsenenbildnern. Auf der Basis von Interviews mit 61 neu eingestellten pädagogischen Mitarbeitenden an Volkshochschulen arbeitete die Autorin heraus, dass die Beschäftigten die Planung von Weiterbildungsangeboten nicht als eine pädagogische, sondern als eine vornehmlich organisatorische Tätigkeit betrachteten. Insofern fand auch die didaktische Koordination von Programm- und Veranstaltungsplanung wenig Aufmerksamkeit (ebd., S. 113).

In einer weiteren Studie zum makrodidaktischen Handeln hat Gieseke (2000) am Beispiel kirchlicher Weiterbildungseinrichtungen die Charakteristika des Planungshandelns untersucht. Die Studie stützte sich u. a. auf teilnehmende Beobachtungen im Arbeitsalltag, Tätigkeitsanalysen und leitfadenorientierte Interviews zum Planungs- und zum institutionellen Handeln. Weiterbildungsprogramme erscheinen als Ergebnis von Suchbewegungen, die Programmplanende gemeinsam mit einer Vielzahl von Kooperationspartnern innerhalb und außerhalb ihrer Einrichtungen vollziehen. Planungshandeln wurde als ein „Angleichungshandeln“ (ebd., S. 329) gedeutet, das keine Dominanz bestimmter Akteure erkennen ließ. Zwischen den Einrichtungen zeigten sich sehr große Unterschiede in den Zeitvolumina, die für Gespräche mit Kursleitenden bereitgestellt wurden (ebd., S. 215–219).

In thematisch vergleichbaren, methodisch ähnlich angelegten Studien wurden ebenfalls Befunde erarbeitet, die darauf deuten, dass die Koordination von Veranstaltungen und Programmen kaum dem Modell eines makrodidaktisch reflektierten Planungshandelns (Schlutz, 2006) entsprach. Dies gilt z. B. für die Promotionsschrift von Henze (1998) zur Planung und Realisierung ökologischer Weiterbildung an nordrhein-westfälischen Volkshochschulen. In dieser Studie erwies sich die Interak-

Wie lässt sich das erklären?

tion mit den Lehrkräften als wenig profiliert, die Verantwortung für das Lehr-Lern-Geschehen wurde ihnen nahezu vollständig übertragen. Daher war auch das Wissen über die Gestaltung und Wirkung der Bildungsarbeit gering, selbst zur Struktur der Teilnehmerschaft hatten die Planenden kaum mehr als Vermutungen.

5.2.2 Befunde zur Koordination von Veranstaltungs- und Programmplanung

Während die Koordination von Veranstaltungs- und Programmplanung in den zitierten Studien nur am Rande Beachtung fand, wurden in den vergangenen Jahren auch empirische Studien veröffentlicht, die ihre Aufmerksamkeit auf diese Koordination fokussieren. Eine frühe Arbeit stammt von Schmidt-Lauff (1999), die Kooperationen von Unternehmen mit externen Weiterbildungsanbietern untersuchte. Dabei zeigte sich, dass beide Seiten unterschiedliche Kompetenzen favorisierten: Während den Unternehmen die Fach- und Sozialkompetenz der Lehrkräfte wichtig war, betonten die Anbieter deren didaktisch-methodische Kompetenzen. Nachfolgend werden beispielhaft zwei jüngere Studien vorgestellt.

In ihrer Habilitationsschrift beschäftigte sich Franz (2016) mit Kulturen des Lehrens in Einrichtungen der allgemeinen Erwachsenenbildung. Die Autorin fragte in einer qualitativ-rekonstruktiven, auf Interviews beruhenden Studie danach, ob Organisationen der Erwachsenenbildung unterschiedliche Kulturen des Lehrens ausgebildet haben, die eine gewisse Homogenität innerhalb der Einrichtung und deutliche Unterscheidungen zwischen Einrichtungen ermöglichen. Die Autorin konnte zeigen, dass sich die Formen und Inhalte der Zusammenarbeit von Planenden und Lehrkräften zwischen den Einrichtungen unterschieden. Das betraf zunächst die Frage, ob die Abstimmungsgespräche direkt oder medial vermittelt durchgeführt wurden, vor allem aber den Anteil dialogischer, wertschätzender, informativer oder auch direktiver Kommunikation.

In einer kurz vor dem Abschluss stehenden Promotionsschrift (Schneider, i. V.) werden weniger die kommunikativen Akte als die Inhalte der Abstimmungsgespräche zwischen Planenden und Lehrenden analysiert. Die Arbeit beruht auf Experteninterviews mit Kursleitenden, die sich mit Angeboten zur Vermittlung sozialer Kompetenzen sowohl an öffentlich anerkannte als auch an betriebliche Weiterbildungsanbieter wenden. Die Studie kann u. a. zeigen, dass sich die in der erwachsenenpädagogischen Literatur programmatisch formulierte Aufgabenteilung zwischen Planenden und Lehrenden zwar durchaus empirisch finden lässt, gleichzeitig aber auch vielfältige Abweichungen von diesem Konzept beobachtet werden können. In den Aushandlungsgesprächen übernehmen die Planenden teils genuine Aufgaben der Lehrenden, wenn sie z. B. didaktisch-methodische Vorgaben formulieren. Teils übernehmen Lehrkräfte darüber hinaus Aufgaben der Planenden, wenn sie z. B. in ergänzenden Gesprächen mit (erwarteten) Teilnehmenden Bedarfe und Bedürfnisse klären bzw. fehlende Informationen zu Rahmenbedingungen einholen. Unterschiede zwischen den Formen der Koordination scheinen eher auf individuelle Merkmale der Akteure als auf Kontextmerkmale der beschäftigenden Einrichtungen zurückzuführen zu sein.

Rückfragen an die Forschung

Offen ist die Frage, in welchem Ausmaß die Formen der Koordination von Programm- und Veranstaltungsplanung von den pädagogischen Kompetenzen der handelnden Akteure beeinflusst werden. Wie ließen sich Fallstudien konzipieren, die begründete Annahmen über die Relevanz dieses Einflussfaktors zu formulieren erlauben?

Die Mehrzahl der hier zitierten Studien zur Zusammenarbeit des Planungs- und Lehrpersonals reflektierte die empirisch beobachteten Praxen der Handlungskoordination vor dem Hintergrund präskriptiver pädagogischer Konzepte und stellte dabei Diskrepanzen fest. Um Diskrepanzen zwischen präskriptiven Konzepten und der alltäglichen Praxis nicht nur zu *beschreiben*, sondern auch zu *erklären*, genügen die makrodidaktischen Modelle allerdings nicht. Diese Lücke könnte durch institutionenökonomische Konzepte geschlossen werden.

Die Institutionenökonomie beschäftigt sich mit der Frage, welche institutionellen Arrangements den Austausch von Gütern und Dienstleistungen in modernen Gesellschaften regeln. Dies kann, formal betrachtet, über Märkte, über mittel- oder längerfristige Verträge oder auch organisationsförmig geschehen (Coase, 1937). Die Principal-Agent-Theorie fragt vor diesem Hintergrund, welche vertraglichen Vereinbarungen ein Principal (Auftraggeber) und ein Agent (Beauftragter) treffen, wenn auf beiden Seiten Informationsdefizite und Informationsasymmetrien vorliegen. Diese Annahmen lassen sich gut auf die beobachteten Praxen der Koordination von Veranstaltungs- und Programmplanung anwenden. Sowohl Programmplanende als auch Lehrkräfte verfügen nicht über hinreichende Informationen, um Programme und Veranstaltungen hinreichend didaktisch zu koordinieren. Vor allem fehlt es beiden Akteuren an verlässlichem Wissen darüber, welche Teilnehmenden mit welchem Vorwissen und welchen Bedarfen und Bedürfnissen tatsächlich in eine Veranstaltung kommen. Darüber hinaus bestehen Informationsasymmetrien insofern, als die Planenden besser informiert sind über die üblichen Praxen des Lehrens und Lernens in ihrer Einrichtung, während die Lehrkräfte in der Regel aufgrund ihrer fachlichen und fachdidaktischen Expertise einen Informationsvorsprung darüber haben, wie Lehr-Lern-Prozesse (von ihnen) gestaltet werden.

Vor diesem Hintergrund erweisen sich beobachtbare Diskrepanzen zwischen makrodidaktischen Ansprüchen und alltäglicher Praxis der Zusammenarbeit als durchaus rational: Die Programmplanenden reduzieren das Risiko, dass eine konkrete Veranstaltung nicht in das Programm ihrer Einrichtung passt, dadurch, dass sie bevorzugt kurzfristige Verträge mit Lehrkräften abschließen. Weitergehende

Strategien, wie z. B. formative oder summative Evaluationen, die Einbindung der Lehrkräfte in die Organisationskultur oder erfolgsabhängige Entlohnungen, würden einen erheblichen Aufwand an Zeit und Kompetenz erfordern. Demgegenüber ist es für Lehrkräfte zwar rational, möglichst viele Informationen über die konkreten Bedarfe und Erwartungen der Anbieter und der Teilnehmenden von den Programmplanenden oder von den Lernenden zu Beginn der Veranstaltungen zu erfragen. Dies erhöht die Wahrscheinlichkeit von Zufriedenheit bei Auftraggebern und Teilnehmenden. Gleichzeitig ist es aber riskant, Programmplanenden Einblick in pädagogische Konzepte zu gewähren, da dies ihren Expertenstatus gefährden könnte.

5.3 Handreichungen für die Verbesserung der Handlungskoordination

Sowohl die präskriptiven Modelle als auch die empirischen Befunde stellen wissenschaftliches Wissen bereit, das für die Rekrutierung von Lehrkräften durch Einrichtungen wie auch für die Rekrutierung von Einrichtungen durch Lehrkräfte genutzt werden kann. Ein Blick in die Geschichte der Erwachsenen- und Weiterbildung zeigt, dass die Koordination von Veranstaltungs- und Programmplanung inzwischen reflektierter bedacht wird.

Bereits in frühen Beiträgen zur Koordination von Programm- und Veranstaltungsplanung wurden Hilfestellungen in Form von Ratgebern bereitgestellt. Eine von der Pädagogischen Arbeitsstelle des Deutschen Volkshochschul-Verbandes herausgegebene Broschüre für hauptberufliche pädagogische Mitarbeitende (Jung, 1980) richtete den Fokus vor allem auf die Erläuterung der grundlegenden Arbeitsbedingungen an Volkshochschulen. Immerhin aber wurde auch die mikrodidaktische Planung als Gesprächsgegenstand empfohlen. Gleichzeitig wird aber der Eindruck vermittelt, als sei eben diese mikrodidaktische Kompetenz bei den Kursleitenden noch gar nicht vorhanden, sondern müsse von den hauptberuflich Planenden erst vermittelt werden. Diese Empfehlungen orientieren sich an Erfahrungen mit externen, nicht (erwachsenen-)pädagogisch vorgebildeten Kursleitenden, die in den 1970er Jahren noch den Prototypus von Lehrkräften an Volkshochschulen darstellten.

Einige Jahrzehnte später haben Volkshochschulen, auch als Reaktion auf veränderte Formen der Beruflichkeit, ihr Instrumentarium für die Rekrutierung von Lehrkräften weiterentwickelt. Wie bei anderen Weiterbildungsanbietern auch werden dazu Portfolios vorgeschlagen (→ Kap. 4). Mit der zunehmenden Verberuflichung von Lehrtätigkeiten liegen inzwischen darüber hinaus auch Handreichungen vor, die die Koordination von Veranstaltungs- und Programmplanung nicht primär unter didaktischen, sondern unter vertraglichen Gesichtspunkten thematisieren. Eine dieser Checklisten stammt aus der von Müller et al. 2012 entwickelten Methodenkartothek (www.wbv.de/pdf/6004249_methoden-kartothek-de_5-Checklisten-Auswahl.pdf). Aus der Perspektive der Principal-Agent-Theorie lässt sich diese Checkliste im Blick auf die

Frage diskutieren, welche Strategien zum Ausgleich von (teils nicht aufzuhebenden) Informationsdefiziten zwischen Auftraggebern und Auftragnehmern empfohlen werden. Grundlegend wäre zu erörtern, welchen Beitrag eine didaktisch reflektierte Koordination von Programm- und Veranstaltungsplanung zu einer wirksamen Erwachsenen- und Weiterbildung tatsächlich leisten kann. Unvermeidliche Informationsdefizite können vermutlich allein durch die Pflege von institutionellem und personalem Vertrauen kompensiert werden (Schrader, 2001).

5.4 Zusammenfassung

Die seit Ende der 1960er Jahre realisierte Professionalisierungsstrategie der Erwachsenen- und Weiterbildung beruhte auf Konzepten einer makrodidaktischen Programmplanung, die dem Planungspersonal die Verantwortung für didaktisch reflektierte und damit verantwortbare Angebote zuschrieb. Empirische Studien zum Handeln von Programmplanenden verweisen jedoch auf mehr oder weniger große Abweichungen von dieser pädagogischen Programmatik und belegen eine beträchtliche Autonomie der Lehrkräfte bei der mikrodidaktischen Gestaltung von Veranstaltungen. Jüngere empirische Studien haben sich den konkreten Praxen der Koordination von Veranstaltungs- und Programmplanung zugewandt und zeigen eine große Vielfalt an Formen der Zusammenarbeit. Aus einer institutionenökonomischen Perspektive erscheinen die beobachteten Praxen der Koordination als durchaus „rational" vor dem Hintergrund unaufhebbarer, beidseitiger Informationsdefizite. Handreichungen und Checklisten können helfen, die didaktische Reflexion der Koordination von Veranstaltungs- und Programmplanung zu erhöhen. Für die Reduktion verbleibender Unsicherheiten eignen sich Strategien des Aufbaus institutionellen oder personalen Vertrauens.

Fragen & Aufgaben

1. Wie lässt sich der empirische Befund, dass Programm- und Veranstaltungsplanung wenig systematisch koordiniert werden, obwohl ihr Gelingen konstitutiv für den Erfolg der Erwachsenen- und Weiterbildung ist, theoretisch erklären?
2. In diesem Abschnitt wird die Koordination von Programm- und Angebotsplanung aus zwei Perspektiven betrachtet: Die eine Perspektive ist auf den Abgleich von didaktischer Programmatik und konkretem Handeln gerichtet, die andere auf Strategien der Akteure zur Reduzierung je spezifischer Unsicherheiten. Diskutieren Sie Vor- und Nachteile dieser Perspektiven.
3. Weiterbildungseinrichtungen, Trainingsinstitute, Berufs- und Trägerverbände sowie wissenschaftliche Institute haben eine Vielzahl von Checklisten für Anbieter, Lehrkräfte und Adressaten der Weiterbildung entwickelt. Recherchieren Sie ausgewählte Checklisten und reflektieren Sie diese im Blick auf die Frage, inwieweit didaktisch-methodische Fragen der Gestaltung von Lehr-Lern-Prozessen hinreichend berücksichtigt werden.

Tipps zum Weiterlesen

Franz, J. (2016). *Kulturen des Lehrens: Eine Studie zu kollektiven Lehrorientierungen in Organisationen Allgemeiner Erwachsenenbildung*. Bielefeld: W. Bertelsmann.
In dieser empirischen Studie wird aufgezeigt, wie Organisationen und Lehrkräfte bei der Gestaltung von Weiterbildungsangeboten zusammenarbeiten.

Schlutz, E. (2006). *Bildungsdienstleistungen und Angebotsentwicklung*. Münster: Waxmann.
In diesem Band wird ein knapper Einblick in die didaktisch reflektierte Entwicklung von Angeboten und Programmen gegeben.

Weick, K. L. (1976). Educational organizations as loosely coupled systems. *Administrative Science Quarterly, 21* (1), 1–19.
Dieser Beitrag ist grundlegend für die Organisationsforschung im Bildungsbereich. Erläutert wird die empirisch breit erforschte Annahme, dass Organisationen im Bildungsbereich ihre Entscheidungen nur „lose" koppeln können.

6

Didaktik und Methodik für das Lernen Erwachsener

Das Kapitel führt in didaktische Modelle zur Planung, Durchführung und Evaluation von Lehr-Lern-Prozessen ein. Didaktische Prinzipien wie das der Teilnehmerorientierung formulieren Grundsätze für den Umgang mit erwachsenen Lernenden. Empirische Befunde zum alltäglichen Planungshandeln werden vorgestellt. Sie regen das Nachdenken darüber an, wie analoge und digitale Werkzeuge eine didaktisch reflektierte Vorbereitung von Lehr-Lern-Prozessen unterstützen können.

Lernziele

- die Nützlichkeit didaktischer Modelle für die Planung, Durchführung und Evaluation von Lehr-Lern-Prozessen beurteilen können
- zentrale empirische Befunde zum didaktischen Planungshandeln referieren und vor dem Hintergrund der beruflichen Vorerfahrungen von Lehrkräften analysieren können
- das Potenzial von analogen und digitalen Werkzeugen für die Veranstaltungsplanung beurteilen können

Die Didactica Magna *des Johann Amos Comenius (2007; zuerst erschienen 1657) zählt zu den frühen und grundlegenden Arbeiten einer pädagogischen Reflexion von Unterricht. Comenius engagierte sich nach den Verwerfungen des Dreißigjährigen Krieges als evangelischer Theologe für Bildung als Mittel des gesellschaftlichen Wiederaufbaus. Bildung für alle sei dann möglich, wenn sie didaktisch reflektiert erfolge.*

„GROSSE DIDAKTIK, (das bedeutet) DIE VOLLSTÄNDIGE KUNST, ALLE MENSCHEN ALLES ZU LEHREN oder (die) sichere und vorzügliche Art und Weise, in allen Gemeinden, Städten und Dörfern eines jeden christlichen Landes Schulen zu errichten, in denen die gesamte Jugend beiderlei Geschlechts ohne jede Ausnahme RASCH, ANGENEHM UND GRÜNDLICH in den Wissenschaften gebildet, zu guten Sitten geführt, mit Frömmigkeit erfüllt und auf diese Weise in den Jugendjahren zu allem, was für dieses und das künftige Leben nötig ist, angeleitet werden kann; worin von allem, wozu wir raten, die Grundlage in der Natur der Sache selbst gezeigt, die WAHRHEIT durch Vergleichsbeispiele aus den mechanischen Künsten dargetan, die REIHENFOLGE nach Jahren, Monaten, Tagen und Stunden festgelegt und schließlich der WEG gewiesen wird, auf dem sich alles leicht und mit Sicherheit erreichen läßt.

ERSTES UND LETZTES ZIEL UNSERER DIDAKTIK SOLL ES SEIN, die Unterrichtsweise aufzuspüren und zu erkunden, bei welcher die Lehrer weniger zu lehren brauchen, die Schüler dennoch mehr lernen; in den Schulen weniger Lärm, Überdruß und unnütze Mühe herrsche, dafür mehr Freiheit, Vergnügen und wahrhafter Fortschritt; in der Christenheit weniger Finsternis, Verwirrung und Streit, dafür mehr Licht, Ordnung, Friede und Ruhe."
(Comenius, 2007, S. 1–2, zuerst erschienen 1657, Herv. i. O.)

6.1 Wie werden Veranstaltungen vorbereitet, gestaltet und ausgewertet?

Die Planung, Durchführung und Auswertung von Lehr-Lern-Prozessen bilden den Kern jeder Lehrtätigkeit (→ Abb. 1). Dies dokumentieren u. a. die Stellenausschreibungen aus → Kapitel 3. Didaktische Kenntnisse und Fähigkeiten zählen daher auch zu den zentralen Elementen in Modellen der Kompetenzen von Lehrkräften (→ Kap. 4). Folgt man den Berichten erfahrener Fortbildner, so werden Lehrkräfte der Erwachsenen- und Weiterbildung aber kaum von der Frage bedrängt, wie sie allen alles lehren können, dazu noch rasch, angenehm und gründlich. Ihre Fragen sind weit handfester auf die anstehenden Aufgaben gerichtet: Wie gestalte ich den Anfang? Was tue ich gegen meine Angst vor der Gruppe? Wie bringe ich Teilnehmende zum Reden? Welche Methoden und Medien kann ich nutzen? (Geißler, 2016; Knoll, 1986) Antworten auf Fragen dieser Art bietet ein reiches Angebot an Ratgeberliteratur, zumeist von erfahrenen Praktikern geschrieben. Diese Literaturgattung gibt vor allem methodische Antworten auf alltäglich sich stellende Was-tun-Fragen. In der Praxis deutlich weniger Beachtung finden demgegenüber didaktische Modelle der Wissenschaft, die auch Was-, Wie-, Warum- und Wozu-Fragen erörtern und all diese Teilfragen, wie bei Comenius bereits bedacht, in einen Zusammenhang stellen (Tietgens, 1991). Auch gelungene Verknüpfungen von Erfahrungs- und Reflexionswissen sind selten (Ausnahme bei Grell & Grell, 2010).

Wie lässt sich das erklären, wenn doch die Didaktik seit einigen hundert Jahren, wie das Comenius-Zitat belegt, ein attraktives Berufswissen verspricht? Die folgende Darstellung der didaktischen Reflexion der Erwachsenen- und Weiterbildung sowie der Befunde zum didaktischen Handeln macht auf mindestens zwei Hemmschwellen aufmerksam:

- die Herausforderungen, die sich aus einem *didaktisch* reflektierten Lehrhandeln ergeben, insbesondere dann, wenn man den bereits von Comenius formulierten Anspruch ernst nimmt, dass es für Lehrkräfte nicht allein darauf ankommt zu überlegen, wie sie auf der Grundlage eines Lehrplans *lehren* wollen, sondern darauf, wie sie das *Lernen* fördern können, damit Erwachsene im Alltag handlungsfähiger werden;
- die lang andauernde Skepsis der Wissenschaft der Erwachsenen- und Weiterbildung gegenüber einem didaktischen Denken in der Tradition der Schule.

6.2 Didaktisches Denken in der Erwachsenen- und Weiterbildung

Didaktisches Denken gehört zu den vergleichsweise spät entwickelten Formen der wissenschaftlichen Reflexion in der Erwachsenen- und Weiterbildung. Inzwischen liegt jedoch eine Reihe deskriptiv und präskriptiv nutzbarer didaktischer Modelle vor, die Eingang in den Kanon der Erwachsenenbildungswissenschaft gefunden haben. Empirische Forschung zum alltäglichen didaktischen Handeln haben sie allerdings noch kaum anregen können. Daher mangelt es derzeit auch noch an wissenschaftlich fundierten und zugleich alltagstauglichen Praxishilfen.

6.2.1 Didaktische Konzepte und Prinzipien

Blickt man in die Geschichte der Volks- und Erwachsenenbildung, so findet man von Beginn an eine gewisse Distanz zur Didaktik als einer Theorie des (schulischen) Unterrichts. Dies mag zunächst damit zusammenhängen, dass sich die Erwachsenenbildung mit ihren Angeboten nicht an einem staatlichen Lehrplan anerkannter Fächer, sondern an den Lebenswelten der Adressatinnen und Adressaten sowie Teilnehmenden orientiert (→ Kap. 2). Diese zu reflektieren und in pädagogische Angebote zu übersetzen, ist bei Weitem anspruchsvoller, als einen anerkannten Fachinhalt sachlich für den Unterricht zu strukturieren. Tietgens führte einen zweiten Grund für diese Distanz an.

> Wenn in der erziehungswissenschaftlichen Literatur von Didaktik die Rede ist, dann geht es meist um das Begründen von Lehrzielen oder um inhaltliche Komponenten des Methodischen. Erwachsenenbildung hat sich an dieser Diskussion kaum betei-

> ligt. Ihr war das Reden von Didaktik zu sehr mit Betonen der Lehre verbunden, was für die Arbeit mit Erwachsenen nicht angemessen erschien. (Tietgens, 1991, S. 9)

Erst, so Tietgens, als die didaktische Reflexion nicht mehr nur auf den Unterricht fixiert blieb und Flechsig und Haller (1975) mit ihrem Modell der didaktischen Handlungsebenen die Aufmerksamkeit auch auf die gesellschaftlichen Rahmenbedingungen, die Lernbedarfe Erwachsener erst erzeugen, auf übergreifende Lehrpläne und Konzepte von Bildungseinrichtungen, auf die Gestaltung von Lernbereichen, auf Unterrichtseinheiten und schließlich auf Lehr-Lern-Situationen lenkten, erst mit

> diesem Entwurf eines vielschichtigen Bedingungsrahmens wurde der Blick auf die Felder erweitert, die für das Was und Wie des Planungshandelns der Mitarbeiter in der Erwachsenenbildung bestimmend sind. Dabei konnte dann sowohl die makrodidaktische als auch die mikrodidaktische Dimension zur Geltung kommen. (Tietgens, 1991, S. 9)

Spätestens seit den 1970er Jahren wurden mikrodidaktische Reflexionen zum festen Bestandteil wissenschaftlicher Diskussionen zur Erwachsenen- und Weiterbildung (z. B. Siebert, 2009). Damit ging eine wachsende Offenheit gegenüber schuldidaktischen Modellen einher. Dies zeigt sich u. a. darin, dass in der erziehungswissenschaftlichen Literatur eingeführte Unterscheidungen, wie die zwischen einer *Didaktik im engeren* und *im weiteren Sinne*, aufgegriffen wurden.

Definition

Didaktik

Mit Didaktik im weiteren Sinne wird die Theorie des Lehrens und Lernens bezeichnet, also die Theorie organisierter Lehr-Lern-Prozesse.

Die Didaktik im engeren Sinne behandelt die Vermittlung zwischen der Sachlogik des Inhalts und der Psychologik der Lernenden. „Zur Sachlogik gehört eine Kenntnis der Strukturen und Zusammenhänge der Thematik, zur Psychologik die Berücksichtigung der Lern- und Motivationsstrukturen der Adressat/innen." (Siebert, 2009, S. 10)

Methodik

Die Methodik konzentriert sich auf die Frage nach dem „Wie" der Gestaltung von Lehr-Lern-Prozessen und behandelt daher die Arbeits- und Sozialformen. Ihr Ziel ist es, passende Methoden zu finden, die den Lernprozess auf dem Weg zum angestrebten Ziel unterstützen (ebd., S. 10).

An drei ausgewählten, allgemeindidaktischen Theorien lässt sich die gewachsene Differenziertheit didaktischen Denkens aufzeigen:

1. das didaktische Dreieck,
2. die lehr-lern-theoretische Didaktik und
3. die Choreografien unterrichtlichen Lernens.

Das didaktische Dreieck

Ein frühes Beispiel stellt das didaktische Dreieck nach Prange (1983, S. 35–42) dar. Nach diesem Modell wird Unterricht konstituiert durch ein zu vermittelndes *Thema*, das von einer *Lehrperson* vorbereitet und an *Lernende* vermittelt wird. Dieses Modell lenkt die Aufmerksamkeit auf die konstitutiven Elemente aller Formen organisierter Lehr-Lern-Prozesse, entwickelt eine Art „Bauplan" und betont die Verantwortung der Lehrperson für didaktische Entscheidungen.

Die Lehr-lern-theoretische Didaktik

Im Unterschied zu Pranges Modell, das auf den schulischen Unterricht fokussiert ist, wurde die weiter angelegte lehr-lerntheoretische Didaktik nach Heimann, Otto und Schulz in der Erwachsenen- und Weiterbildung breit rezipiert (Tietgens & Weinberg, 1971). Das sogenannte „Hamburger Modell" unterscheidet zwischen äußeren *Bedingungs*faktoren und den unterrichtlichen *Entscheidungs*faktoren. Danach ist Unterricht in je besondere gesellschaftliche und institutionelle Voraussetzungen eingebettet, die Lernende und Lehrende gleichermaßen beeinflussen. In der Interaktion zwischen Lehrenden und Lernenden findet der eigentliche Unterricht statt. Die Unterrichtsziele, die Ausgangslage der Lernenden und Lehrenden, die Vermittlungsvariablen wie Methoden und Medien sowie die Erfolgskontrolle der Schülerinnen und Schüler bedingen sich wechselseitig.

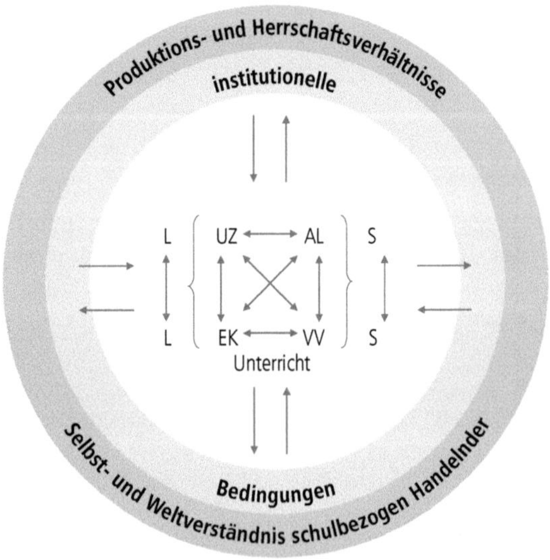

Anmerkungen. UZ: Unterrichtsziele: Intentionen und Themen; AL: Ausgangslage der Lernenden und Lehrenden; VV: Vermittlungsvariablen wie Methoden, Medien, schulorganisatorische Hilfen; EK: Erfolgskontrolle: Selbstkontrolle der Schüler und Lehrer; L: Lehrer; S: Schüler.

Abbildung 7. Hamburger Modell (Schulz, 1981, S. 82)

Die Choreografien unterrichtlichen Lernens

Ein drittes Modell bieten die Choreografien unterrichtlichen Lernens, die vom Schweizer Pädagogen Oser entwickelt wurden. Osers Choreografien behandeln deskriptiv das komplementäre Verhältnis der Sichtstruktur des Unterrichts und der Basismodelle des Lernens unter der Perspektive bestimmter Zieltypen.

Unter „Sichtstruktur" versteht Oser das unterrichtliche Geschehen, wie es Lehrpersonen initiieren. Es schließt die sichtbaren Handlungen der Lehrenden und Lernenden ein, wie sie etwa an Sozial- und Arbeitsformen oder an der Arbeit mit Medien abgelesen werden können. Als „Basismodelle" bezeichnet Oser Lernwege, d. h. die inneren Handlungsketten der Lernenden (Oser et al., 1997, S. 1). Mit der „Tiefenstruktur" ist hingegen jene Strukturebene von Lehr-Lern-Situationen gemeint, auf der sich die nicht direkt sichtbaren kognitiven Lernprozesse vollziehen. Insgesamt zwölf Basismodelle werden kognitionspsychologisch begründet. Die Sichtstruktur betrachtet Oser als den freien Teil der Choreografie; dagegen besteht ein

> Basismodell [...] aus einer für jeden Lernenden absolut notwendigen, feststehenden Kette von Operationen oder Operationsgruppen, die nicht durch etwas anderes ersetzt werden können. Der ganzheitliche Charakter dieser jeweiligen Kette wird bestimmt durch a) lernpsychologische Gesetzmäßigkeiten einerseits, und b) durch den Typ des Ziels andererseits. (Oser et al., 1997, S. 8)

Solche Basismodelle sind bei Oser z. B. das Lernen durch Eigenerfahrung, das entdeckende Lernen oder die Begriffsbildung.

Präskriptiv geht es Oser um die Optimierung des Verhältnisses von Sicht- und Tiefenstruktur des Unterrichts, im Idealfall, d. h. bei gelungenen Lehr-Lern-Prozessen bestimmen die Basismodelle die Sichtstruktur und nicht umgekehrt (Oser et al. 1997, S. 9 u. 21; ähnlich Aebli, 2011).

Oser nimmt mit seinem Modell Bezug auf die angloamerikanische Forschung, die Fragen der Gestaltung von Lehr-Lern-Prozessen teils sehr ähnlich, teils ganz anders erörtert als die deutschsprachige. Dies lässt sich an den Arbeiten der Instruktionspsychologie zeigen. Auch hier finden sich deskriptive und präskriptive Aussagen zur Auswahl, Aufbereitung und Darstellung von Lerninhalten. Im Unterschied zur didaktischen Tradition bilden jedoch Lern-, Gedächtnis- und Motivationstheorien den Ausgangspunk für die Gestaltung von Lehr-Lern-Prozessen. Damit geht ein größeres Interesse an der empirischen Prüfung wirksamer „instruktionaler Designs" einher. Leider haben disziplinäre und sprachlich-kulturelle Unterschiede bislang einen produktiven Austausch beider Denktraditionen erschwert (grundlegend Gagné, 1965; Klauer & Leutner, 2012). Gleichwohl liegen Ansätze dazu vor. So hatte bereits Tietgens (1992, S. 48–66) die vielfältigen sozialen, kognitiven, motivationalen und mentalen Lernvoraussetzungen sowie das Lernverhalten Erwachsener als die „Orientierungsmitte" didaktischer Reflexion und Forschung ausgewiesen; dieses Plädoyer fand aber bis heute wenig Resonanz.

Didaktische Modelle in der Erwachsenen- und Weiterbildung

In der Erwachsenen- und Weiterbildung wurden seit den 1980er Jahren mehrere didaktische Modelle entwickelt, die teils an schulpädagogische Modelle anschlossen, teils in Distanz, teils losgelöst von ihnen entwickelt wurden. Dazu gehören:

- die bildungstheoretische Didaktik,
- die curriculumtheoretische Didaktik,
- die identitätstheoretische Didaktik und
- die Ermöglichungsdidaktik.

Diese Modelle unterscheiden sich in den Richtzielen, denen sie folgen (Vernunft, Qualifikation, Biografizität, Kreativität) sowie in dem Verständnis von Lehre (als Erschließung von Wissen, als Anleitung, als beobachtende Begleitung oder als Anregung) (Siebert, 2009, S. 82–98). Trotz mancher Differenzen im Detail lassen sich Gemeinsamkeiten herausstellen, die insbesondere in den Fragen ihren Ausdruck finden, die nach der lerntheoretischen Didaktik beim didaktischen Handeln reflektiert werden sollen (nach Roth, 2011, S. 258):

- In welcher Absicht tue ich etwas? (Ziele)
- Was bringe ich in den Horizont der Lernenden? (Inhalte)
- Wie tue ich das? (Methode)
- Mit welchen Mitteln verwirkliche ich das? (Medien)
- An wen vermittle ich das? (Teilnehmende)
- In welcher Situation vermittle ich das? (organisationaler Rahmen)

Zum Kernbestand der Einsichten gehört, ganz im Sinne der Hamburger Didaktik, dass die benannten Fragen nicht unabhängig voneinander beantwortet werden können (Knoll, 2007).

Didaktische Prinzipien

Teils neben, teils verbunden mit didaktischen Modellen wurden didaktische Prinzipien als übergeordnete Richtlinien erwachsenenpädagogischen Handelns entwickelt. Herausgearbeitet wurden drei didaktische Leitprinzipien, die eng miteinander zusammenhängen:

- die Teilnehmerorientierung,
- die Zielgruppenorientierung und
- die Erfahrungsorientierung.

Das Prinzip der *Teilnehmerorientierung* (Breloer, Dauber & Tietgens, 1980) wurde unterschiedlich ausgelegt. Tietgens interpretierte Teilnehmerorientierung als didaktische Antizipation, Breloer als Mitbestimmung und -gestaltung didaktischer Entscheidungen durch die Lernenden, Dauber schließlich betonte die Selbststeuerung der Teilnehmenden, denen ein Höchstmaß an Entscheidung für die Gestaltung des Lehr-Lern-Geschehens zugestanden werden sollte.

Das zweite didaktische Leitprinzip wird als *Zielgruppenorientierung* (Schäffter, 1981) bezeichnet. Zielgruppenorientierung meint, verkürzt gesagt, Teilnehmerorientierung der Planenden, die versuchen sollen, spezielle Bildungsangebote für jene Adressatinnen und Adressaten zu entwickeln, die in der Erwachsenen- und Weiterbildung unterrepräsentiert sind. Beispiele hierfür sind, bei zeitlich variierender Aufmerksamkeit in Praxis und Wissenschaft: Frauen, Ältere, Familien, Arbeitslose oder Geflüchtete.

Das dritte didaktische Leitprinzip wird als *Erfahrungsorientierung* bezeichnet. Es wurde ursprünglich in der gewerkschaftlichen Bildungsarbeit entwickelt. Negt (1971) sprach sich für ein exemplarisches Lernen abhängig Beschäftigter aus, das seinen Ausgang nicht von den Leitfäden gewerkschaftlicher Bildungsarbeit, sondern von den alltäglichen betrieblichen Erfahrungen nimmt, die als Exempel für Konflikte zwischen Unternehmen und Beschäftigten und damit für gesellschaftliche Prozesse und Strukturen behandelt werden sollen.

Zwar wurde in der erwachsenendidaktischen Diskussion zumeist die Differenz zur Schule betont, doch kennt auch die schulpädagogische Debatte Prinzipien wie Schüler- und Lebensweltorientierung, die z. B. in der Reformpädagogik betont wurden.

6.2.2 Empirische Befunde zum didaktischen Planungshandeln

Empirische Befunde der erwachsenendidaktischen Forschung liegen (national und international) bislang sehr verstreut vor. Im Folgenden steht die Frage im Vordergrund, wie Lehrkräfte, die zumeist nicht über ein breites erwachsenenpädagogisches Reflexionswissen zur Auswahl und Begründung ihres Handelns verfügen (→ Kap. 3), alltägliche *Planungs*aufgaben bewältigen (Stanik, 2016). Das unterrichtliche Handeln wird in → Kapitel 7 behandelt.

Bereits in jenen zumeist qualitativen Studien, die sich mit den subjektiven Theorien von Lehrkräften in der Erwachsenen- und Weiterbildung beschäftigten (→ Kap. 4), konnte gezeigt werden, dass das (Planungs-)Handeln von dem (biografisch verankerten) Rollenverständnis (Bastian, 1997), von den Vorstellungen über den Charakter und die Vermittelbarkeit von Wissen (Hof, 2001) sowie von den bisherigen Lehrerfahrungen (Mutton, Hagger & Burn, 2011; Sardo-Brown, 1996) abhängig ist. Haberzeth (2010) und Hof (2001) arbeiteten zudem heraus, dass die Annahmen der Lehrkräfte zu den thematischen und kognitiven Voraussetzungen der Teilnehmenden sowie zu ihren Bildungszielen in die Kursplanung eingehen. Haberzeth (2010) fragte in einer Studie, gestützt auf Interviews und auf die Analyse entwickelter Lehrmaterialien, danach, wie Lehrkräfte Themen in Seminaren und Trainings umsetzen möchten. In vier Fallstudien zeigte er, dass die Lehrkräfte die Aufbereitung der Lerninhalte teils eher sach-, teils eher methodenbezogen planten und dies teils eher wissenschafts-, teils eher erfahrungsbezogen begründeten. Vor allem Fragen des Einsatzes von Methoden und Medien waren zentrale Entscheidungsfelder, während Reflexionen über die Bedeutung der Inhalte oder deren Wahrheitsgehalt in den Hintergrund traten.

Franz (2016) ging in ihrer bereits erwähnten Habilitationsschrift (→ Kap. 5) der Frage nach, ob organisationale Merkmale von Weiterbildungseinrichtungen das Planungshandeln beeinflussen. In Interviews und Gruppendiskussionen befragte sie Mitarbeitende von Organisationen der Erwachsenenbildung zu handlungsleitenden Orientierungen in der Lehre. Die Befunde zeigen „eine strukturelle Verankerung von Lehrorientierungen in Organisationen der allgemeinen Erwachsenenbildung" (ebd., S. 173), die in handlungsleitenden Normen, in Vorstellungen über gute Lehre und in externen Strukturen zum Ausdruck kommt, die für Lehre als relevant wahrgenommen werden. Franz identifizierte je spezifische organisationale Lehrorientierungen. Lehre wurde betrachtet:

- als Vermittlung gesellschaftlich legitimer Inhalte (Demokratie, Zivilgesellschaft, Partizipation),
- als reflexive Prozessbegleitung zur Förderung gesellschaftlicher Teilhabe,
- als Bereitstellung methodisch extensional gestalteter Räume zur Förderung von Subjekten in der Gemeinschaft oder auch
- als Unterricht, der auf einem disziplinierten Kursmanagement beruht und in dem ein lokal-strategisches, konkurrenzorientiertes Organisieren zum Ausdruck kommt (ebd., S. 168–177).

6.3 Hilfsmittel zur Unterstützung didaktischen Planungshandelns

Die präskriptiven Arbeiten zu einer erwachsenenpädagogischen Didaktik und ihren Prinzipien auf der einen Seite und die empirischen Befunde zum didaktischen (Planungs-)Handeln auf der anderen Seite verweisen auf Diskrepanzen zwischen pädagogischen Ansprüchen und Realitäten didaktischen Handelns. So finden sich in empirischen Studien kaum Hinweise auf eine bildungstheoretische Reflexion von Veranstaltungskonzepten. Während didaktische Modelle Zielfragen das Primat gegenüber Inhalts- und Methodenfragen zuweisen, steht beim alltäglichen Planungshandeln Methodisches im Vordergrund. Während die pädagogische Reflexion Lehrkräfte ermuntert, vor allem darüber nachzudenken, wie die für die Erreichung von Lernzielen notwendigen kognitiven, affektiven und psychomotorischen Aktivitäten der Lernenden unterstützt werden können, scheinen Lehrkräfte vor allem auf die stringente Vermittlung von (Fach-)Wissen fokussiert.

Die empirischen Befunde haben in der Wissenschaft zum Nachdenken darüber geführt, wie didaktische Reflexion im Alltag gefördert werden kann. Entwickelt wurden Hilfsmittel, die Lehrkräfte nicht nur dadurch unterstützen, dass sie deklaratives Wissen z. B. über Unterrichtsmethoden bereithalten, wie es auch die Ratgeberliteratur tut, sondern die dieses Wissen auf eine Art präsentieren, dass interdependentes Denken gefördert wird. Sie verbinden also präskriptives didaktisches Modellwissen mit empirischen Befunden und entwickeln auf dieser Grundlage handhabbare „Technologien".

Müller et al. (2012) haben eine Methodenkartothek entwickelt, die Lehrkräfte darin unterstützen soll, didaktisch reflektierte Entscheidungen zu treffen. Theoretisch ist die Kartothek an der lehr-lern-theoretischen Didaktik orientiert. Vor dem Hintergrund eines Nachdenkens über wünschenswerte (und zu konkretisierende) Ziele sowie über die (mutmaßlichen) Voraussetzungen der (erwarteten) Teilnehmenden soll der Zugang zu Arbeits- und Sozialformen (Methoden im engeren Sinne) systematisch, d. h. auch mit Rücksicht auf die existierenden Interdependenzen, erschlossen werden. Die Beschreibung von Arbeits- und Sozialformen steht im Mittelpunkt dieser Kartothek. Lehrkräfte sollen beim Planen Varianten der Unterrichtsgestaltung ausprobieren können.

Ein ähnliches, theoretisch jedoch anders begründetes Instrument wurde an der Universität Tübingen entwickelt. Bei der Kursplanungs-App handelt es sich um den Prototypen einer mobilen, offline verwendbaren App mit kurzen Videobeispielen und erwachsenenpädagogischen Methoden, welche die Gestaltung von Anfangssituationen unterstützen sollen (→ Abb. 8 und Abb. 9). Als Grundlage dienten zum einen allgemeindidaktische Modelle, zum anderen grundlegende Annahmen der *Cognitive Load Theory*. Diese Theorie beschäftigt sich mit Faktoren, die das Arbeitsgedächtnis (negativ) belasten, etwa durch die Komplexität des Lernmaterials, dessen Gestaltung oder den notwendigen Lernaufwand (Sweller, 2005).

Zu jeder der insgesamt 19 Methoden finden sich neben einem kurzen, erläuternden Textbaustein zwei bis vier Videosequenzen, die authentische Beispiele zeigen (Digel, Goeze & Schrader, 2012). Die App soll didaktische Reflexionen in ihrer Interdependenz dadurch befördern, dass Lehrkräfte unterschiedliche didaktische Kriterien (Ziele, Medien, Zeit u. a.) *gleichzeitig* berücksichtigen können, um Sozial- und Arbeitsformen zu erschließen, die die gewählten Bedingungen erfüllen. Methoden, die „passen“, bewegen sich zum Mittelpunkt des Bildschirms, weniger geeignete wandern an den Bildschirmrand.

Das interdependente Denken, das viele Lehrkräfte zu überfordern scheint, wird gleichsam in die App verlagert, ebenso wie das Detailwissen über Arbeits- und Sozialformen. Dadurch sollen die Lehrkräfte kognitiv entlastet werden, um sich mehr auf die Entwicklung didaktisch begründeter Varianten der Unterrichtsgestaltung konzentrieren und auf dieser Grundlage begründete Entscheidungen treffen zu können. Erste empirische Studien (Schrader & Schöb, 2016) belegen die Akzeptanz und auch positive Wirkungen des Kursplanungstools, sofern bei geringerer kognitiver Belastung didaktisch reflektiertere Entscheidungen getroffen wurden.

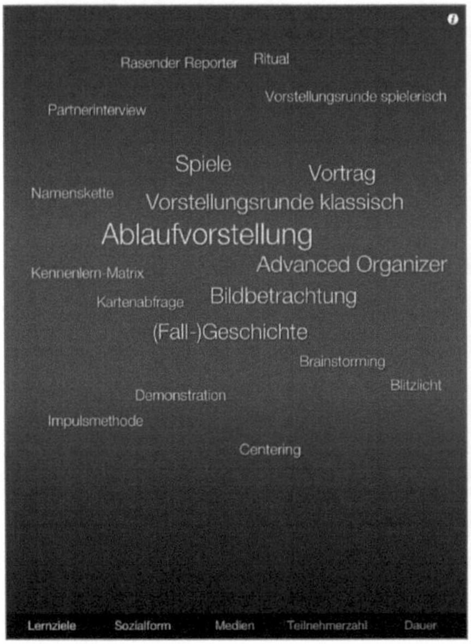

Abbildung 8. Tag-Cloud der Kursplanungs-App

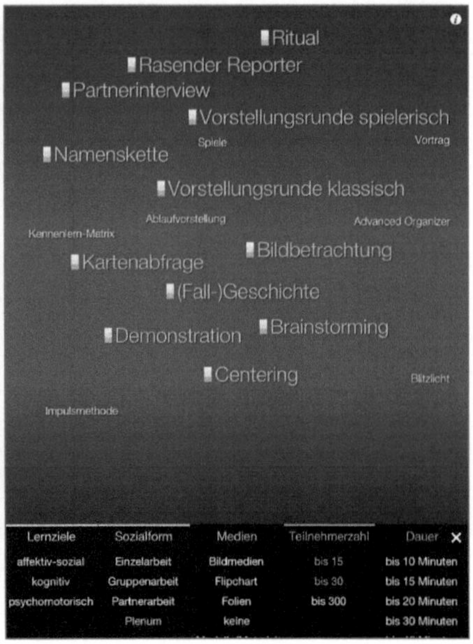

Abbildung 9. Tag-Cloud der Kursplanungs-App mit eingeblendeten Auswahlkriterien

Rückfragen an die Forschung

Die Planung, Gestaltung und Evaluation von Lehr-Lern-Prozessen bietet ein interessantes Anwendungsfeld für die Frage, welche Anteile professioneller Expertise von Lehrkräften in digitale Medien verlagert werden können und über wie viel Professionalität Lehrkräfte (mindestens) verfügen müssen, damit es zu produktiven Lösungen kommt. Wie ließen sich solche Fragestellungen untersuchen?

6.4 Zusammenfassung

Didaktische Reflexionen haben erst spät Eingang in die Wissenschaft der Erwachsenen- und Weiterbildung gefunden. Zum einen suchten die relevanten Akteure sich lange von der Schule und den dort etablierten Praxen des Lehrens und Lernens abzugrenzen, zum anderen sind didaktische Reflexionen, die auf Lebens- und Anwendungssituationen der Adressatinnen und Adressaten gerichtet sind, bei Weitem anspruchsvoller als die sachliche Strukturierung schulischer Unterrichtseinheiten auf der Basis verordneter Lehrpläne. Inzwischen werden die bildungsbereichsübergreifenden Gemeinsamkeiten in den Strukturen didaktischen Handelns bei der Planung, Durchführung und Evaluation von Lehr-Lern-Prozessen weithin anerkannt. Dies zeigt sich u. a. in der Rezeption schulpädagogischer Modelle durch die erwachsenenpädagogische Didaktikliteratur. Die empirischen Befunde zum alltäglichen Planungshandeln verweisen auf eine methodenfixierte, auf Ratgeberliteratur gestützte Praxis der Vorbereitung von Lehr-Lern-Prozessen, die die Interdependenz didaktischer Entscheidungen häufig ausblendet. Erste Studien konnten das Potenzial digitaler Hilfsmittel für die Unterstützung von Lehrkräften bei der didaktisch reflektierten Unterrichtsvorbereitung aufzeigen.

Fragen & Aufgaben

1. Nennen und erläutern Sie die Kernfragen, mit denen sich didaktische Modelle beschäftigen.
2. Die empirischen Befunde zum didaktischen Planungshandeln verweisen auf Diskrepanzen zwischen pädagogischer Programmatik und alltäglicher Praxis. Diskutieren Sie diesen Befund vor dem Hintergrund der verfügbaren Informationen über die Qualifikationen und Beschäftigungsbedingungen des Lehrpersonals in der Erwachsenen- und Weiterbildung (→ Kap. 3).
3. Die vorgestellten Hilfsmittel zur Kursplanung versuchen, die Qualität der Unterrichtsplanung dadurch zu steigern, dass sie Teile professioneller Expertise in digitale Expertensysteme verlagern. Diskutieren Sie Chancen und Risiken einer solchen Form der Digitalisierung der Erwachsenen- und Weiterbildung.

Tipps zum Weiterlesen

Breloer, G., Dauber, H. & Tietgens, H. (1980). *Teilnehmerorientierung und Selbststeuerung in der Erwachsenenbildung*. Braunschweig: Westermann.
In den wegweisenden Beiträgen der drei Autoren werden Varianten der Auslegung des Prinzips der Teilnehmerorientierung vorgestellt und begründet.

Siebert, H. (2009). *Didaktisches Handeln in der Erwachsenenbildung* (6., überarb. Aufl.). Augsburg: Ziel.
Siebert hat ein Standardwerk zum didaktischen Handeln in der Erwachsenenbildung vorgelegt. Insbesondere die Kapitel „Didaktische Theorien" und „Didaktische Prinzipien" sind als Ergänzung des hier Dargestellten zu empfehlen.

Tietgens, H. & Weinberg, J. (1971). *Erwachsene im Feld des Lehrens und Lernens*. Braunschweig: Westermann.
Dieser Band ist auch heute noch lesenswert, da er die Relevanz unterschiedlicher Ebenen für didaktisches Handeln in der Erwachsenenbildung aufzeigt.

7 Muster von Lehr- und Lernprozessen

Die Vielfalt der Anbieter und Angebote der Erwachsenen- und Weiterbildung lässt eine Vielfalt an didaktisch-methodischen Arrangements erwarten. Dieses Kapitel konzentriert sich gleichwohl auf empirisch identifizierte Muster von Lehr- und Lernaktivitäten in verschiedenen Typen von Veranstaltungen. Abschließend wird aufgezeigt, wie die Modelle und Befunde der Forschung ebenso wie ihre Instrumente und Verfahren genutzt werden können, um die Reflexivität und Sichtbarkeit des Lehr- und Lernhandelns zu erhöhen.

Lernziele

- den Begriff „Unterrichtsskript" definieren und an Beispielen erläutern können, welche Phänomene damit beschrieben und analysiert werden
- Gemeinsamkeiten und Unterschiede von Unterrichtsmustern innerhalb der Erwachsenen- und Weiterbildung kennen und deuten können
- Instrumente und Verfahren zur Erhöhung der Sichtbarkeit von Lehr-Lern-Prozessen kennen und ihr Potenzial für die Verbesserung der Wirksamkeit des Lernens beurteilen können

In den 1970er Jahren wurde in Deutschland über ein bundesweites Bildungsurlaubsgesetz diskutiert, das Erwerbstätigen die Teilnahme an Weiterbildung durch Freistellung von der Arbeit ermöglichen sollte. Um eine bundesweite Regelung vorzubereiten, gab das Bundesministerium für Bildung und Wissenschaft eine empirische Studie (Kejcz et al., 1979) in Auftrag, die Einblick in Praxen und Wirkungen von Veranstaltungen in diesem neuen Förderformat gewähren sollte. Die von der Arbeitsgruppe für Empirische Bildungsforschung in Heidelberg durchgeführte Studie stützte sich auf die Dokumentation und Protokollierung von Unterrichtsverläufen und gewährte einen tiefen Einblick in Lehr-Lern-Interaktionen. Trotz einer Vielfalt an Themen, Lehrkräften und Anbietern ließen sich für viele Veranstaltungen recht ähnliche Muster der Seminargestaltung beobachten, die vom Prinzip der Teilnehmerorientierung geprägt waren. In einem dieser Bildungsurlaube wurden Industriearbeiterinnen im Rahmen einer thematischen Einheit zu Fragen der Entlohnung, der Qualifikation und der Gleichbehandlung von Frauen und Männern gebeten, ihre betrieblichen Erfahrungen ebenso wie ihre familiäre Situation zu schildern. Mehrere Teilnehmerinnen, die im Schichtbetrieb arbeiteten, erzählten ausführlich über Schwierigkeiten mit der Betreuung der Kinder, über Probleme in der Schule und über riskante Kontakte zu kriminellen Milieus. Mehrfach warfen sie die Frage auf, ob sie ihrer Rolle als Mütter gerecht werden oder ob sie „Schuld" auf sich laden. Eine der Teamerinnen griff diese Erfahrungen wie folgt auf: „Gerade auf den Fall, den die Doris hier erzählt hat, und auch anderen Dingen, wird doch eigentlich deutlich, daß im Grunde genommen der einzelne mit den Problemen nicht fertig werden kann. Gerade jetzt in diesem Zusammenhang sind wir ja auch auf die Einrichtung eines Betriebskindergartens gekommen" (Kejcz, 1979, S. 69).

7.1 Wie werden Lehr-Lern-Prozesse gestaltet und wie können sie gelingen?

Ob Erwachsenen- und Weiterbildung gelingt, lässt sich daran erkennen, wie Lehr- und Lernaktivitäten zueinander „passen" (Tietgens & Weinberg, 1971, S. 34). Eine gelungene „Choreografie" von Lehr- und Lernaktivitäten stellt für Lehrkräfte und Teilnehmende insofern eine Herausforderung dar, als sie nicht sicher wissen können, ob die Angebote, die sie einander machen, auch genutzt werden (können) (→ Abb. 1). Das Beispiel oben gibt Hinweise darauf, dass Lehrkräfte und Teilnehmende sich mit ihren wechselseitigen Kompetenzzuschreibungen gelegentlich überfordern, ungewollt und oft wohl auch unbewusst. Lehrkräfte stehen vor der Herausforderung, ein Angebot zu konzipieren, von dem sie nicht sicher wissen (können), ob es von den *tatsächlichen* Teilnehmenden auch so genutzt wird, wie sie es von den *antizipierten* (Tietgens, 1980) vermuten. Der Versuch, noch im Kurs zwischen den Erfahrungen und Erwartungen der Teilnehmenden und ihren eigenen Planungen zu vermitteln, bietet eine grundsätzliche Möglichkeit, Angebot und Nutzung aufeinander abzustimmen. In diesem Fall schreiben die Teamer den Teilnehmerinnen allerdings eine Kompetenz zu, über die sie nur eingeschränkt verfügen – nämlich nur solche Erfahrungen zu berichten, die im Kurs und mit den Mitteln der Pädagogik auch tatsächlich bearbeitet werden können. Umgekehrt überfordern die Teilnehmerinnen mit ihren Angeboten die Kompetenzen der Teamerinnen und Teamer. Sie nutzen die Aufforderung, von ihren *betrieblichen* Erfahrungen zu berichten, dazu, auch ihre *familiären* Probleme und ihre Verstrickungen darin zu erzählen. Dass die Teamer dieses Angebot weder aufgreifen können noch wollen, ist ihnen nicht bewusst. Tatsächlich nutzen die Teamerinnen und Teamer die Schilderungen familiärer Erfahrungen und Betroffenheiten als ein Angebot, die von ihnen geplanten Ziele in Erinnerung zu rufen: die Mobilisierung der Teilnehmerinnen für gewerkschaftliche Interessenvertretung, in diesem Fall für einen Betriebskindergarten. Dies mag ihre betriebliche Situation verbessern, nicht aber ihre familiären Probleme lösen.

Wenn man wissen möchte, ob in dieser Sequenz erfolgreich gelernt wurde, genügt es nicht, nur die Sichtstruktur des Kurses, das teilnehmerorientierte Plenumsgespräch, zu analysieren. Vielmehr erfordert es eine Analyse der Tiefenstrukturen, d. h. der mentalen Aktivitäten der Teilnehmenden. Gelernt wird in jedem Fall, vielleicht aber anders und anderes, als von den Lehrkräften geplant, insbesondere dann, wenn Alltags- und Wissenschaftswissen nicht aufeinander bezogen werden können.

7.2 Forschungen zu Lehr- und Lern-Prozessen

Wie sich „Unterricht", den das *Forschungsmemorandum für die Erwachsenen- und Weiterbildung* als Kernbereich empirischer Forschung ausgewiesen hatte (Arnold et al., 2000, S. 10), tatsächlich vollzieht, und zwar sowohl auf der Ebene der Sicht- als auch auf der Ebene der Tiefenstruktur, ist immer noch vergleichsweise wenig ausgeleuchtet. Dies ist zum einen dem hohen Aufwand geschuldet, den Unterrichtsforschung verlangt, zum anderen der Tatsache, dass die didaktische Reflexion über lange Zeit keinen Anschluss an die empirische Forschung hergestellt hat. Im folgenden Unterkapitel wird vor allem über solche Studien berichtet, die typische „Muster" des Lehrens und Lernens herausarbeiten. Damit soll bei aller Vielfalt das Übergreifende betont werden. Dafür spricht die Beobachtung, dass auch die didaktische Reflexion das Interesse der Lehrkräfte an musterhaften Ablaufplänen zur Bewältigung der doppelten Kontingenz von Lehr-Lern-Prozessen (→ Einleitung) aufgegriffen hat. Dies kommt in Metaphern, wie der der „Unterrichtsdramaturgie" (Hausmann, 1959), der „Bauformen des Unterrichts" (Prange, 1983) oder der „Orchestrierung unterrichtlichen Lernens" (Oser, 2001b), zum Ausdruck.

Auch die schulische Unterrichtsforschung hat ihre Aufmerksamkeit auf Muster des Angebots und der Nutzung von Lerngelegenheiten und deren Folgen für Lernergebnisse gerichtet. Insbesondere die sogenannte *TIMSS-Videostudie*[8] (Stigler et al., 1999) hat diese Annahme mit dem Konzept der Unterrichtsskripts ins Bewusstsein der Forschung gerückt.

Definition

Skripts

„Scripts: groups of causal chains that represent knowledge about frequently experienced events (e.g. going to a restaurant). A script is a stereotyped sequence of actions that defines a well-known situation and has associated with it:

- a number of roles for the actors,
- different tracks (e.g. restaurant, fast-food),
- different scenes (e.g. enter, order, eat, pay); each scene has a MAINCON, i.e. a main conceptualization, which must have happened if the scene is instantiated, as well as props, entry conditions, results, branches and loops etc." (Schank & Abelson, 1977, Herv. i. O.)

Auf organisierte Lehr-Lern-Situationen angewendet gelten Skripts als routinierte Muster des Lehrens und Lernens, die teilweise beobachtbar, teilweise nur rekonstruierbar sind (Seidel, 2003). Skripts dienen Personen dazu, schnell und einfach eine Situation einzuschätzen und sich angemessen zu verhalten. Für Lehr-Lern-Prozesse lassen sich folgende Skripts unterscheiden:

- situationale Skripts (z. B. eine Anfangssituation gestalten),
- personale Skripts (z. B. ein persönlicher Vortragsstil) sowie
- instrumentale Skripts (z. B. in der Nutzung digitaler Medien).

7.2.1 Muster von Lehraktivitäten

Welche Muster des Lehrens und Lernens wurden in der Forschung zur Erwachsenen- und Weiterbildung beobachtet? Die empirische Forschung zum Lehren und Lernen Erwachsener hat in Deutschland im Grunde erst mit der Einrichtung von Professuren zur Erwachsenenbildung an Pädagogischen Hochschulen und Universitäten begonnen. Bis zu diesem Zeitpunkt liegen allenfalls Empfehlungen für wünschenswerte Forschungen vor, so z. B. in Empfehlungen der Deutschen Schule für Volksforschung und Erwachsenenbildung (Flitner, 1982; Laack, 1984) oder aber Erfahrungsberichte reflektierter Praktiker, z. B. zu den sogenannten Arbeitsgemeinschaften in der Weimarer Volksbildung, in denen „Hörer" zu Teilnehmenden werden sollten (Seitter, 2007, S. 117–122).

8 Die *TIMSS-Videostudie* untersuchte international-vergleichend die Gestaltung des Mathematikunterrichts in ausgewählten Teilnahmeländern der „Trends in International Mathematics and Science Study" (TIMSS). Die Videostudie zeigte trotz vergleichbarer didaktischer Inhalte eine große, kulturell geprägte Varianz in der Unterrichtsgestaltung. Auf der Grundlage von 231 repräsentativ ausgewählten und videografierten Mathematikstunden in Deutschland, Japan und den USA stießen die Forschenden auf interkulturelle Differenzen in den bevorzugten Unterrichtsskripts und interpretierten diese mit Blick auf deutliche Leistungsunterschiede zwischen den Schülerinnen und Schülern der beteiligten Staaten.

Bezeichnend ist, dass die ersten größeren empirischen Studien ihren Ausgangspunkt von der Frage nahmen, ob und wie das Prinzip der Teilnehmerorientierung (→ Kap. 6) tatsächlich umgesetzt wird. Zu Beginn der 1970er Jahre führten Siebert und Gerl (1975) an der Universität Hannover eine Studie zur Unterrichtspraxis in der sozialkulturellen Erwachsenenbildung von Volks- und Heimvolkshochschulen durch und fragten nach den Realisierungsbedingungen für eine Partizipation der Teilnehmenden. Die Studie stützte sich in der ersten Stufe auf standardisierte Verlaufsprotokolle, Einschätzbögen, Merkmalskataloge, Polaritätsprofile und Strukturbögen, in der zweiten Stufe auf standardisierte Befragungen. Beobachtet wurden z. B. Häufigkeit, Dauer und Art der Beiträge von Lehrenden und Teilnehmenden. In einer Eingangsbefragung wurden etwa 700 Teilnehmende nach ihren Gründen für den Kursbesuch, ihren Erwartungen an Inhalte, Dozenten und Methoden sowie nach ihren sozialstatistischen Merkmalen befragt; die Endbefragung bei ca. 400 Teilnehmenden thematisierte u. a. die Mitarbeit im Seminar, die emotionale Befindlichkeit in der Lerngruppe, die Bevorzugung bestimmter Unterrichtsformen sowie die Beurteilung des Dozenten und des Lernfortschritts (ebd., , S. 42, S. 199–223). Unabhängig von den anbietenden Einrichtungen zeichneten die Ergebnisse das Bild eines fachlich und pädagogisch soliden, stoff- und dozentenorientierten Unterrichts ohne auffällige Experimente oder Innovationen. Die Teilnehmenden betrachteten Lernen, auch in der sozialkulturellen Erwachsenenbildung, überwiegend als Wissenserweiterung, und die Dozenten sahen sich, stärker als ihnen oft lieb war, in die Rolle von Fachexperten gedrängt. Im Verlauf der Veranstaltungen stellte sich eine „intuitive“ Passung zwischen den Erwartungen der Teilnehmenden und dem Verhalten der Lehrkräfte ein. Unterschiede zum Schulunterricht sahen Siebert und Gerl eher im Kommunikationsstil, kaum jedoch in den didaktisch-methodischen Herangehensweisen (ebd., S. 43, S. 45–64, S. 86).

Die Heidelberger Arbeitsgruppe für empirische Bildungsforschung stützte sich bei der groß angelegten Evaluationsstudie *Bildungsurlaubs-Versuchs- und Entwicklungsprogramm (BUVEP)* auf Transkripte von Lehr-Lern-Prozessen, die in Anlehnung an objektiv-hermeneutische Verfahren interpretiert wurden (Kejcz et al., 1979). Im Mittelpunkt standen alltägliche, zumeist betriebliche Erfahrungen und die „Muster“, nach denen die Teamerinnen bzw. Teamer und Teilnehmenden diese Erfahrungen „deuteten“. Die Forschenden richteten ihre Aufmerksamkeit auf Typen von Lernstrategien, die sich jedoch besser als Typen von Lehrstrategien interpretieren lassen, mit denen Lehrkräfte unterschiedliche Ziele zu erreichen suchten: Bildungsurlaube sollten das Wissen der Teilnehmenden über das soziale und gesellschaftliche Umfeld erweitern, Wissen über Handlungsmöglichkeiten vermitteln, die interessenorientierte Analyse sozialer Erfahrungen unterstützen oder neue oder veränderte Wertmaßstäbe vermitteln.

Die Protokolle der Lehr-Lern-Interaktionen erlaubten nicht nur eine Beschreibung der Sichtstruktur von Bildungsurlauben, sondern regten zudem zu einer Deutung ihrer Tiefenstrukturen an. So konnte rekonstruiert werden, wie Lehrende und Teilnehmende Gesagtes verstehen. Dabei wurde deutlich, dass die kognitiven Strukturen der Teamerinnen und Teamer sich von jenen der Teilnehmenden unterschieden. Die Teilnehmenden berichteten von „Fällen" aus der betrieblichen Praxis in ihrer Alltagssprache und interpretierten und bewerteten diese auf der Basis eingeschliffener Deutungsmuster. Viele Lehrkräfte dagegen sahen in den Fällen nur Beispiele für verallgemeinerbare Phänomene und deuteten diese mithilfe von Modellen und Begriffen aus der Wissenschaft oder vor dem Hintergrund ihrer didaktischen Planungen. Dass Verständigung dabei nicht nur deshalb erschwert wurde, weil Fachbegriffe und Fremdworte nicht verstanden wurden, sondern vor allem deshalb, weil die Strukturen von Alltags- und Wissenschaftswissen fundamental unterschiedlich sind, wurde von den Lehrkräften nicht gesehen (Runkel, 1976; Schlutz, 1984). Ähnliche Befunde zeigen die Interpretationswerkstätten von Ebert et al. (1986) sowie Arnold et al. (1998).

Während in den „Lehrstrategien" des BUVEP-Projekts, mit denen immer auch spezifische Muster von Lernaktivitäten einhergehen, vor allem differente Zielvorstellungen zum Ausdruck kommen, suchte eine Studie aus dem Feld der beruflichen Weiterbildung (Schrader, 2008) vor allem nach *methodischen* Mustern der Unterrichtsgestaltung und der damit einhergehenden Rollenverteilung zwischen Lehrkräften und Teilnehmenden. Diese Studie stützte sich auf eine standardisierte Befragung von ca. 1.300 Teilnehmenden an Veranstaltungen der beruflichen Weiterbildung, die gebeten wurden, die Häufigkeit des Einsatzes bestimmter Arbeits- und Sozialformen einzuschätzen. Drei Typen von Veranstaltungen mit je spezifischer methodischer Gestaltung und unterschiedlichen Angeboten an teilnehmerorientierten Arbeitsweisen konnten unterschieden und charakterisiert werden: 1) abschlussbezogener Unterricht, 2) Kombination von Unterricht und Unterweisung und 3) Verhaltenstraining. Dass der Einsatz von Unterrichtsmethoden mit Inhalten und Zielen von Veranstaltungen zusammenhängt, konnte auch in der Befragungsstudie von Hochholdinger und Kellermann (2015) aufgezeigt werden.

Aktivitäten von Lehrkräften, aber auch von Teilnehmenden, die darauf gerichtet sind, eine pädagogische Situation überhaupt erst herzustellen und aufrechtzuerhalten, stehen in der videografischen Kursforschung (so der programmatische Titel) im Mittelpunkt, für die eine Forschergruppe um Kade und Nolda mit seltener Kontinuität methodische und methodologische Grundlagen erarbeitet hat (Kade et al., 2014). Gemeinsam ist den Forschenden das Interesse an der Rekonstruktion basaler räumlicher, gegenständlicher, körperlicher und sozialer Bedingungen in Kursen, die Lehr-Lern-Prozesse überhaupt erst möglich machen. Kurse wurden in den bisherigen Analysen vornehmlich als soziale, kaum als pädagogische Ereignisse betrachtet, so dass auch deren Wirkungen bislang noch nicht in den Blick geraten sind. Beispielhafte Arbeiten beschäftigten sich mit der (körperlichen) Aneignung von Unterrichtsräumen durch Teilnehmende und Kursleitende (Nolda, 2006), mit der Verwirklichung von

Teilnahme durch Wechsel in der Ausrichtung der Aufmerksamkeit (Dinkelaker, 2010) oder mit der Herstellung von Kontinuität in Anfangssituationen durch verbale und nonverbale Akte der Kursleitenden (Herrle, 2013).

7.2.2 Muster von Lernaktivitäten

In den zuvor berichteten Studien wurde bereits gezeigt, dass nicht nur Lehrkräfte bestimmten Mustern der didaktischen Gestaltung folgen (in Abhängigkeit von den zu vermittelnden Inhalten, eigenen Erfahrungen und Gewohnheiten), sondern auch die Teilnehmenden in ihrer Biografie Muster des Lernens und der Aneignung von Welt ausgebildet haben. Die Forschung zur Weiterbildung hat versucht, solche Muster des Lernens mit dem Konzept der Lernstile bzw. der Lerntypen zu erfassen.

Definition

Lernstil

In Anlehnung an Barres (1986) sind Lernstile „relativ dauerhafte Persönlichkeitsmerkmale, die die charakteristische Art und Weise bezeichnen, in der sich Individuen in Lernsituationen verhalten. Verhalten meint dabei die Gesamtheit der Verhaltens- und Erlebnisweisen, die psychischen wie die physischen Aktivitäten, die auf eine Bewältigung der Anforderungen in Lernsituationen gerichtet sind" (Schrader, 2008, S. 59).

In einer standardisierten Befragung von ca. 1.400 Teilnehmenden der beruflichen Weiterbildung wurden sowohl die Vorlieben, Gewohnheiten und Stärken erwachsener Lernender als auch die Unterrichtsmuster, mit denen sie konfrontiert wurden, und ihre Einschätzung zur „Passung" von Lernstilen und Unterrichtskonzepten erfasst. Fünf Typen erwachsener Lerner konnten mithilfe multivariater, gruppenbildender Verfahren unterschieden und wie folgt charakterisiert werden:

> Für die „Theoretiker" bedeutet (Lernen), Zusammenhänge zu verstehen, für die „Anwendungsorientierten" heißt Lernen herauszufinden, wie man etwas macht, „Musterschüler" und „Unsichere" verstehen darunter, sich das Wissen anzueignen, das andere in Stoffplänen zusammengestellt haben, für die „Gleichgültigen" ist es etwas, was man unter bestimmten Bedingungen tun muß, das aber, wenn es lebenslang und dazu in schulischer Form abverlangt wird, leicht auch zu einer Zumutung werden kann. Für die „Theoretiker" und „Anwendungsorientierten" ist Lernen etwas, das sie tun (sich Kenntnisse und Fertigkeiten aneignen), für die „Musterschüler", „Gleichgültigen" und die „Unsicheren" etwas, das ihnen geschieht (unterrichtet werden). (Schrader, 2008, S. 209)

Die Passung von Unterricht und Lerntypen erschien in der beruflichen Weiterbildung als durchweg gering, wenn man die bevorzugten Nutzungsweisen mit den angebotenen Unterrichtsmustern verglich. Gleichwohl zeigte sich auch in dieser Studie eine relativ hohe Zufriedenheit der Lernenden mit den besuchten Veranstaltungen. Sie kann als Ausdruck einer intuitiven, stillschweigenden Übereinkunft zwischen Lehrkräften und Lernenden über „musterhaften" Unterricht interpretiert werden. Interessant war der Befund, dass die Teilnehmenden je nach Lerntyp in unterschiedlicher Weise in der Lage waren, ihr Lernverhalten an die angebotenen Unterrichtsmuster zu adaptieren (ebd., S. 171–208).

Während Schrader an Mustern der Aneignung von Wissen interessiert war, beschäftigte sich Nolda (1996) vor allem mit der Art und Weise, wie Lehrende und Lernende in Kursen interagieren, wenn sie sich mit Wissen auseinandersetzen. In der Studie *Interaktion und Wissen* fragte die Autorin nach dem subjektiven Gebrauchswert, den Lernende vom (immer fragilen) Wissen in Lehr-Lern-Situationen machen. Das Material der Studie bestand aus Videomitschnitten aus über 20 Kursen der Erwachsenenbildung, die in Einzelfallanalysen interaktions- und konversationsanalytisch ausgedeutet werden. Nolda konnte zeigen, dass Kurse der Erwachsenenbildung von Lehrenden und Lernenden (auch) als Raum reziproker Autonomiedarstellungen und als wechselseitige Inszenierungen von Kompetenz genutzt wurden. Kursleitende und Teilnehmende unterschieden sich darin nicht: Der Aneignungs- und Vermittlungsgestus war jeweils „belehrend". Nolda machte mit diesen Analysen darauf aufmerksam, dass die Vermittlung und Aneignung von Wissen nicht nur kognitive Aspekte hat, sondern immer auch für soziale Positionierungen in der Gruppe bzw. im Verhältnis von Lehrenden und Lernenden untereinander genutzt wird. Damit werden auch Spielräume erkennbar, die Lehrende und Lernende einander in Kursen gewähren (Wittpoth, 2010).

7.3 Verfahren zur Sichtbarmachung von Lehr-Lern-Prozessen

Die Auswahl von Befunden zu Lehr-Lern-Prozessen in der Erwachsenen- und Weiterbildung hat Muster von Aktivitäten des Lehrens und Lernens in den Vordergrund gerückt. Diese Muster stellen sich, so die empirischen Befunde, zumeist unreflektiert ein. Sie sind geprägt von Unterrichtsroutinen der Lehrkräfte sowie von Lern- und Denkgewohnheiten der Teilnehmenden. Beeinflusst werden sie zudem von den Zielen und Inhalten unterschiedlicher Typen von Veranstaltungen. Folgt man der Studie von Hattie (2009), die den internationalen Stand zur Lehr-Lern-Forschung zusammenfasst, so kann eine erhöhte Sichtbarkeit von Lehr-Lern-Prozessen entscheidend zur Verbesserung ihrer Qualität und damit ihrer Wirksamkeit beitragen. Die erwachsenenpädagogische Diskussion sieht in der Steigerung der Reflexivität des Lehr- und Lernhandelns (Pachner, 2014) eine Möglichkeit, eine im Wortsinn teilnehmerorientierte Erwachsenen- und Weiterbildung zu realisieren. Im Folgenden soll an Beispielen aufgezeigt werden, wie theoretische Modelle, empirisches Wissen und nicht zuletzt Instrumente und Verfahren der Forschung helfen können, zur Sichtbarkeit und zur Reflexion von Lehr-Lern-Prozessen beizutragen.

Um Lehrkräften bislang nicht hinterfragte Routinen ihres unterrichtlichen Handelns aufzuzeigen, sind *Unterrichtsbeobachtungen und Hospitationen* durch Kolleginnen oder Programmplanende ein probates Mittel. Dies insbesondere deshalb, weil Lehrkräfte der Erwachsenen- und Weiterbildung zumeist als „Einzelkämpfer" arbeiten und ihnen alternative Vorgehensweisen unbekannt sind (und bleiben). In der Literatur sind Vorschläge erarbeitet worden, welche Merkmale von Lehr-Lern-Prozessen beobachtet werden sollten und wie die Beobachtenden vorbereitet werden können und müssen, um Beobachtungsfehler zu vermeiden (Gerl, 1990). Dies gilt insbesondere dann, wenn nicht nur die Sichtstrukturen betrachtet, sondern auch die Tiefenstrukturen gedeutet werden sollen. Dazu können Befragungs- und Beobachtungsinstrumente genutzt werden, die unter anderem in den zuvor vorgestellten Forschungsprojekten entwickelt wurden.

Eine zweite Möglichkeit zur Erhöhung von Sichtbarkeit von Lehr-Lern-Prozessen besteht darin, dass Lehrkräfte sich Feedback zu ihrem Lehrhandeln verschaffen, indem sie *Denk- und Lernprozesse der Teilnehmenden analysieren*. Dazu kann die Auswertung von Übungsaufgaben, das Nachdenken über Lernschwierigkeiten, Fehler oder Fehlkonzepte, die Durchsicht prozessbegleitender Lernportfolios oder auch der Einsatz standardisierter Zwischen- oder Abschlusstests beitragen. Sie regen das Nachdenken darüber an, was vom „Gezeigten" ggf. noch nicht „gelernt" ist und warum. Solche Analysen können das Feedback formativer und summativer Evaluationen sinnvoll ergänzen, die zumeist auf Zufriedenheit und subjektiv empfundenen Lernerfolg fokussiert sind (Reischmann, 2006). Dass diese Art von Feedback notwendig ist, zeigt anschaulich eine Darstellung in einem Lehrbuch für Deutsch als Zweitsprache. Hier begegnen Lehrkräfte gelegentlich Teilnehmenden, die in ihrer Herkunftssprache nicht alphabetisiert sind. Sie selbst hingegen blicken auf langjährige Erfahrungen mit dem schulischen Lernen fremder Sprachen zurück. Daher nutzen sie oft Unterrichtsroutinen, bei denen der Spracherwerb auf der Grundlage von Lehrbüchern angebahnt wird. Sie übersehen, dass mündliche Sprachkompetenz die Grundlage für den Schriftspracherwerb darstellt (Mempel, Ochs & Schramm, 2013, S. 50).

Schließlich können *gruppendynamische Instrumente und Verfahren* die sozialen Strukturen und Prozesse in Lerngruppen sichtbar machen und damit das Lernen fördern. Die Arbeitsfähigkeit von Lerngruppen herzustellen und aufrechtzuerhalten, ist in der Erwachsenen- und Weiterbildung deshalb besonders herausfordernd, weil sich Teilnehmende immer wieder neu finden (müssen). Daher wurden schon früh gruppendynamische Konzepte, Methoden und Verfahren adaptiert, die helfen können, eine lernförderliche Dynamik in Gruppen zu unterstützen. Beispiele dafür stellen die Arbeiten von Brocher (1967) zur Gruppendynamik sowie von Cohn (1975) zur themenzentrierten Interaktion dar.

Rückfragen an die Forschung

Die Forschung hat gezeigt, dass Lehrkräfte ihr Lehrverhalten verbessern können, wenn sie Informationen über die Lern- und Denkwege, insbesondere über Fehler und Fehlkonzepte der Teilnehmenden erhalten. Inwieweit Lehrkräfte der Erwachsenen- und Weiterbildung in der Lage sind, die Perspektive der Lernenden einzunehmen, ist noch weithin unbekannt. Wie ließen sich vorhandene (videografische oder textliche) Dokumentationen von Lehr-Lern-Prozessen re-analysieren, um solche Fragestellungen zu untersuchen?

7.4 Zusammenfassung

Die Weiterbildungsforschung hat sich erst spät der empirischen Erfassung von Lehr-Lern-Prozessen zugewandt, obwohl diese den „Kern“ der Erwachsenenbildung darstellen und deren Qualität in hohem Maße die Wirksamkeit des Lernens Erwachsener beeinflusst. Die bislang vorliegenden Studien richten ihre Aufmerksamkeit im Einklang mit der didaktischen Tradition häufiger auf die Sicht- als auf die Tiefenstruktur von Lehr-Lern-Prozessen. Nur in wenigen Studien wurde ihr Wechselwirken rekonstruiert. Insgesamt deutet manches darauf hin, dass die Muster von Aktivitäten des Lehrens und des Lernens nur eingeschränkt zueinander „passen“. Teilnehmende sind auf der Basis ihrer erworbenen Lern- und Denkgewohnheiten in unterschiedlichem Maße in der Lage, ihr Lernverhalten in je spezifischen Unterrichtsmustern variabel zu nutzen. Folgt man den Empfehlungen der erwachsenenpädagogischen Literatur und den Befunden der schulbezogenen Unterrichtsforschung, so können die Steigerung der Reflexivität des Handelns sowie die Sichtbarmachung von Lehr-Lern-Prozessen, insbesondere jener auf der Tiefenstruktur des Unterrichts, die Wirksamkeit des Lernens in der Erwachsenen- und Weiterbildung steigern. Lehrkräfte sollten also so lehren, dass sie durch das Lernen der Teilnehmenden belehrt werden können.

Fragen & Aufgaben

1. Definieren Sie den Begriff „Unterrichtsskript“ und vergleichen sie ihn mit Metaphern wie „Dramaturgie“, „Bauform“ oder „Choreografien des Unterrichts“.
2. Recherchieren Sie in der Literatur nach Definitionen von wissenschaftlichem Wissen und Alltagswissen und halten Sie die Merkmale fest, in denen sich beide Formen des Wissens unterscheiden.
3. Wählen Sie aus dem Online-Fall-Laboratorium (www.videofallarbeit.de) drei Unterrichtsvideos aus, die Ihren thematischen Interessen entgegenkommen. Diskutieren Sie mit Ihren Mitstudierenden, welche Unterrichtsskripts Sie erkennen. Nutzen Sie dazu gegebenenfalls Beobachtungsbögen, wie sie beispielsweise in Einführungen in Hospitationen und Unterrichtsbeobachtungen dokumentiert sind.

Tipps zum Weiterlesen

Arnold, R. (1985). *Deutungsmuster und pädagogisches Handeln in der Erwachsenenbildung.* Bad Heilbrunn: Klinkhardt.
Dieser Band informiert umfassend über stereotype Sichtweisen und Interpretationen, mit denen lernende Erwachsene das in Veranstaltungen angebotene Wissen wahrnehmen und bewerten.

Arnold, R., Kade, J., Nolda, S. & Schüßler, I. (Hrsg.). (1998). *Lehren und Lernen im Modus der Auslegung. Erwachsenenbildung zwischen Wissensvermittlung, Deutungslernen und Aneignung.* Baltmannsweiler: Schneider.
Dieser Band bietet am Beispiel eines transkribierten Lehr-Lern-Prozesses, der von unterschiedlichen Wissenschaftlerinnen und Wissenschaftlern interpretiert wird, einen guten Einblick in Interpretationswerkstätten und die Vielfalt der Perspektiven, mit denen Lehr-Lern-Prozesse interpretiert werden (können).

Kade, J., Nolda, S., Dinkelaker, J. & Herrle, M. (2014). *Videographische Kursforschung. Empirie des Lehrens und Lernens Erwachsener.* Stuttgart: Kohlhammer.
Dieser Band führt in die Methoden der videografischen Kursforschung ein und stellt zugleich ausgewählte empirische Studien vor, die Einblick sowohl in die Sicht- als auch in die Tiefenstruktur von Lehr-Lern-Prozessen gewähren.

8 Lernmotivation Erwachsener

In diesem Kapitel geht es um die Lernmotivation und die Lerninteressen Erwachsener und damit um ihre Bereitschaft, engagiert zu lernen. Dazu werden ausgewählte psychologische und erziehungswissenschaftliche Modelle und Befunde zur Erklärung des Lernverhaltens vorgestellt. Abschließend wird die Frage erörtert, ob und wie Lehrkräfte ihre Teilnehmenden „motivieren" können.

Lernziele

- die Unterscheidung von „Motiv" und „Motivation" kennen und auf die Selbstbestimmungstheorie der Motivation nach Deci und Ryan anwenden können
- die Unterschiede der Konzepte „Lernmotivation" und „Lerninteresse" kennen und anhand ihrer Entstehung erklären können
- Strategien zur Förderung der Lernmotivation kennen und ihre Anwendbarkeit bewerten können

Die Frage, warum Erwachsene lernen und wie ihr Lernen gefördert werden kann, nimmt in der Ratgeberliteratur der Erwachsenen- und Weiterbildung viel Raum ein. Ein Beispiel dafür findet sich auf der digitalen Plattform wb-web, *die für Lehrkräfte der Erwachsenen- und Weiterbildung entwickelt wurde: „Warum Menschen an Weiterbildungskursen teilnehmen, hat ganz unterschiedliche Gründe. Im Idealfall hat man es mit engagierten Teilnehmenden zu tun, die aus privatem, persönlichem Interesse Ihren Kurs besuchen, oder weil sie sich einen beruflichen Aufstieg und bessere Verdienstmöglichkeiten erhoffen. Schwieriger wird die Bildungsarbeit hingegen mit unfreiwillig Teilnehmenden, die den Kurs auf Anordnung eines Vorgesetzten besuchen. Im Unterricht wird dann oftmals die mangelnde Motivation spürbar, die zu Störungen und Konflikten führen kann. Die Teilnehmenden sind möglicherweise gelangweilt, nörgeln, glänzen durch Unpünktlichkeit und geringe Beteiligung oder verhalten sich abwehrend." (https://wb-web.de/material/lehren-lernen/zur-teilnahme-gezwungen.html)*

8.1 Wie werden Erwachsene zum Lernen motiviert?

Die Forschung der Erwachsenen- und Weiterbildung hat sich häufiger und intensiver mit der Motivation zur Teilnahme (→ Kap. 1) als mit der Motivation zum Lernen beschäftigt. Das ist insofern plausibel, als Teilnahme eine notwendige Voraussetzung dafür ist, dass organisiertes Lehren und Lernen überhaupt beginnen kann. Unzureichend ist es insofern, als die Motivation zur Aufnahme einer Weiterbildung oft nicht hinreicht, um einmal begonnene Lernaktivitäten fortzusetzen oder gar erfolgreich im Blick auf zugeschriebene oder selbst formulierte Ziele abzuschließen. Anders als im Einstiegsbeispiel nahegelegt, zeigen sich Motivationsprobleme nicht nur in jenen Veranstaltungen, bei denen eine Teilnahme verpflichtend ist; sie lassen sich auch dort beobachten, wo sie freiwillig ist. Erkennbar wird dies u. a. an hohen Abbruchquoten einmal begonnener Veranstaltungen, die häufiger durch situative als durch persönliche Merkmale bedingt sind (Schmidt, 2011). Offenbar ist Lernmotivation also nicht Ausdruck stabiler individueller Ausgangsvoraussetzungen, sondern ein variabler Zustand, der sich als Ergebnis eines Zusammenspiels von individuellen Bereitschaften mit Merkmalen der Veranstaltung und ihrer sozialen Einbettung interpretieren lässt. Das alternative Konzept des Lerninteresses beruht ebenfalls auf der Annahme eines Zusammenwirkens von individuellen und strukturellen Merkmalen. Das bedeutet, dass Lehrkräfte mit der Frage konfrontiert werden, wie sie selbst dazu beitragen können, eine tragfähige Motivation oder ein stabiles Interesse bei Lernenden zu unterstützen und aufrechtzuerhalten. Das Eingangsbeispiel lässt sich auch so deuten, als suchten Lehrkräfte Zugang zu einer Art „Koordinationszentrale" der Lernenden (Prange, 1989). Stützt die Forschung derlei Hoffnungen?

8.2 Forschung zur Lernmotivation und zum Lerninteresse

Wenn die Lernmotivation Erwachsener erforscht wird, bieten häufig Konzepte der pädagogisch-psychologischen Motivationsforschung die Grundlage (Heckhausen & Heckhausen, 2018; Rheinberg & Vollmeyer, im Druck). Diese Konzepte wurden vor allem bei Schülerinnen und Schülern sowie bei Studierenden untersucht, nur in wenigen Fällen auch bei Erwachsenen (Schiefele & Schaffner, 2015). Diese Forschungstradition steht jedoch aufgrund von konzeptuellen Begrenzungen in der Kritik, durch die die Relevanz der Lerngegenstände oft ausblendet wird. In der Erwachsenen- und Weiterbildung wurden deshalb insbesondere Arbeiten zur Interessentheorie aufgegriffen und weiterentwickelt, die eine solche Begrenzung zu überwinden suchen (Grotlüschen, 2010). Während Lernmotivation und Lerninteresse in der Forschung zumeist als Lern*voraussetzungen* oder als eine Mittlervariable für die Lernhandlungen behandelt werden (Helmke, 2017), werden sie hier zu den Lernaktivitäten gerechnet, weil sie diesen nicht nur vorausgehen, sondern sie auch begleiten und aus ihnen folgen.

8.2.1 Modelle der Lernmotivation und des Lerninteresses

Die psychologische Forschung hat ein überaus reiches Angebot an Theorien und empirischen Befunden erarbeitet, das zwar bildungsbereichsübergreifend nützlich, aber zumeist nur für Kinder, Jugendliche und Heranwachsende untersucht wurde, während Erwachsene ausgeblendet blieben. Aufgrund der generischen Anlage vieler Theorien können die Annahmen und Befunde gleichwohl für die Erwachsenen- und Weiterbildung fruchtbar gemacht werden; daher werden ausgewählte Ansätze hier vorgestellt.

Alltagssprachlich werden unter „Motivation" die Beweggründe verstanden, die das Handeln einer Person bestimmen, oder auch ihre Motiviertheit, sich intensiv und anhaltend mit einem Gegenstand auseinanderzusetzen. In der Forschung ist es demgegenüber über theoretische Schulen hinweg üblich, zwischen „Motiv" und „Motivation" zu unterscheiden.

Definition

Motiv

Von einem Motiv spricht die psychologische Forschung dann, wenn es um individuelle, zeitüberdauernde Vorlieben für bestimmte Klassen von Zuständen geht. Dazu zählen Anschlussmotive, Machtmotive, Leistungsmotive usw. Personen unterscheiden sich in ihren individuellen Motivsystemen (Hasselhorn & Gold, 2017, S. 101).

Motivation

Demgegenüber wird mit dem Begriff Motivation nicht auf zeitlich überdauernde Persönlichkeitsmerkmale verwiesen, sondern auf einen situativen Zustand einer Person.

Unter Motivation werden alle jene Prozesse zusammengefasst:

- die „die Intentionalität des Handelns steuern,
- die das Handeln auf einen erwünschten Zielzustand hin ausrichten,
- in deren Folge Handlungen geplant und mit bestimmter Intensität und Ausdauer so lange ausgeführt werden, bis das Ziel erreicht oder ein anderes Ziel vorrangig geworden ist" (Fritz & Tobinski, 2014, S. 176–177).

Lernmotivation lässt sich als die Absicht verstehen, spezifische Inhalte oder Fertigkeiten zu lernen, um damit bestimmte Ziele bzw. Zielzustände zu erreichen (Schiefele & Schaffner, 2015, S. 155). Die Zielorientierung hat sich als ein zentrales motivationales Konstrukt etabliert. Die Forschung fokussiert die Frage, welche Qualität Motivation hat und wie Motivation angeregt, ausgerichtet und aufrechterhalten werden kann. Grundlegend ist die Vorstellung einer Person-Umwelt-Interaktion, von Motiven (des Anschlusses, der Macht, der Leistung), von Zielen, Werten und Bedürfnissen einer Person auf der einen Seite und Handlungsanreizen und Handlungsmöglichkeiten einer Lernsituation auf der anderen Seite. Diese Annahme findet sich bereits in der sogenannten „Feldtheorie" Lewins aus dem Jahr 1929 (Lewin, 2012). Angenommen wird, dass die Motivation einer Person sowohl von emotionalen als auch von kognitiven Faktoren abhängt. Emotionale Faktoren betreffen z. B. die Leistungsbereitschaft. Bei kognitiven Faktoren geht es um die Frage, ob eine Person auf der Basis ihres Selbstkonzepts und ihrer Selbstwirksamkeitsüberzeugungen meint, über hinreichende Ressourcen zu verfügen, um ein Lernziel zu erreichen (Erwartung eines Lernerfolgs). Zudem ist von Bedeutung, wie wichtig ihr das Lernen selbst bzw. das erreichbare Lernziel ist (Wertaspekt) (Krause & Stark, 2010).

Für die Lernmotivation Erwachsener sind das *Konzept der Leistungsmotivation*, daran anschließende *Theorien der Kausalattribuierung* sowie die *Selbstbestimmungstheorie der Motivation* von besonderem Interesse.

Von *Leistungsmotivation* wird im Anschluss an Lewin dann gesprochen, wenn eine Person dadurch motiviert ist, Erfolg zu haben, Misserfolg zu vermeiden und beides an individuellen oder sozialen Gütemaßstäben zu messen. Heckhausen geht von der Annahme aus, dass sowohl die Ziele, die sich eine Person setzt, als auch die Ursachenzuschreibungen und nicht zuletzt auch die nachfolgenden Affekte der Selbstbewertung bedeutsam für die Leistungsmotivation sind (Heckhausen, 1965; Heckhausen & Heckhausen, 2018). Attribuierungstheorien nehmen die kognitiven Prozesse in den Blick, die für Motivationen verantwortlich sind. Erfolgszuversichtliche unterscheiden sich von Misserfolgsängstlichen in ihren Attribuierungen: Während Erfolgszuversichtliche Erfolg auf ihr eigenes Vermögen und Misserfolg auf widrige Umstände zurückführen, neigen Misserfolgsängstliche dazu, Erfolg als Ergebnis von Glück oder leichten Aufgaben zu interpretieren, während sie Misserfolg als Bestätigung ihrer begrenzten Leistungsfähigkeit auslegen (Weiner, 1986). Mit zunehmendem Alter werden individuelle Bezugsnormen bedeutsamer als soziale (Maehr & Kleiber, 1981).

Für die Frage, wie eine motivierende Lernumgebung gestaltet werden kann, formuliert die *Selbstbestimmungstheorie der Motivation* von Deci und Ryan (1993) differenziertere Annahmen als die Theorie der Leistungsmotivation, wiewohl beide Theorien miteinander kompatibel sind. Deci und Ryan fragen nach den motivationalen Bedingungen und Faktoren für selbstbestimmtes Handeln. Den Ausgangspunkt bildeten Beobachtungen wie die folgenden: Eine vorhandene Motivation zur Ausübung bestimmter Tätigkeiten wird durch zusätzliche Belohnungen kaum gesteigert, sondern gelegentlich sogar korrumpiert; zudem akzeptieren manche Lernende ursprünglich von außen auferlegte Ziele für sich so, dass sie diese zunehmend aus freien Stücken verfolgen, während andere ihr Interesse an bestimmten Inhalten verlieren und sich nur noch auf äußeren Druck hin mit diesen auseinandersetzen. Für die Erklärung beider Beobachtungen bieten einfache Unterscheidungen zwischen *intrinsischer* und *extrinsischer* Motivation keine hinreichende Erklärung.

Deci und Ryan gehen von drei psychischen Grundbedürfnissen als Antriebsmechanismen für Verhalten aus: dem Bedürfnis nach Kompetenz (in der Form der Demonstration oder der Weiterentwicklung von Leistung), nach Autonomie und nach sozialer Eingebundenheit. Die angeborenen, organismischen Bedürfnisse nach Kompetenz und Autonomie sind grundlegend für eine *intrinsische* Motivation; dabei fungieren die erlebte Wirksamkeit und Autonomie als Verstärker. Das Bedürfnis nach Beziehungen und sozialer Eingebundenheit dagegen sorgt für *extrinsisch* motiviertes Verhalten, bei dem der Grund nicht in der Tätigkeit selbst liegt, sondern in deren Konsequenzen. Auf dieser Grundlage lässt sich gezeigtes Verhalten nach dem Grad der Selbstbestimmung differenzieren (→ Abb. 10).

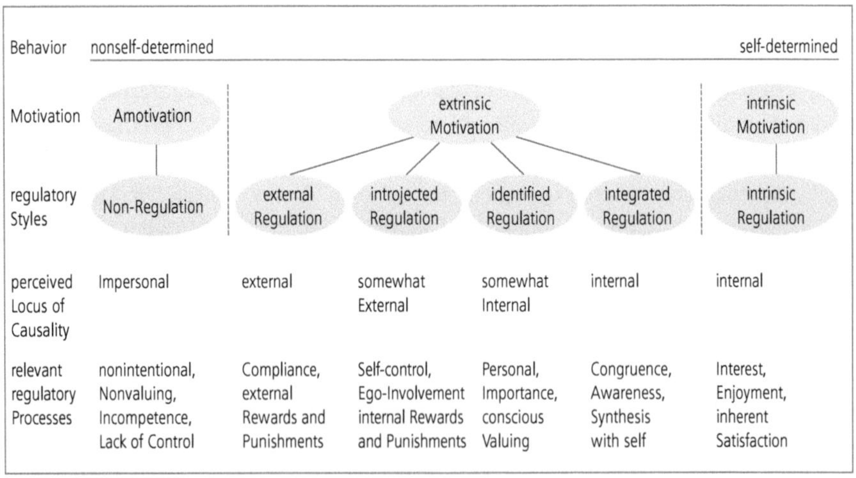

Abbildung 10. Taxonomie der Motivation (Ryan & Deci, 2000, S. 72)

Je höher die Selbstbestimmung, umso eher handelt es sich um *intrinsisch* motiviertes Verhalten. Wird die Selbstbestimmung als sehr niedrig oder nicht vorhanden empfunden, kann es zu nicht intendiertem Verhalten kommen. Die *extrinsische* Motivation kann nach der Form der Handlungsregulation unterschieden werden: Wenn keine Einflussnahme durch den Lernenden möglich ist und gleichzeitig von außen Druck ausgeübt wird, wird kontrolliertes Verhalten gezeigt, um beispielsweise eine Belohnung zu erhalten oder einer Bestrafung zu entgehen. Introjizierte Regulation liegt dann vor, wenn externe Anreize, beispielsweise Normvorschriften, zwar akzeptiert, aber nicht in das eigene Wertsystem integriert werden. Eine identifizierte Regulation tritt ein, wenn ein ursprünglich von außen vorgegebenes Ziel als sinnvoll und selbstgewählt erlebt wird, dieses aber in Konflikt zu anderen Zielen steht. Eine integrierte Regulation liegt vor, wenn die Handlung selbst gewählt wurde, um ein bestimmtes Ziel zu erreichen. Solange extrinsische Motivation als selbstgewählt erlebt wird, kann sie ebenso beflügeln wie intrinsische Motivation.

Die Grundannahmen dieser Theorie wurden in der schulbezogenen Forschung, aber auch in Forschungen aus dem Arbeits-, dem Gesundheits- oder dem Sportbereich vielfach empirisch geprüft.

Lesehinweis

Für die Motivation zur Fortbildung bei Lehrerinnen und Lehrern siehe z. B. Rzejak, D., Künsting, J., Lipowsky, F., Fischer, E., Dezhgahi, U. & Reichardt, A. (2014). Facetten der Lehrerfortbildungsmotivation – eine faktorenanalytische Betrachtung. *Journal for educational research online*, *6* (1), 139–159. urn:nbn:de:0111-opus-88456

Für die Erwachsenen- und Weiterbildung liegen nur wenige Studien vor. Dies mag auch daran liegen, dass die motivationspsychologische Forschung insgesamt, aber auch die Selbstbestimmungstheorie der Motivation sich spezifischen Inhalten gegenüber als relativ gleichgültig erweist. Diese Kritik führte in der Münchner Interessentheorie (Prenzel, Krapp & Schiefele, 1986) u. a. zu der Frage nach den Interessen (Erwachsener). Grundlegend ist dabei die Annahme, dass sich die menschliche Entwicklung als ein Prozess interpretieren lässt, in dem spezifische Interessen selektiert und optimiert werden, andere dagegen vernachlässigt werden (müssen) und eine Kompensation erfordern, die biologisch oder kulturell erzwungen wird (Baltes & Baltes, 1989). Diese individuellen Entwicklungen kommen in einer großen Heterogenität der Interessenlagen Erwachsener zum Ausdruck. Mit Interesse ist in diesem Ansatz die besondere Beziehung einer Person zu einem Gegenstand (einem Objekt, einem Thema) gemeint, das in einer spezifischen epistemischen Orientierung zum Ausdruck kommt.

Definition

Interesse

„Das individuelle Interesse kann als relativ dauerhaftes, dispositionales Merkmal einer Person verstanden werden, das sich in der Auseinandersetzung mit einem Gegenstandsbereich entwickelt und als mehr oder weniger starke Wertschätzung dieses Bereichs zum Ausdruck kommt. Das situationale Interesse bezeichnet dagegen den durch äußere Umstände (z. B. einen spannenden Vortrag) hervorgerufenen Zustand des Interessiertseins, der u. a. durch eine erhöhte Aufmerksamkeit und Gefühle der Neugier und Faszination gekennzeichnet ist." (Schiefele & Schaffner, 2015, S. 162)

Die Schwerpunkte der Interessenforschung sind auf situationsspezifische Prozesse sowie auf situationsübergreifende, interindividuelle Differenzen ausgerichtet. Dies betrifft sowohl eine *emotionale Komponente*, die einem Gegenstand eine gefühlsbezogene Valenz zuschreibt, als auch eine *wertbezogene Komponente,* die die subjektive Bedeutsamkeit des Gegenstands des Interesses bzw. der darauf bezogenen Handlungen zum Ausdruck bringt. Die Idee, beide Komponenten harmonisch miteinander zu verbinden, findet sich schon in vielen älteren Theorien des Interesses (Dewey, 1913) und in jüngeren Theorien zur intrinsischen Motivation, die Prozesse untersuchen, in denen Individuen vollständig in ihren (Lern-)Aktivitäten aufgehen und sogenannte „Flow-Erlebnisse" haben (Csikszentmihalyi & Rathunde, 1998).

In der Erwachsenenbildung hat die Gruppe um Faulstich (2005) das Konzept des Lerninteresses in die Diskussion eingeführt. Anders als in der psychologischen Interessenforschung wird der Begriff nicht auf Themen oder Gegenstände, sondern auf gesellschaftliche Teilhabe bezogen. Eine der Grundlagen bildet die subjektwissenschaftliche Lerntheorie Holzkamps (1993), der die Begründungen für die Aufnahme oder die Verweigerung von Lernaktivitäten in den Bedeutungen verortete, die Erwachsene den Erfahrungen einer Differenz von „Intentionalität" und „Kompetenz" zuschreiben (ebd., S. 212). Wenn Subjekte keine überzeugenden Begründungen für *expansives* Lernen zur Erweiterung eigener Handlungsmöglichkeiten bzw. für *defensives* Lernen zur Abwehr von Beeinträchtigungen oder Bedrohungen finden können, so kann es auch zu Lernwiderstand (von der Nicht-Teilnahme bis zur Provokation) als einer begründeten Form kommen, sich Zumutungen des lebenslangen Lernens zu verweigern (Beispiel dafür bei Axmacher, 1990; Faulstich & Bayer, 2008).

8.2.2 Befunde zur Lernmotivation und zum Lerninteresse

Auf der Grundlage der Selbstbestimmungstheorie der Motivation von Deci und Ryan untersuchte Prenzel (1993) in einer Reihe von Befragungsstudien bei Erwachsenen und Studierenden das Verhältnis von Autonomie und Motivation beim autodidaktischen und beim angeleiteten Lernen. Er konnte u. a. zeigen, dass auch unter den Bedingungen des angeleiteten Lernens das Lernen von einer ausgeprägten intrinsischen Motivation getragen und als selbstbestimmt empfunden werden konnte, dass das Autonomieerleben eng verknüpft war mit der Motivation der Lernenden und dass das Autonomieerleben (im Blick auf die Bestimmung von Lernzielen, auf die Lernkoordination und die Lernorganisation) von der empfundenen sozialen Einbindung und der erfahrenen Unterstützung abhing.

Häufiger als in der deutschen wird in der internationalen Erwachsenenbildungsforschung auf Deci und Ryan Bezug genommen. Rothes, Lemos und Gonçalves (2014) befragten in Portugal ca. 300 Teilnehmende an unterschiedlich langen, teils berufsrelevanten Veranstaltungen der Erwachsenenbildung. Die Ergebnisse zeigten, dass Autonomiestreben erwartungskonform mit Selbstwirksamkeitsüberzeugungen und epistemischen Interessen korrelierte. Zudem konnten Gruppen von lernenden Erwachsenen unterschieden werden, die stärker extrinsisch bzw. stärker intrinsisch motiviert waren oder auch in beiden Dimensionen hohe Werte erzielten. Diese Befunde stützen die Annahme, dass Lernmotivation nicht als Persönlichkeits-, sondern als Situationsmerkmal interpretiert werden sollte. Schließlich zeigten sich auch Zusammenhänge zwischen Merkmalen der sozialen Lage und den Motivationen: Geringer Qualifizierte und Arbeitslose waren in höherem Maße extrinsisch motiviert. Vermutet wurde, dass mit einer insgesamt geringeren Motivation höhere Risiken des Kursabbruchs und des Scheiterns einhergingen. Umgekehrt galt aber nicht, dass höher Qualifizierte und Beschäftigte notwendigerweise in höherem Maße intrinsisch motiviert waren. In einer weiteren standardisierten Befragungsstudie von ca. 190 Teilnehmenden in unterschiedlichen Angeboten der beruflichen Weiterbildung bzw. der Hochschulbildung identifizierte dieselbe Gruppen von Forschenden (Rothes, Lemos & Gonçalves, 2017) vier Gruppen von Erwachsenen, die sich in ihrer Motivationsstruktur zu Beginn ihrer Teilnahme an Kursen unterschieden. Es zeigten sich die theoretisch zu erwartenden Zusammenhänge zwischen der Motivationsstruktur und den gezeigten Lernstrategien sowie auch den erreichten Lernergebnissen.

Grotlüschen (2010) ist der Frage nachgegangen, wie Interessen bei Erwachsenen entstehen und wie sie sich entwickeln. Interessen werden nicht als individuelles, sondern als sozial konstituiertes Phänomen betrachtet. Die theoretischen, durch Fallstudien illustrierten Annahmen besagen, dass Lerninteressen Erwachsener im Lebenslauf langsam entstehen, Phasen der Latenz, der Expansion und der Kompetenz durchlaufen und ggf., je nach Grad der Beteiligung, wieder eingeschränkt werden können. Lerninteressen sind dabei zugleich an die jeweiligen Lebens- und Arbeitswelten sowie deren Veränderungen gebunden und können als Ausdruck subjektiv empfundener Selbstbestimmung interpretiert werden.

Der Bedeutung von Lernmotivation und Lerninteresse für das Kursgeschehen ging Kade (1985b) in einer standardisierten Befragung von 200 Kursleitenden nach. Die Befunde zeigten, „daß für Kursleiter der Mangel an Motivation und Interesse der Teilnehmer die wesentliche Störung darstellt"(ebd., S. 17). Zugleich suchten die Kursleitenden nach Strategien zur Förderung von Lernmotivation, um auch andere Formen von Störungen (die inhomogene Zusammensetzung der Lerngruppe, die Selbstständigkeit der Teilnehmenden oder die Ablöseprobleme von Teilnehmenden und Kursleitenden) zu bearbeiten.

Rückfragen an die Forschung

(Lern-)Motivation und Lerninteresse können als (begrenzt) variable Zustände interpretiert werden, auf die Lehrkräfte und Teilnehmende insofern Einfluss nehmen können, als sie ihr Lehr- und Lernverhalten wechselseitig adaptieren. Es ist allerdings noch wenig darüber bekannt, unter welchen personalen und sozialen Bedingungen dies gelingen kann. Zudem werden Lernmotivation und Lerninteresse zwar als situative, zumeist aber den Individuen zugeschriebene Merkmale betrachtet. Die schulische Forschung (z. B. Wölfer & Cortina, 2014) hat darüber hinaus auf die Bedeutung des sozialen Umfelds (der Peers, der Lerngruppe usw.) für die Lernmotivation hingewiesen. Wie könnten solche Befunde z. B. für die Erforschung der betrieblichen Lernmotivation genutzt werden?

8.3 Strategien zur Förderung der Lernmotivation

Die Erwachsenenbildungsforschung hat in der subjektwissenschaftlichen Theorietradition Lernwiderstände nicht einfach als pädagogisch zu überwindende „Störfaktoren" (Ludwig & Grell, 2017, S. 130–132) betrachtet, sondern als legitimierbare Entscheidungen. Daher wurden auch keine Handlungsempfehlungen für Lehrkräfte formuliert. Demgegenüber hat vor allem die psychologisch orientierte Forschung zur Lernmotivation Empfehlungen erarbeitet. Sichtet man die einschlägige Literatur, so stößt man sowohl in der Ratgeberliteratur als auch in der pädagogisch-psychologischen Forschung auf vergleichbare Präskriptionen, für die es in der hier vorgestellten Forschung durchaus manche Unterstützung durch theoretische Annahmen und empirische Befunde gibt. Diese Bezüge werden im Folgenden an Beispielen illustriert.

Für Ersteres finden sich z. B. bei Szepansky (2017) folgende Vorschläge:

- Feedback zur Steigerung der Leistungsmotivation,
- strukturierte Gruppenarbeit zur Förderung der sozialen Anerkennung,
- Stärkung der Selbstverantwortung durch die Anerkennung von Autonomie,
- Förderung des Interesses durch den Einstieg mit kontroversen Positionen usw.

In einem Lehrbuch der Pädagogischen Psychologie werden Motivierungstechniken (für den Unterricht) empfohlen (Gage & Berliner, 1996, S. 377–388). Im Einzelnen heißt es dort:

1. eine Motivationsgrundlage schaffen, indem verdeutlicht wird, warum es sich lohnt, sich mit einem Gegenstand zu beschäftigen (Wert-Aspekte aufzeigen),
2. präzise Zielformulierungen (Leistungsmotivation unterstützen),

3. kurzfristige Ziele formulieren (Kompetenzerleben fördern),
4. effektives Loben durch spezifizierte Rückmeldungen (...),
5. Tests und Noten bedächtig einsetzen (...),
6. Neugier wecken, auf eigene Faust Lösungen zu finden (...),
7. Unerwartetes tun (...),
8. vorab belohnen, um „Appetit auf mehr" zu machen (...),
9. für Beispiele Bekanntes verwenden (...),
10. für die Anwendung von Konzepten Unerwartetes verwenden (...),
11. Wiederholung von bereits Gelerntem (...),
12. Simulationen und Spiele einsetzen (...),
13. konkurrierende Motivationssysteme reduzieren (...),
14. Unannehmlichkeiten vermeiden (...),
15. soziales Klima analysieren (...).

Falls Sie Interesse haben und motiviert sind, füllen Sie bitte die ausgewiesenen Textlücken in Klammern.

8.4 Zusammenfassung

Fragen der Lernmotivation und des Lerninteresses wurden und werden in der Erwachsenen- und Weiterbildung deutlich seltener erforscht als Fragen der Weiterbildungsmotivation. Das macht eine Rezeption von Theorien und Modellen erforderlich, die vor allem in der psychologischen Forschung entwickelt worden sind. Sehr häufig aufgegriffen wurde die Selbstbestimmungstheorie der Motivation von Deci und Ryan. Diese Theorie geht von Autonomie, Kompetenzerleben und sozialer Eingebundenheit als grundlegenden menschlichen Bedürfnissen aus. Sie beschreibt die Differenz von intrinsischer und extrinsischer Motivation als ein Kontinuum, indem sie Formen selbstbestimmten Lernverhaltens differenziert, die nach dem Grad der Fremd- und Selbstkontrolle variieren. Diese und andere motivationspsychologische Theorien und Konzepte wurden empirisch breit erforscht, allerdings kaum in der Erwachsenen- und Weiterbildung. Sowohl in der psychologischen als auch in der erwachsenenpädagogischen Forschung wurde kritisiert, dass die Bedeutung der Lerninhalte in der psychologischen Motivationsforschung kaum berücksichtigt würde. Diese Lücke kann das Konzept des (Lern-)Interesses füllen, das in der psychologischen Forschung auf Lerngegenstände und in der Erwachsenenbildungsforschung auf die Erweiterung von gesellschaftlicher Teilhabe gerichtet ist. Alle genannten theoretischen Ansätze stimmen darin überein, dass Motivation und Interesse sich aus dem Zusammenspiel individueller und struktureller Merkmale ergeben. Dies eröffnet Handlungsspielraum für Lehrkräfte. Die in der Ratgeberliteratur formulierten Empfehlungen zur Förderung der Motivation lernender Erwachsener lassen sich zumeist gut an den theoretischen und empirischen Forschungsstand anschließen.

Fragen & Aufgaben

1. In der Selbstbestimmungstheorie der Motivation von Deci und Ryan werden unterschiedliche Formen der Regulation extrinsisch motivierten Verhaltens unterschieden. Um welche Formen der Regulation handelt es sich, und wie unterscheiden sie sich?
2. Stellen Sie sich vor, eine Teilnehmerin Ihres Seminars hat einen Test nur schlecht bestanden. Durch welche Rückmeldungen können Sie die Teilnehmende vermutlich am besten zu mehr Mitarbeit motivieren? Durch einen Hinweis auf ihre Anstrengungsbereitschaft, auf die Schwierigkeit der Aufgaben, auf glückliche oder widrige Umstände oder auf Stärken in anderen Bereichen?
3. Reflektieren Sie Ihre jüngsten Erfahrungen in organisierten Bildungsprozessen daraufhin, welche Ihrer Motive und Interessen jeweils angesprochen, welche vernachlässigt wurden. Welche Handlungen der Lehrkräfte haben Sie motiviert, welche demotiviert? Welche alternativen Handlungsweisen würden Sie sich wünschen? War oder ist es bei Ihren Mitlernenden ähnlich oder unterschiedlich?

Tipps zum Weiterlesen

Deci, E. L. & Ryan, R. M. (1993). Die Selbstbestimmungstheorie der Motivation und ihre Bedeutung für die Pädagogik. *Zeitschrift für Pädagogik*, *39* (2), 223–238.
Dieser grundlegende Beitrag führt in die Selbstbestimmungstheorie der Motivation ein und berichtet zudem über ausgewählte empirische Studien, die die Anwendung dieser Theorie in der Forschung illustrieren. Wie produktiv diese Theorie für empirische Forschung gewesen ist, zeigt u. a. folgende Plattform: http://selfdeterminationtheory.org

Faulstich, P. (2005). Lernen Erwachsener in kritisch-pragmatischer Perspektive. *Zeitschrift für Pädagogik*, *51* (4), 528–542.
In diesem Aufsatz präsentiert Peter Faulstich in komprimierter Form Grundelemente einer subjektwissenschaftlichen Lerntheorie, in der auch die Bedeutung legitimer Formen des Lernwiderstands aufgezeigt wird.

Mandl, H. & Kopp, B. (2006). Lehren in der Weiterbildung aus pädagogisch-psychologischer Sicht. Sechs Leitprinzipien didaktischen Handelns. In E. Nuissl (Hrsg.), *Vom Lernen zum Lehren* (S. 117–128). Bielefeld: W. Bertelsmann.
Dieser Beitrag erläutert sechs zentrale Prinzipien didaktischen Handelns auf der Grundlage von Befunden der pädagogisch-psychologischen Forschung und ist damit beispielhaft für den Versuch, Handlungsanregungen für motivierende Lernangebote auf der Grundlage von Forschungsbefunden zu formulieren.

9

Bearbeitung moralischer Konflikte in Lehr-Lern-Prozessen

In diesem Kapitel geht es um die Ethik erwachsenenpädagogischen Handelns. Am Beispiel moralischer Konflikte in Lehr-Lern-Prozessen werden Prinzipien einer pädagogischen Ethik aufgezeigt und Unterschiede zu einer Ethik für Pädagogen herausgearbeitet. Berufsethische Prinzipien werden als Teil der Kompetenzen von Lehrkräften erörtert. Die Relevanz für die Praxis wird am Beispiel der Bedeutung von Berufsverbänden für die Kodifizierung und Durchsetzung professionsethischer Standards diskutiert.

Lernziele

- Charakteristika einer pädagogischen von jenen einer Ethik für Pädagogen unterscheiden und die Differenz begründen können
- ethische Herausforderungen in der Erwachsenen- und Weiterbildung erkennen und reflektieren können
- ethische Prinzipien auf Fallbeispiele anwenden und Varianten pädagogischen Handelns bewerten können

In einem Integrationskurs, durchgeführt von einer nebenberuflich tätigen Diplompädagogin in einer öffentlich geförderten Weiterbildungseinrichtung, werden Migrantinnen und Migranten aus asiatischen, afrikanischen und osteuropäischen Staaten auf die politische Kultur der Bundesrepublik Deutschland vorbereitet, ergänzend zum Training ihrer Kenntnisse im Deutschen. Methodisch gestaltet die Dozentin die Unterrichtseinheit „Bürgerrechte und Bürgerpflichten" als gelenktes Unterrichtsgespräch. Sie stützt sich auf didaktische Materialien, die das Bundesamt für Migration und Flüchtlinge (BAMF) für Orientierungskurse entwickelt und verpflichtend gemacht hat. Die Dozentin stellt Fragen, die auf das Wissen der Teilnehmenden zielen. Eine dieser Fragen lautet, ob Männer und Frauen in Deutschland gleiche Rechte und Pflichten haben. Die Dozentin lässt eine Teilnehmerin einen Satz aus einem Lehrbuch vorlesen und fragt nach einer Klärung der verwendeten Worte in die Runde, ob dieser Satz richtig oder falsch sei. Eine direkt angesprochene Teilnehmerin antwortet, die Aussage sei richtig. Nach einer kurzen Pause greift ein anderer Teilnehmer diese Aussage auf. Er sagt, der vorgelesene Satz sei im Prinzip richtig, praktisch aber hätten die Frauen in Deutschland mehr Rechte. Die Dozentin fragt erstaunt zurück, was er damit meine. Daraufhin berichtet der Teilnehmer über rechtliche Regelungen zur Stellung von Männern und Frauen in seinem Heimatland. Er beschreibt u. a., dass die Aussagen von Männern vor Gericht doppelt so viel Gewicht haben wie die von Frauen, dass Männer in Erbfällen begünstigt sind und dass sie bei Verletzungen im Straßenverkehr einen Anspruch auf eine höhere Entschädigung haben als Frauen. Andere Teilnehmer stimmen diesem Bericht zu und verweisen auf religiöse Begründungen dieser rechtlichen Regelungen. Ein Teilnehmer aus einem anderen Land ergänzt, dass Männer und Frauen zwar überall auf der Welt die gleichen Rechte hätten; sobald aber eine Frau geheiratet habe, müsse sie tun, was der Mann sage. Die Dozentin weist darauf hin, dass ihr diese Informationen neu seien. Was die Aufteilung der Hausarbeit angehe, so sollte sie einvernehmlich geregelt werden; der Staat greife allerdings nicht ein, wenn Paare davon abweichen. Sie schließt ihre Antworten auf die Fragen und Meinungen jeweils mit dem Hinweis, dass in Deutschland Männer und Frauen gleiche Rechte und Pflichten haben. Danach wendet sie sich dem nächsten Teilthema zu.

Die vollständige Sequenz kann im Online-Fall-Laboratorium (OFL) (www.videofallarbeit.de) eingesehen werden. Dieses Fallbeispiel ist nicht nur durch ein Video dokumentiert, darüber hinaus liegen Informationen zu den Teilnehmenden und zur Dozentin vor. Ergänzend bietet das OFL Hinweise für die didaktisch-methodische Einbettung von Videofällen in die Aus- und Fortbildung von Lehrkräften.

9.1 Wie werden moralische Konflikte in Veranstaltungen bearbeitet?

An dem authentischen Beispiel können mehrere didaktisch relevante Fragen erörtert werden, z. B. ob die Entscheidung für ein gelenktes Unterrichtsgespräch den Unterrichtszielen angemessen ist, ob die Dozentin den Autonomiespielraum gegenüber

Orientierungskurse sollen den Teilnehmenden Kenntnisse zur Rechtsordnung, zur Geschichte und Kultur Deutschlands sowie zum Wertesystem vermitteln. Inhalte definiert das „Curriculum für einen bundesweiten Orientierungskurs".

dem Lehrplan des BAMF hinreichend nutzt oder ob in dem Gespräch zwischen den männlichen Teilnehmern und der Dozentin nur Inhalts- oder auch Beziehungsfragen erörtert werden. Im Folgenden soll aber vor allem die Frage behandelt werden, ob die Dozentin auf die hier sichtbar werdenden moralischen Konflikte angemessen und richtig eingeht und nach welchen Maßstäben ethischen Handelns dies gegebenenfalls beurteilt werden könnte.

Das Beispiel macht deutlich, dass Lehrkräfte in der Erwachsenen- und Weiterbildung gleichsam alltäglich damit rechnen müssen, vor moralische Konflikte gestellt zu werden, und zwar auch dann, wenn dies gar nicht auf dem Lehrplan steht wie hier. Moralische Fragen stellen sich etwa dann, wenn Teilnehmende beschämt oder gar diskriminiert werden, wenn Leistungen von Teilnehmenden ungerecht bewertet werden, wenn Auftraggeber von Kursen (z. B. Personalverantwortliche in Unternehmen, Mitarbeitende der Arbeitsverwaltung) Lehrkräfte um vertrauliche Informationen über Teilnehmende bitten, aber auch, wenn Lehrkräfte unvorbereitet sind oder veraltetes oder unbrauchbares Wissen vermitteln, wenn sie die Teilnehmenden über- oder unterfordern usw. In dem Beispiel lassen sich mindestens drei *ethisch* relevante Fragen identifizieren. Der erste Teilnehmende wirft die Frage nach der Universalität von Menschen- und Bürgerrechten auf. Der zweite Teilnehmende spricht das Verhältnis von Legalität und Legitimität in Geschlechterbeziehungen an. Die dritte Frage ist eine berufsethische Frage im engeren Sinne und lässt sich wie folgt formulieren: Verhält sich die Dozentin richtig oder nicht?

9.2 Beiträge zu einer pädagogischen Ethik[9]

Erwachsenen- und Weiterbildung ist eine unausweichlich moralische Praxis. Ethisch zu rechtfertigen sind der moralische Gehalt des vermittelten Wissens und Könnens, das moralische Handeln und Verhalten der Lehrenden und Lernenden sowie die Unterstützung der moralischen Entwicklung der Teilnehmenden durch Institutionen und Organisationen (Erpenbeck, 2010; Fuhr, 2011). Schon die Forderung nach Lebenslangem Lernen als Recht oder Pflicht bedarf einer ethischen Rechtfertigung, zumal dann, wenn Unterschiede gemacht werden, z. B. zwischen in Deutschland aufgewachsenen und zugewanderten Erwachsenen mit geringen schriftsprachlichen Kompetenzen. Angesichts der Alltäglichkeit moralischer Fragen, die nicht zuletzt Ausdruck einer wachsenden gesellschaftlichen Heterogenität ist (Luhmann, 1997, S. 1036–1045), ist es erstaunlich, dass ethische Fragen in der Wissenschaft bislang kaum erörtert wurden. Der Vorstoß der Deutschen Schule für Volksforschung und Erwachsenenbildung aus der Zeit der Weimarer Republik, Seminare zur Berufsethik von Volksbildnern anzubieten, blieb ohne Resonanz (Laack, 1984). Derzeit hat es eine Philosophie der Erziehung, die Wertungsfragen und Wertungsprobleme

9 Die Grundzüge der folgenden Darstellung finden sich bereits in anderen Publikationen des Autors (Schrader, 2014, 2016).

erörtert, wohl auch deshalb schwer, weil insbesondere die empirische Forschung Aufmerksamkeit auf sich zieht.

In diesem Kapitel geht es vor allem um die Frage, welche Anforderungen an das moralische Handeln und die ethischen Prinzipien von Lehrkräften gestellt werden. Es geht demnach nicht um eine *Bereichsethik* der Erwachsenen- und Weiterbildung, sondern um eine *Berufsethik* für Lehrkräfte und andere Beschäftigte (zu dieser Unterscheidung s. Oelkers, 1992).

Definition

Ethik

Ethik ist eine Reflexionstheorie der Moral (Luhmann, 1997, S. 1039). Ethische Reflexionen zielen auf die Bedingungen, Prinzipien und Ziele menschlich-gesellschaftlichen Handelns.

Moralisches Handeln findet immer dann statt, wenn Normen und Werte sowie Rechte und Pflichten des sozialen Zusammenlebens berührt werden. Mit Blick auf das obige Beispiel lässt sich die Frage stellen, ob die Dozentin aus eigener Überzeugung (oder um den „Auftrag" des BAMF zu erfüllen) selbst zu den sichtbar werdenden Differenzen im Verständnis von Menschen- und Bürgerrechten Stellung beziehen müsste, ob sie für die Pluralität der Interpretationen von Menschen- und Bürgerrechten Verständnis zeigen oder ob sie vom Lehrplan abweichen und eine Diskussion zur Begründbarkeit unterschiedlicher Auslegungen von Menschen- und Bürgerrechten beginnen sollte. Sich zwischen diesen drei Optionen des Handelns zu entscheiden, statt, wie hier geschehen, Raum für Fragen und Erfahrungen der Teilnehmenden zu lassen, auf deren Fragen und Erfahrungen aber nicht einzugehen, würde der Dozentin möglicherweise leichter fallen, wenn sie sich an berufsethischen Standards orientieren könnte.

Ethische Standards gehören zu den grundlegenden Charakteristika einer jeden Profession. Da die Forschung zu den Kompetenzen von Lehrkräften der Erwachsenen- und Weiterbildung noch wenig entwickelt (→ Kap. 4) und ihr Organisationsgrad schwach ist, fehlt es an wissenschaftlich begründeten und berufsethisch verankerten Standards. In der Wissenschaft wurden ethische Fragen bislang oft in bildungstheoretische Reflexionen eingebunden (Peters, 1999) oder diesen nachgeordnet (Filla, 2004 für die allgemeine Weiterbildung; Diemer, 2007 für die politische Bildung). Auch das Prinzip der Teilnehmerorientierung lässt sich ethisch auslegen, sofern es Planende und Lehrende darauf verpflichtet, ihr Handeln an den Bedarfen, Interessen und Lerngewohnheiten der Teilnehmenden auszurichten (Breloer, Dauber & Tietgens, 1980). Ähnlich wird in Konzepten der Inklusion oder des Diversity Managements argumentiert (Kronauer, 2010; Hauenschild, Robak & Sievers, 2013; Dollhausen & Muders, 2016). Blickt man auf die berufliche Praxis, so sind Prozesse der Verberuflichung des Lehrpersonals im Feld der betrieblichen

Weiterbildung am stärksten entwickelt (→ Kap. 3). Daher wurden vor allem in diesem Feld bereits berufsethische Fragen thematisiert (Forum Erwachsenenbildung, 2007).

Vor diesem Hintergrund ist es angebracht, sich zunächst an der schulpädagogischen Debatte zu orientieren. Hier lassen sich drei Gruppen von Beiträgen unterscheiden:

- historische Arbeiten zur Entwicklung berufsethischer Konzepte,
- Kodifizierungen berufsethischer Standards sowie
- empirische Arbeiten zur Entwicklung berufsethischer Prinzipien bzw. den Möglichkeiten ihrer Förderung.

Für die Kodifizierung berufsethischer Standards hat von Hentig (2012) einen Sokratischen Eid (in Anlehnung an den Hippokratischen Eid) als Selbstverpflichtung von Lehrerinnen und Lehrern empfohlen (→ Tab. 2). Von Hentig orientiert sich dabei an einem Katalog von Menschenrechten, die in der europäischen Geschichte seit der Aufklärung breite Anerkennung finden. Lehrer und Erzieher verpflichten sich u. a.,

> die Eigenheiten eines jeden Kindes zu achten und gegen jedermann zu verteidigen; es also den mündigen Verstandsgebrauch zu lehren und die Kunst der Verständigung und des Verstehens; es bereit zu machen, Verantwortung in der Gemeinschaft zu übernehmen und für diese; ihm eine Vision von der besseren Welt zu geben und Zuversicht, dass diese erreichbar ist; so gut ich kann, selbst vorzuleben, wie man mit den Schwierigkeiten, den Anfechtungen und Chancen unserer Welt und mit den eigenen immer begrenzten Gaben, mit der eigenen immer gegebenen Schuld zurechtzukommen; mich dann jedoch allen Personen und Verhältnissen zu widersetzen [...], wenn sie meine hier bekundeten Vorsätze behindern. (v. Hentig, 2012, S. 255)

Die Selbstverpflichtung von Lehrerinnen und Lehrern sollte nach von Hentig (2009) einem erwartbaren öffentlichen Appell an die Rückkehr „traditioneller Werte“ wie Disziplin oder Autorität angesichts von Klagen über Disziplinprobleme vorbeugen und ein Ethos der Erziehung als eine Grundhaltung etablieren, mit der Lehrerinnen und Lehrer ihrem Erziehungsauftrag gerecht werden können. Andere Autorinnen und Autoren forderten eine Orientierung an Prinzipien und Werten wie Verantwortung, Gerechtigkeit, Fürsorge, Respekt, Wahrhaftigkeit und Uneigennützigkeit (Herzog & Makarova, 2011).

Bereits Schopenhauer (1841) hatte allerdings darauf aufmerksam gemacht, dass das Predigen ethischer Prinzipien leicht-, das Begründen aber schwerfällt. Ähnlich argumentiert Prange (2005), der gegenüber von Hentig die Differenz zwischen *allgemeiner* und *pädagogischer* Ethik betont und auf die Dopplung der Moralität in der Pädagogik verweist: als Maß für das pädagogische Handeln und als dessen Zielsetzung. Konsequenterweise entwickelt Prange die Maßstäbe ethischen Handelns aus den pädagogischen Aufgaben und nicht aus ethischen „Traktaten“. Er ist zudem skeptisch, ob Pädagoginnen und Pädagogen durch die Verpflichtung auf ethische

Prinzipien dazu beitragen können, Werte durchzusetzen, die nur gesellschaftlich gesichert werden können. Er bindet *pädagogische Ethik* daher an Mandat und Lizenz des didaktisch Handelnden und richtet sie an drei Maßgaben aus:

- der Maßgabe der Verständlichkeit (Gebot der Wahrheit/Rationalität),
- der Zumutbarkeit (Gebot der Achtung) sowie
- der Anschlussfähigkeit (Gebot der Anwendbarkeit in Freiheit).

Prange erwartet vom Erzieher und Pädagogen einen „ethischen" Stil als Form, die erzieht.

Würde die Dozentin dem Sokratischen Eid folgen, den von Hentig vorgeschlagen hat, so müsste sie sich der Infragestellung der Gleichberechtigung von Männern und Frauen entschieden widersetzen. Folgte die Dozentin der pädagogischen Ethik Pranges, müsste sie ihr Verhalten an Mandat und Lizenz ihrer Tätigkeit binden: Sie könnte zunächst bedenken, ob das BAMF als Auftraggeber mehr als eine bloße Vermittlung von Wissen über Werte erwartet; sie müsste sich sodann, wenn das Kurskonzept dies vorsieht oder sie selbst unter Berufung auf ihre pädagogische Autonomie zu der Einschätzung kommt, dass dies sinnvoll ist, Wissen über die rechtlichen Regelungen und religiösen Begründungen der Menschen- und Bürgerrechte von Männern und Frauen in unterschiedlichen Kulturen vertraut machen (über die sie offensichtlich nicht informiert ist). Sie sollte sich zudem fragen, ob eine Thematisierung der Gleichberechtigung von Männern und Frauen an das Wissen der Teilnehmenden anschlussfähig ist und ob ihnen eine solche Diskussion zugemutet werden kann – im Blick auf die Ziele, die sie selbst mit diesem Kurs verfolgen, oder auch im Blick auf die familiären Konstellationen, unter denen die Teilnehmenden im Kurs anwesend sind.

Für das Beispiel kann man resümieren: Die Dozentin tut, was sie kann. Weder hält sie eine „Predigt" für die in Deutschland geltenden Menschen- und Bürgerrechte, noch bietet sie eine Begründung für dieses Rechtsverständnis an. Auch möglichen Begründungen für die konkurrierenden Sichtweisen der Teilnehmenden gibt sie keinen Raum. Das ist nicht falsch, aber auch noch nicht genug, da sie sich ergebende Lerngelegenheiten nicht ausschöpft.

Rückfragen an die Forschung

Die pädagogischen Überzeugungen und Werthaltungen von Lehrkräften der Erwachsenen- und Weiterbildung sind ein Desiderat der Forschung. Darüber hinaus könnte untersucht werden, wie berufsethische Überzeugungen durch die Arbeit mit (widersprüchlichen) authentischen oder fiktiven Fällen weiterentwickelt werden können.

9.3 Bedeutung von Berufsverbänden für berufsethische Standards

Professionen ist es gelungen, eine hohe Autonomie von Berufstätigen im Binnenraum ihres Handelns durchzusetzen. Berufsverbände formulieren und kontrollieren Standards des berufsethischen Handelns. Der Staat greift erst dann ein, wenn Patienten oder Klienten den Klageweg einschlagen und damit bei Kammern und Berufsverbänden nicht (mehr) erfolgreich sind. Gleichwohl wird derzeit auch in etablierten Professionen diskutiert, ob berufsethische Standards noch schriftlich fixiert werden sollten, da sie einem permanenten Wandel unterliegen (z. B. https://anwaltverein.de/de/praxis/ethik). In der Medizin hält man zwar an der Kodifizierung ethischer Standards fest, betont aber zugleich, dass sie permanent weiterentwickelt werden müssen, insbesondere dann, wenn die kulturelle Vielfalt unter Ärztinnen und Ärzten sowie Patientinnen und Patienten zunimmt. Daher wird für eine sogenannte Prinzipienethik geworben, die eine Berufsmoral auf der Grundlage existierender Werte und Normen ärztlichen Handelns in pluralen Gesellschaften rekonstruiert. Solche Zugänge haben zu vier „Prinzipien mittlerer Reichweite“ geführt:

- dem Prinzip des Nicht-Schadens,
- dem Prinzip des Wohltuns,
- dem Prinzip des Respekts vor der Autonomie der zu behandelnden Person und
- dem Prinzip der Gerechtigkeit im Sinne der Gleichbehandlung aller Patientinnen und Patienten (Wiesing, 2014).

In der Erwachsenen- und Weiterbildung wurden vor allem in jenen Feldern, in denen haupt- und freiberufliche Tätigkeiten ausgeprägt sind, Vorschläge für berufsethische Standards entwickelt. Dies geschah bereits in den 1990er Jahren als Reaktion auf die Präsenz von Sekten und Psychogruppen (z. B. Scientology). Das „Forum Werteorientierung in der Weiterbildung e. V.“ erarbeitete einen „Berufskodex für die Weiterbildung“. Dieser Berufskodex enthält die folgenden sechs Artikel:

> Artikel 1
> Die Weiterbildenden gehen in ihrer Tätigkeit von einem Menschenbild aus, das in der Werteordnung der Menschenrechte wurzelt.
>
> Artikel 2
> Die Weiterbildenden beteiligen sich an der Entwicklung der Gesellschaft und unserer Welt. Sie übernehmen dabei eine besondere Verantwortung.
>
> Artikel 3
> Die Weiterbildenden kommen ihrer besonderen persönlichen und sozialen Fürsorgepflicht gegenüber ihren Trainees (Teilnehmende) nach.

Artikel 4
Die Weiterbildenden sehen sich gegenüber Nachfragenden ihrer Leistungsangebote zu den Prinzipien der Wahrheit, Klarheit und Vertraulichkeit verpflichtet.

Artikel 5
Das Verhältnis der Weiterbildenden untereinander soll gekennzeichnet sein von Respekt und Kollegialität, von Fairness und Kooperationsbereitschaft.

Artikel 6
Die Weiterbildenden wahren und fördern durch ihr Auftreten und ihre Arbeitsweisen das Ansehen des Berufsstandes. (https://forumwerteorientierung.de/)

Vor dem Hintergrund der zuvor diskutierten Konzepte fällt zunächst auf, dass dieser Kodex, ähnlich wie der Sokratische Eid von Hentigs, eher auf allgemeine denn auf spezifisch pädagogische ethische Prinzipien verweist. Zudem wird deutlich, dass der Kodex formuliert, was Weiterbildnerinnen und Weiterbildner *tun sollten*. Demgegenüber wurde im Hippokratischen Eid, dem Grunddokument der medizinischen Ethik, vor allem festgehalten, was Ärztinnen und Ärzte *unterlassen sollen*. Ähnlich argumentieren die Vertreter einer Prinzipienethik. Nutzt man diese Überlegungen, so könnte ein Vorschlag für Elemente einer Berufsethik (nicht nur) in der Erwachsenen- und Weiterbildung wie in → Tabelle 2 aussehen.

Tabelle 2

Grundelemente einer Ethik erwachsenenpädagogischen Handelns

Der Hippokratische Eid	**Grundelemente einer erwachsenenpädagogischen Berufsethik**
Ich werde aber nicht nur ganz und gar nicht niemandem, auch nicht auf seine Bitte hin, ein todbringendes Mittel geben. Und ich werde auch nicht einen solchen Ratschlag erteilen. Ebenso werde ich auch nie einer Frau ein Abtreibungsmittel geben.	Ich werde niemanden, auch nicht auf seine Bitte hin, etwas „zeigen", was ich nicht als „wahr" und „richtig", als nicht zumutbar oder nicht anschlussfähig betrachte.
Was immer ich bei der Behandlung sehe oder höre oder auch außerhalb der Behandlung im Leben der Menschen, werde ich, soweit man es nicht ausplaudern darf, verschweigen und solches als ein Geheimnis betrachten.	Ich werde nichts von dem, was ich innerhalb und am Rande von Veranstaltungen erfahre, an Außenstehende weitergeben, soweit dadurch nicht die Rechte anderer verletzt werden.
Es ist nötig, dass sich der Kranke zusammen mit dem Arzt der Krankheit widersetzt.	Ich werde die größtmögliche Eigenständigkeit der Lernenden fördern und diese nicht unnötig einschränken.
Ich will zum Nutzen der Kranken eintreten, mich enthalten jedes willkürlichen Unrechts und jeder anderen Schädigung, auch aller Werke der Wollust an den Leibern von Frauen und Männern, Freien und Sklaven.	Ich werde mich jeden Unrechts gegenüber Lernenden enthalten, insbesondere dann, wenn sie von mir abhängig sind.

Die Zukunft wird zeigen, ob es gelingt, einen kontext- und trägerübergreifenden Berufskodex für die Erwachsenen- und Weiterbildung zu formulieren. Rekonstruktionen der Alltagsmoral können dafür eine wertvolle Grundlage bilden. Ob dies dazu beitragen kann, dass Lehrkräfte ihre berufsethische Verantwortung bei moralischen Konflikten bewusster wahrnehmen, als es das Eingangsbeispiel nahelegt, ist dann eine weitergehende Frage.

9.4 Zusammenfassung

Moralische Herausforderungen oder auch Konflikte gehören zu den alltäglichen Begleiterscheinungen des Lehrens und Lernens in der Erwachsenen- und Weiterbildung, etwa dann, wenn es um die Rechtfertigung der Teilnahme, der Ziele und Inhalte oder auch um den Umgang unter Lehrkräften und Teilnehmenden geht. Pädagogische Überzeugungen und Werthaltungen gehören daher zu den unverzichtbaren Elementen der professionellen Kompetenzen von Lehrkräften. In der Erwachsenen- und Weiterbildung wurden solche Fragen bislang kaum erörtert, sondern eher implizit im Zusammenhang bildungstheoretischer Reflexionen oder erwachsenenpädagogischer Prinzipien mit behandelt. Die allgemeinpädagogische Diskussion unterscheidet zwischen einer *Ethik für Pädagogen* und einer *pädagogischen Ethik*. Diese Unterscheidung liefert Anhaltspunkte für eine erwachsenenpädagogische Berufsethik. Die Etablierung berufsethischer Standards in der Praxis wird nur möglich sein, wenn Berufsverbände, die kontextspezifisch agieren, sich kontextübergreifend verständigen.

Fragen & Aufgaben

1. Prange unterscheidet zwischen einer „Ethik für Pädagogen" und einer „pädagogischen Ethik". Erläutern Sie, was mit dieser pointierten Unterscheidung gemeint ist.
2. Eine von der hier vorgestellten, in Details abweichenden Interpretation des Fallbeispiels hat Käpplinger (2016) vorgelegt. Diskutieren Sie auf der Basis des Videos zum Fallbeispiel zu Beginn des Kapitels (www.videofallarbeit.de), welche Interpretationen am Material belegt werden können.
   Literatur: Käpplinger, B. (2016). Werte im (Dis-)Kurs: „Frauen haben mehr Rechte". *Erwachsenenbildung, 62* (4), 153–156.
3. Skizzieren Sie, gerne anhand des einleitend beschriebenen Beispiels, Situationen, in denen moralische Konflikte in Veranstaltungen der Erwachsenenbildung auftreten können. Beschreiben Sie Handlungsoptionen, die Sie auf jeden Fall wählen bzw. auf jeden Fall vermeiden würden. Diskutieren Sie für jede dieser Handlungsoptionen, inwieweit sie ethisch gerechtfertigt werden kann. Diskutieren Sie dabei auch die Frage, ob pädagogische Handlungen vor allem im Blick auf ihre Motive (Gesinnungsethik) oder im Blick auf ihre Folgen (Verantwortungsethik) beurteilt werden sollten.

Tipps zum Weiterlesen

Bernhardsson, N. & Fuhr, T. (2014). Standards ethischen Handelns in Verbänden der Erwachsenenbildung. Zum Stand der Entwicklung einer erwachsenenpädagogischen Berufsethik. *Report – Zeitschrift für Weiterbildungsforschung, 34* (1), 39–58.
Dieser Beitrag bietet einen knappen Überblick über berufsethische Standards in der Erwachsenen- und Weiterbildung. Die Autoren stützen sich auf die Analyse von Dokumenten einschlägiger Träger- und Berufsverbände und kommen zu dem Ergebnis, dass die Erwachsenenbildung bislang weder eine Berufs- noch eine Bereichsethik ausgebildet hat, die allgemein akzeptiert wäre.

Prange, K. (2005). *Die Zeigestruktur der Erziehung. Grundriss der Operativen Pädagogik.* Paderborn: Schöningh.
Dieses Buch ist dank seines klaren Aufbaus für das Selbststudium gut geeignet und bietet grundlegende Gedanken zu einer operativen Pädagogik. Mit der „Moral des Zeigens" beschäftigt sich Kapitel 6.

Schrader, J. (2014). Im Fokus: Ethik erwachsenenpädagogischen Handelns – alltäglich gefordert, selten bedacht. *Report – Zeitschrift für Weiterbildungsforschung, 34* (1), 17–28.
Dieser Beitrag bietet einen knappen Überblick über (berufs-)ethische Diskussionen in der Erwachsenen- und Weiterbildung sowie benachbarter Disziplinen.

10 Wirkungen der Erwachsenen- und Weiterbildung

Dieses Kapitel behandelt die Frage, ob (Weiter-)Bildung „sich lohnt". Auf der Basis eines Modells der Evaluationsforschung werden Arten der Wirkungen des Lernens Erwachsener unterschieden. An ausgewählten empirischen Studien wird gezeigt, welche Wirkungen auf welche Weise festgestellt wurden. Abschließend wird die Frage diskutiert, welche Verantwortung Lehrkräfte für den Erfolg der Erwachsenen- und Weiterbildung haben und wie sie dieser Verantwortung gerecht werden können.

Lernziele

- Kirkpatricks Vier-Ebenen-Modell zur Evaluation von Lehr-Lern-Prozessen kennen
- Methoden zur Erfassung der Wirkungen von Erwachsenen- und Weiterbildung kennen und ihre Aussagekraft bewerten können
- die Verantwortung der Lehrkräfte für wirksame Lehr-Lern-Prozesse beurteilen können

Im Mai 2017 fand sich bei Spiegel online folgender Bericht über eine Weiterbildung für zugewanderte Zahnärzte:

„Abed Hemidi (Name geändert), 27, Kieferchirurg aus Syrien, hat fünf Monate auf diesen Kurs gewartet. Er fährt jeden Morgen eineinhalb Stunden zur Genovia Akademie für Biotechnologie/Medizin im sächsischen Zwenkau und nachmittags ebenso lang zurück. Er tut das für einen Kurs, der ihn darauf vorbereiten soll, in Deutschland als Zahnarzt zu arbeiten.

Die Arbeitsagentur übernimmt die Kosten, fast 6.500 Euro für ein halbes Jahr. Insgesamt zwölf zugewanderte Mediziner haben einen Vertrag unterschrieben, der ihnen theoretischen Unterricht täglich von 9.00 bis 15.30 Uhr zusichert, in Fachsprache und in medizinischen Fächern.

Doch Hemidi ist nicht zufrieden. Sein Fazit nach knapp zwei Monaten: ‚Der Kurs ist echt sinnlos.' Er würde ihn gern abbrechen. ‚Aber dann bekomme ich Ärger mit dem Jobcenter.'

Auch andere Teilnehmer klagen, dass sie täglich mindestens eine Stunde Unterricht zu wenig erhielten, dass kein einziger Dozent eine medizinische Ausbildung habe, dass fachspezifische Inhalte etwa in Zahnerhaltung und Kinderzahnheilkunde, wie es die Kursbeschreibung verspreche, gar nicht drankämen. […]

SPIEGEL ONLINE gegenüber äußerten sich mehrere Teilnehmer frustriert über die Inhalte des Kurses. Er werde auf Flyern und im Internet als ‚Vorbereitungskurs: Gleichwertigkeitsprüfung für Zahnärzte' beworben, die man bestehen muss, damit der Abschluss aus dem Ausland anerkannt wird. Aber der Kurs bereite auf diese Prüfung gar nicht vor – sondern nur auf eine allgemeine Sprachprüfung für Mediziner." (www.spiegel.de/lebenundlernen/job/berufliche-weiterbildung-fuer-arbeitslose-wie-beschwerden-verpuffen-a-1145670.html)

10.1 Welche Wirkungen hat Erwachsenen- und Weiterbildung?

Das Lehren und Lernen Erwachsener wird in diesem Lehrbuch unter der Fragestellung behandelt, wie aus der Zusammenarbeit unterschiedlicher Akteure erwünschte und auch unerwartete Wirkungen entstehen. Im Vordergrund steht der Beitrag von Lehrkräften. Eine solche Perspektive wurde einleitend als genuin pädagogisch charakterisiert. Während ein solcher Zugang in der Wissenschaft keinesfalls unumstritten ist, zeigt das Fallbeispiel nachdrücklich, dass mindestens die Teilnehmenden konkrete Veranstaltungen nach dem Ertrag beurteilen, und dies wohl relativ unabhängig davon, welchen Wert sie Weiterbildung und lebenslangem Lernen im Allgemeinen zuschreiben. Dabei kann sich die Beurteilung des Ertrags auf unterschiedliche Aspekte beziehen. Die *Zufriedenheit* mindestens einiger der Teilnehmenden mit dem Kurs ist offensichtlich gering. Sie sind zudem skeptisch, ob sie tatsächlich einen *Lernerfolg* im Blick auf die angestrebten Ziele erreichen. Unklar ist auch, ob das Gelernte die *Handlungsmöglichkeiten im Beruf* tatsächlich erweitert oder nur bestätigt. Und schließlich bleibt offen, ob das vergebene Zertifikat nicht nur eine notwendige, sondern auch eine hinreichende Voraussetzung für den *Zugang zum Arbeitsmarkt* ist oder ob der Kurs den Zugang zum Arbeitsmarkt vielleicht sogar erschwert, weil er Zeit erfordert, die für eine eigeninitiative Arbeitsplatzsuche hätte aufgewandt werden können. Während die beiden ersten Aspekte (Zufriedenheit und Lernerfolg) sich auf den Kurs beziehen, behandeln die zuletzt genannten Formen die Nützlichkeit des Gelernten im Anwendungsfeld (Output und Outcome). Ebenso vielfältig wie die Wirkungserwartungen für die Teilnehmenden können jene der Lehrkräfte und der Einrichtungen sein, und sie müssen sich keineswegs decken. Was zu den Wirkungen der Erwachsenen- und Weiterbildung bekannt ist und was Lehrkräfte dazu im Unterricht beitragen (können), steht im Mittelpunkt der folgenden Ausführungen.

Definition

Wirkung

Als Wirkungen der Erwachsenen- und Weiterbildung werden all jene intendierten und nicht intendierten Folgen des Lehrens und Lernens Erwachsener betrachtet, die sich empirisch feststellen lassen. Eine besondere Herausforderung besteht darin, diese Folgen *kausal* auf pädagogisches Handeln in Lehr-Lern-Prozessen und dessen institutionelle Rahmenbedingungen zurückzuführen.

10.2 Forschung zu den Wirkungen von Erwachsenen- und Weiterbildung

„Lernen muss sich lohnen“, so formulierte es einmal ein Teilnehmer an einer innerbetrieblichen Weiterbildungsmaßnahme und brachte damit eine verbreitete Erwartungshaltung abhängig Beschäftigter prägnant zum Ausdruck (Ahlheim et al., 1991). Aber auch außerhalb der betrieblichen Weiterbildung, in Veranstaltungen, in denen es primär um die persönliche Weiterentwicklung, die Interaktion mit Fremden, das Interesse am Thema oder am Lernen allgemein, um gesellschaftliches Engagement, um die Entwicklung kultureller Wahrnehmungs- und Ausdrucksfähigkeit oder um gesundheitliches Wohlbefinden geht, ist die Frage der Teilnehmenden nach dem „Erfolg“ ebenso verbreitet wie legitim. Aber selbst, wenn dahingestellt bleibt, ob und, wenn ja, wie sich das Lernen Erwachsener lohnen sollte, dann wird doch vermutlich niemand der Annahme widersprechen, dass es jedenfalls nicht schaden sollte. Das aber ist keineswegs selbstverständlich. Denn schließlich kann man auch Unnützes lernen oder das Richtige zur falschen Zeit oder aber das Richtige, aber mit unnötig hohem Aufwand. Auch dafür finden sich im Eingangsbeispiel Hinweise.

Das Lehren und Lernen wird in diesem Lehrbuch aber nicht nur im Blick auf seine Wirkungen thematisiert. Vielmehr wurde der Anspruch formuliert, die angestrebten Wirkungen auch rechtfertigen zu können. Dies ist dann möglich, so die Argumentation, wenn gezeigt werden kann, dass Erwachsenen- und Weiterbildung zur

Bildung Erwachsener beiträgt. Bildung wird hier verstanden als Selbstentfaltung von Individuen durch Aneignung von Welt. Die Lebens- und Arbeitswelten moderner Gesellschaften sind hochgradig differenziert und die Lernziele entsprechend vielfältig. Lässt sich „Bildung" unter diesen Bedingungen überhaupt erfassen? Cortina (2016) hat den Vorschlag gemacht, die Wirkungen organisierter Bildung daran zu bemessen, ob sie den Individuen zusätzliche Wahlmöglichkeiten eröffnen. Ein solcher Indikator lässt sich auf vielfältige Ziele in differenzierten Lebens- und Arbeitssituationen übertragen und empirisch gut erfassen. Ob Erwachsene erweiterte Wahlmöglichkeiten allerdings auch mündig und verantwortbar nutzen, wie es einem normativen Bildungsbegriff entspricht, ist dagegen sehr viel schwieriger festzustellen. Folgt man dem Vorschlag Cortinas, dann werden aber immerhin die notwendigen Voraussetzungen dafür in den Blick genommen. Mit einem solchen Verständnis von Wirkungen geht die Erwartung einher, den Erfolg von Bildungsmaßnahmen nicht nur an deren Ende, sondern auch im Handlungsfeld zu erfassen.

Der Blick auf das Anwendungs- und nicht nur das Lernfeld ist in der Evaluationsforschung üblich. Die Evaluationsforschung als Teilbereich der (angewandten) empirischen Forschung „beinhaltet die systematische Anwendung empirischer Forschungsmethoden zur Bewertung des Konzepts, des Untersuchungsplans, der Implementierung und der Wirksamkeit sozialer Interventionsprogramme" (Bortz & Döring, 2006, S. 96). Auch in der Erwachsenen- und Weiterbildung sind Evaluationen mittlerweile selbstverständlich. In Deutschland besteht seit über zwei Jahrzehnten mit der Deutschen Gesellschaft für Evaluation (DeGEval) eine eigene Fachgesellschaft, die sich mit Verfahren und (auch ethischen) Standards von Evaluationen beschäftigt. Evaluationen im Bildungsbereich orientieren sich häufig an einem bereits älteren Modell des US-amerikanischen Wirtschaftswissenschaftlers Kirkpatrick (→ Abb. 11).

Im Rahmen der Trägerzulassung nach der „Akkreditierungs- und Zulassungsverordnung Arbeitsförderung" (AZAV) werden Teilnehmerbefragungen der Bildungsanbieter als eine Maßnahme zur Qualitätssicherung mit geprüft.

Auf dem ersten Level der Evaluation wird nach Reaktionen gefragt. Gemessen wird z. B., wie Teilnehmende auf ein Trainingsprogramm reagieren, ob sie mehr oder weniger zufrieden sind, es als relevant erachten usw. Das zweite Level bezieht sich auf das Lernen selbst. Um den Zuwachs an Wissen, Fertigkeiten oder Einstellungen in pädagogischen Maßnahmen zu messen, werden z. B. Pre- und Post-Tests eingesetzt. Das dritte Evaluationslevel richtet sich auf den Transfer des Gelernten in den Alltag. Dahinter steht die nur auf den ersten Blick schlichte, aber für die bildungstheoretische Begründbarkeit („Ausstattung zum Verhalten in der Welt") ebenso wie für die Legitimation der Bildungsarbeit fundamentale Frage, ob neu erworbene Fertigkeiten, Wissensbestände, Einstellungen und Kompetenzen im Alltag auch genutzt werden, d. h. zu einem veränderten Verhalten führen. Dies hängt nicht allein von den Lernenden selbst ab, sondern auch von ihrer Umgebung. Level 4 der Evaluation bezieht sich auf die betriebs- und volkswirtschaftlichen Resultate von Erwachsenen- und Weiterbildung. Betont wird die Frage nach dem Beitrag einer pädagogischen Maßnahme zum wirtschaftlichen oder beruflichen Erfolg der Kunden und Auftraggeber. Aus deren Perspektive ist dies der eigentliche Zweck einer pädagogischen Maßnahme.

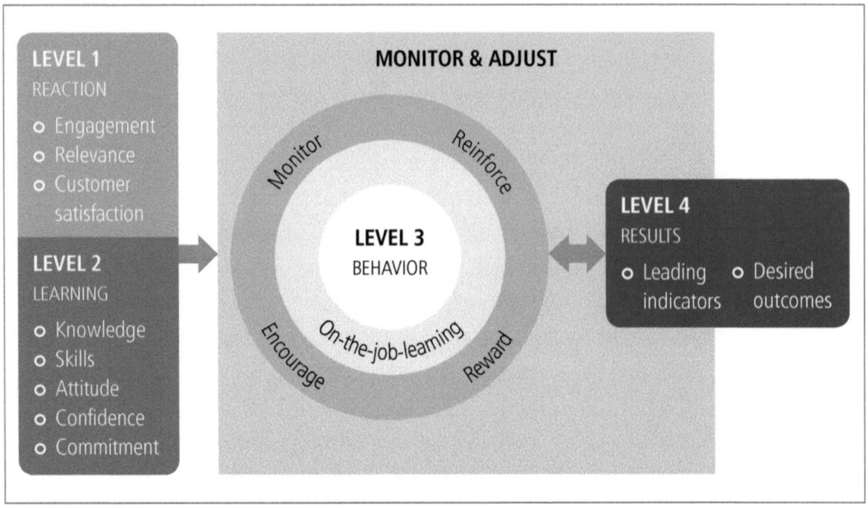

Abbildung 11. The New World Kirkpatrick Model (Kirkpatrick & Kirkpatrick, 2016, S. 11)

Kirkpatrick und Kirkpatrick gehen davon aus, dass Erfolg auf der jeweils unteren Evaluationsebene die Bedingung für Wirkungen auf den übergeordneten Ebenen ist. Diese Annahme hat die nachfolgende Forschung nur eingeschränkt bestätigt, da z. B. Zufriedenheit nur mäßig mit Lernerfolg korreliert und ebenso der Lern- mit dem Transfererfolg (Kuper & Schrader, 2013). Der notwendige Aufwand steigt mit den Evaluationsebenen, daher werden Wirkungen auf den unteren Ebenen deutlich häufiger erfasst als auf den oberen. Die Ebenen des Modells werden im Folgenden genutzt, um ausgewählte Befunde zu den Wirkungen von Erwachsenen- und Weiterbildung vorzustellen.

10.2.1 Zufriedenheit und Lernerfolge

Als Vontobel (1972) eine „Erfolgskontrolle" in der Schweizerischen Erwachsenenbildung durchführte und dabei insbesondere die Zufriedenheit der Teilnehmenden erfragte, galt dies noch als ungewöhnlich. Inzwischen wird die Zufriedenheit der Teilnehmenden mit dem Angebot durch Kursevaluationen oder Evaluationen der Anbieter regelmäßig erhoben. Abfragen zur Zufriedenheit haben zudem Eingang in empirische Studien (so z. B. in das Nationale Bildungspanel) sowie in die Bildungsberichterstattung gefunden. So erbrachte der AES 2016 folgende Befunde (Schrader et al., 2017): Insgesamt beurteilen die Teilnehmenden die Qualität non-formaler Weiterbildungsaktivitäten und deren Erträge positiv. Gleichzeitig zeigen sich allerdings auch bemerkenswerte Differenzierungen: Während die allgemeine Zufriedenheit mit dem Gelernten sehr hoch ist (95 % sehr/eher zufrieden) und auch der Lernzuwachs für 85 Prozent der Aktivitäten positiv bewertet wird, wird die Konsolidierung des Gelernten durch Übertragung auf andere Situationen nur bei jeder dritten Weiter-

Die Ärztekammern führen zum Beispiel Befragungen zur Evaluation der Weiterbildung mit einem bundeseinheitlichen Kernfragebogen durch: http://www.evaluation-weiterbildung.de/

bildungsaktivität gefördert. Auch der Transfereffekt wird differenziert beurteilt: 62 Prozent der Weiterbildungsaktivitäten tragen zu Veränderungen in der Ausübung von Tätigkeiten im Beruf oder Alltag bei, für mehr als ein Drittel (36 %) aller Aktivitäten wird dies jedoch verneint. Transfereffekte werden dann konstatiert, wenn viel Neues gelernt wurde (als unverzichtbare Bedingung), vor allem aber dann, wenn das Gelernte bereits während der Weiterbildungsaktivität auf andere Situationen zu übertragen war.

Seltener als Zufriedenheit wird der Lernerfolg in Weiterbildungskursen erforscht. Eine Ausnahme, zudem in einem bildungspolitisch besonders relevanten Themenfeld, stellt die Studie von von Rosenbladt und Lehmann (2013) dar. Sie erfasste den Lernzuwachs in Kursen der Alphabetisierung für deutsche Muttersprachler mithilfe von Tests zu schriftsprachlichen Kompetenzen. Die Studie bezog sich auf Teilnehmende an Kursen, die in der Regel an Volkshochschulen angeboten wurden. Die Autoren konnten begrenzte, aber positive Lernerfolge nachweisen. Die getesteten schriftsprachlichen Kompetenzen gingen jedoch kaum über das Niveau des funktionalen Analphabetismus hinaus (ebd., S. 72). Subjektiv schätzten die Teilnehmenden ihren Lerngewinn überwiegend gut ein. Diejenigen, die bloß ihre Geschwindigkeit im Lesen und ihre Rechtschreibung verbessern wollten, sahen mehr Fortschritte als jene mit einer sehr viel schlechteren Lernausgangslage (ebd., S. 69–70). Diese Studie enthielt jedoch keine Kontrollgruppe, so dass nicht geschätzt werden konnte, ob Erwachsene auch ohne Kursbesuch mit der Zeit Fortschritte erzielten.

10.2.2 Transfereffekte

Wirkungen im Anwendungsfeld sind von besonderem Interesse für die Erwachsenen- und Weiterbildung, sofern sie ihre Angebote „curricular" begründet (→ Kap. 2). Außerhalb des Lernfelds geht es um den Output, erfasst anhand des Transfererfolgs, sowie um das Outcome, erfasst z. B. anhand von Einkommens- oder Karrieregewinnen bei Teilnehmenden oder anhand von Qualitäts- oder Produktivitätszuwächsen bei Organisationen oder Staaten. Während die erziehungswissenschaftliche Forschung zumeist an Wirkungen im Lernfeld interessiert ist, richtet die bildungsökonomische Forschung ihre Aufmerksamkeit auf Wirkungen im Anwendungsfeld. Dabei lassen sich monetäre und nicht monetäre Erträge unterscheiden.

Die Konzentration der Bildungsökonomie auf monetäre Erträge war bei ihren Begründern keinesfalls angelegt, sie vertraten ein durchaus weites Verständnis von Bildungserträgen, das auch persönliche Entwicklung, mentale Gesundheit oder zivilgesellschaftliches Engagement einschloss (Gelzer, 2011; Schultz, 1963). Die methodische Herausforderung besteht darin, angesichts von Selbst- und Fremdselektion in der Weiterbildung (→ Kap. 2) die Frage zu beantworten, ob die Teilnahme an Weiterbildung *kausal* für die beobachteten Erträge ist oder ob nicht umgekehrt die monetären oder statusbezogenen Vorteile *kausal* für die Teilnahme an Weiterbildung sind. Schließlich können beide Phänomene auch durch ganz andere Merkmale verursacht sein, z. B. durch die Leistungsmotivation der Teilnehmenden. Für kausale Analysen sind Längsschnittdaten wünschenswert. Die quantitative Methodenforschung hat aber beträchtliche Fortschritte gemacht, so dass inzwischen auch Kausalannahmen auf der Grundlage von Querschnittsdaten geprüft werden können (McCall, Smith & Wunsch, 2016).

In der internationalen bildungsökonomischen Forschung wurde inzwischen eine Fülle von meist positiven, wenn auch begrenzten Wirkungen der Teilnahme an Erwachsenen- und Weiterbildung erarbeitet (Heckman, LaLonde & Smith, 1997). Dies gilt z. B. für die Effekte von öffentlichen Re-Integrationsprogrammen in den Arbeitsmarkt (McCall et al., 2016), die sich oft allerdings erst nach einigen Jahren einstellen, oder auch für arbeitsplatzbezogene Trainings (De Grip & Sauermann, 2013). Ein Beispiel für die Forschung in Deutschland bietet die Studie *Berufliche Weiterbildung in West- und Ostdeutschland* (Büchel & Pannenberg, 2004), die im Auftrag der Expertenkommission Finanzierung Lebenslangen Lernens durchgeführt wurde. Die Studie fragte anhand von Individualdaten des *sozio-oekonomischen Panels* (SOEP) unter anderem nach Effekten von Weiterbildung auf Einkommen, Karriereentwicklung und das Risiko von Arbeitslosigkeit. In der ökonometrischen Analyse zeigte sich für 20- bis 44-jährige erwerbstätige Weiterbildungsteilnehmende eine Verringerung des Arbeitslosigkeitsrisikos um zwei Prozent in West- und um fünf Prozent in Ostdeutschland (ebd., S. 120–121). Zudem wirkte sich Weiterbildung positiv auf das Bruttomonatseinkommen aus, in Ostdeutschland stärker als in Westdeutschland. Individuelle Karrieresprünge ließen sich aber nur für vollzeitbeschäftigte Männer in Westdeutschland feststellen (ebd., S. 113–118).

In der Diskussion der Erwachsenen- und Weiterbildung wird die Forschung zu den sogenannten nicht monetären Erträgen intensiver rezipiert als jene zu den monetären Erträgen. Seit fast zwei Jahrzehnten wird international intensiv zu den sogenannten „wider benefits of learning“ geforscht (Bynner, Schuller & Feinstein, 2003; Kil, Operti & Manninen, 2012). So konnten Preston und Green (2003) für Teilnehmende mit niedrigen Schulabschlüssen feststellen, dass die Teilnahme an Weiterbildung zu gesünderen Lebensweisen und vermehrtem zivilgesellschaftlichen Engagement führte. Weitere Studien stellten einen positiven Zusammenhang zwischen der Teilnahme an Alphabetisierungs- und Rechenseminaren und der psychischen Gesundheit sowie dem Selbstwertgefühl fest (Schuller et al., 2002). Zudem fanden sich Hinweise darauf, dass Teilnehmende an Alphabetisierungs- und Rechenkursen sich psychisch stabilisierten (Brassett-Grundy, 2002). Einschränkend muss zu vielen dieser Studien allerdings gesagt werden, dass es sich um qualitative Fallstudien oder um Querschnittserhebungen mit rückblickenden oder vorausschauenden subjektiven Einschätzungen der Teilnehmenden handelt, deren Befunde zum einen kaum verallgemeinert werden können und die zum anderen die Kausalitätsfrage nicht befriedigend beantworten können. Auch in Deutschland lässt sich inzwischen eine zunehmende Forschungsaktivität beobachten (Schrader, Blossfeld & Ioannidou, i.V.). So konnten etwa Ruhose und Thomsen (2017) mit Re-Analysen von Daten des sozio-oekonomischen Panels zeigen, dass auch die betriebliche Weiterbildung positive Effekte auf soziale und kulturelle, weniger auf politische Teilhabe hatte.

In vielen dieser Studien wird betont, dass gelingender Transfer abhängig ist von der Transferbereitschaft im Anwendungsfeld. Diese Transferbereitschaft kann z. B. eingeschränkt sein durch mangelnde Sensibilität bei Lernenden, Mitarbeitenden oder Vorgesetzten, aber auch durch Interessenkonflikte oder Konkurrenzen. Schon in den Bildungsurlaubsstudien (→ Kap. 7.2) wurde gezeigt, dass z. B. angehende Betriebs- und Personalräte mit Widerstand in den Betrieben rechnen mussten, wenn sie nach Seminaren in den betrieblichen Alltag zurückkehrten und sich für die Belange der abhängig Beschäftigten engagierten (Kejcz et al., 1979, S. 128–129).

10.3 Verantwortung der Lehrkräfte für das Lernen Erwachsener

Nicht nur die Wirksamkeit von Maßnahmen der Bundesagentur für Arbeit wird beobachtet, wie das Eingangsbeispiel zeigt. Im Jahre 2018 ist auch das Bundesamt für Migration und Flüchtlinge (BAMF) unter Druck geraten. Das Amt ist für Integrationskurse „für im Bundesgebiet lebende Ausländer" zuständig. Im Jahr 2017 haben 49 Prozent der Teilnehmenden an der Prüfung Deutsch-Test für Zuwanderer (DTZ) mit Erfolg teilgenommen und das B1-Niveau erreicht, das als Mindestvoraussetzung für gesellschaftliche Integration interpretiert wird (BAMF, 2018). Zu jenen Teilnehmenden, die das angestrebte Niveau nicht erreichten, kommen jene hinzu, die gar nicht erst an der Prüfung teilnahmen. Beide Beispiele zeigen, dass die Wirkungen der Erwachsenen- und Weiterbildung nicht nur im Blick auf das Lernfeld, sondern auch im Blick auf das Anwendungsfeld beobachtet werden. Und für beide Beispiele kann man die Frage stellen, wer für vermeintliche oder tatsächliche Misserfolge verantwortlich ist: die Bundesagentur oder das BAMF als Auftraggeber, die durchführenden Weiterbildungseinrichtungen als Auftragnehmer oder aber die Lehrkräfte als Gestalter von Lehr-Lern-Prozessen?

Im Folgenden wird auf der Basis theoretischer Annahmen, empirischer Befunde und berufsethischer Prinzipien die Verantwortung von Lehrkräften für die Wirkungen der Erwachsenen- und Weiterbildung erörtert.

Im Anschluss an das Angebots-Nutzungs-Wirkungs-Modell (→ Abb. 1) können die Wirkungen der Weiterbildung als Ergebnis der Ko-Konstruktion von Akteuren auf unterschiedlichen Handlungsebenen interpretiert werden – in den Beispielen als ein Ergebnis des Zusammenwirkens von Arbeitsmarkt- und Integrationspolitik, von pädagogischen Programmen der Einrichtungen, vor allem aber von Angeboten, die Lehrkräfte im Kurs machen, und deren Nutzung durch die Lernenden. Aus der (zumeist schulbezogenen) empirischen Forschung wissen wir, dass Pädagoginnen und Pädagogen nach dem Vorwissen und der Motivation der Teilnehmenden den größten Einfluss auf die Wirkungen von Lehr-Lern-Prozessen haben (Hattie, 2009), einen größeren als Akteure auf den übergeordneten Handlungsebenen. Wo also beginnt und wo endet die Verantwortung der Lehrkräfte?

In → Kapitel 9 wurde betont, dass es zur ethischen Verantwortung von Lehrkräften gehört, Angebote zu machen, die „wahr“, „zumutbar“ und „anschlussfähig“ sind (Prange, 2005, S. 145). Dies ist nur möglich, wenn sie selbst sich kontinuierlich weiterbilden und jene Kompetenzen entwickeln, die erforderlich sind, um didaktisch reflektiert zu handeln und an das oft heterogene Vor- und Erfahrungswissen der Teilnehmenden anzuschließen. Angesichts der Vielfalt der Lerngewohnheiten der Teilnehmenden gibt es keinen methodischen Königsweg für alle Themen und Adressatengruppen, erforderlich ist vielmehr ein vielfältiges, situativ anpassungsfähiges Repertoire an didaktisch-methodischen Vorgehensweisen. Im Anschluss an die Hattie-Studie lässt sich formulieren:

Merksatz

Vieles wirkt, aber nicht immer, nicht für alle und nicht für alle Inhalte. Eine Konsequenz daraus besteht darin, Lernen und Lernfortschritte sichtbar zu machen.

In → Kapitel 8 wurde betont, dass die Wahrscheinlichkeit wirksamer Lehr-Lern-Prozesse steigt, wenn die Lehr- und Lernaktivitäten, aber auch die gruppendynamischen Prozesse auf der Ebene der Sicht- und auch der Tiefenstruktur sichtbar gemacht werden. Dazu gehört auch, dass Lehrkräfte regelmäßig Feedback über Lernergebnisse, aber auch die Lernprozesse der Teilnehmenden einholen. Nur dann werden sie verlässlich darüber Auskunft geben können, ob die erwarteten oder erhofften Wirkungen tatsächlich eingetreten sind. Von daher ist die Evaluation von Lehr-Lern-Prozessen durch Lehrende (und selbstverständlich auch durch Lernende) eine ethisch notwendige Aufgabe (Beywl & Schmid, 2014).

Bezieht man diese Überlegungen auf das Evaluationsmodell von Kirkpatrick und Kirkpatrick, so lautet eine weitere Antwort:

Merksatz

Lehrkräfte können Verantwortung nur für das Lernfeld, nicht aber für das Anwendungsfeld übernehmen. Über die Anwendung des Gelernten im Alltag entscheiden die Lernenden bzw. diejenigen, die ihnen Möglichkeiten für die Umsetzung eröffnen oder verweigern.

Auch wenn Lehrkräfte keine Verantwortung für das Anwendungsfeld übernehmen können, so sind sie doch verantwortlich dafür, Lehr-Lern-Prozesse so zu gestalten, dass der Transfer bereits im Lernfeld unterstützt wird. Dies kann nur gemeinsam mit den Lernenden gelingen, da diese das Anwendungsfeld besser kennen als die Lehrkräfte. In der Forschung sind Instrumente entwickelt worden, die Transfer vorzubereiten helfen (z. B. das „LTSI Learning Transfer System Inventory"; Devos et al., 2007; Kauffeld et al., 2008). Im Lernfeld gehört dazu:

- die methodische Gestaltung der Weiterbildungsmaßnahme,
- die Kompetenzunterstützung,
- die Situiertheit,
- die Transferorientierung und
- die Transfermotivation der Teilnehmenden.

Im Funktionsfeld sind die Faktoren

- Transferunterstützung durch die vorgesetzte Person,
- Transferklima und
- Transferkapazität der Situation von Bedeutung (Gessler, 2012; Hinrichs, 2016).

Rückfragen an die Forschung

In der bisherigen Forschung zu den Wirkungen der Weiterbildung werden zumeist nur Teilnehmende und Nicht-Teilnehmende miteinander verglichen. Die Qualität der Lehr-Lern-Prozesse oder die Kompetenzen der Lehrkräfte blieben unberücksichtigt. Daher liegen die konkreten unterrichtlichen Wirkmechanismen noch im Dunkeln. Wie ließe sich deren Bedeutung für die Wirkungen der Erwachsenen- und Weiterbildung untersuchen?

10.4 Zusammenfassung

Wenn die Wirkungen der Erwachsenen- und Weiterbildung diskutiert werden, ist es im Anschluss an ein verbreitetes Modell der Evaluationsforschung hilfreich, zwischen Wirkungen im Lernfeld (Zufriedenheit, Lernerfolg) und Wirkungen im Anwendungsfeld (Verhaltensänderung, Erträge für Teilnehmende, Unternehmen und Gesellschaften) zu unterscheiden. Daraus ergibt sich eine Vielfalt möglicher Wirkungen, die bildungstheoretisch danach beurteilt werden können, ob sie die Wahlmöglichkeiten der Lernenden für ein mündiges und verantwortbares Leben erhöhen. Eine inzwischen durchaus breite Forschung innerhalb der Erwachsenenbildung und ihrer Nachbardisziplinen hat vielfältige Belege für die Wirksamkeit des Lernens Erwachsener erbracht und dabei methodisch große Fortschritte bei der Identifikation kausal interpretierbarer Zusammenhänge gemacht. Dazu zählen Befunde zur Zufriedenheit der Teilnehmenden und zu ihren Lernerfolgen ebenso wie zu den monetären und nicht monetären Erträgen. Die Verantwortung der Lehrkräfte für die Wirkungen der Erwachsenen- und Weiterbildung liegt in einer professionellen und ethisch verantwortbaren Gestaltung von Lehr-Lern-Prozessen, die bereits im Lernfeld den Transfer in das Anwendungsfeld vorbereitet. Diese Verantwortung besteht unabhängig davon, ob Auftraggeber und Kunden Rechenschaft (*accountability*) einfordern oder nicht (Pätzold, 2010).

Fragen & Aufgaben

1. Erläutern Sie die vier Ebenen der Evaluation nach Kirkpatrick und recherchieren Sie in einer einführenden Publikation zur Evaluationsforschung, welche Methoden welche Formen von Wirkungen angemessen erfassen können.
2. Recherchieren Sie im Internet Weiterbildungsangebote zu vergleichbaren Themen (z. B. Englischunterricht, EDV-Kurse, Kommunikationstrainings usw.) bei unterschiedlichen Anbietern (z. B. Volkshochschulen, kommerziellen Anbietern). Vergleichen Sie die Werbestrategien, die Angaben zu den Veranstaltungen, die Informationen zu den Lehrkräften. Formulieren Sie für sich selbst, welche Wirkungen Sie bei einem solchen Angebot erwarten würden. Bei welchen Angeboten sind aus Ihrer Sicht diese Wirkungen am ehesten zu erzielen?
3. In einer konstruktivistischen Perspektive sind Erwachsene zwar lernfähig, können aber nicht belehrt werden (Siebert, 2009, S. 35). Diskutieren Sie, welche Folgen sich aus einer solchen Annahme für die Bereitschaft der Lehrkräfte ergeben, Verantwortung für die Wirkungen der Erwachsenen- und Weiterbildung zu übernehmen.
   Literatur: Siebert, H. (2009). *Didaktisches Handeln in der Erwachsenenbildung. Didaktik aus konstruktivistischer Sicht* (6., überarb. Aufl.). Augsburg: Ziel.

Tipps zum Weiterlesen

Kirkpatrick, D. L. & Kirkpatrick, J. D. (2006). *Evaluating Training Programs: The Four Levels* (3rd Ed.) San Francisco, CA: Berrett-Koehler Publ.
Das Modell von Kirkpatrick und Kirkpatrick bietet eine überzeugende und auch für die pädagogische Praxis hilfreiche Unterscheidung von Ebenen, auf denen Wirkungen der Erwachsenen- und Weiterbildung beobachtet werden können.

Reischmann, J. (2006). *Weiterbildungs-Evaluation. Lernerfolge messbar machen* (2. Aufl.). Augsburg: Ziel.
Dieser Band gibt einen guten Überblick über Methoden der Evaluation, die in der Praxis der Erwachsenen- und Weiterbildung angewandt werden können.

Schuller, T., Preston, J., Hammond, C., Brassett-Grundy, A. & Bynner, J. (2004). *The benefits of learning. The impact of education on health, family life and social capital.* London: RoutledgeFalmer.
Der Band von Schuller et al. ist international einer der ersten, der über die sogenannten wider benefits of learning informierte. Er ist für die Erwachsenen- und Weiterbildung insofern von Interesse, weil er die Erträge auch der nicht beruflichen Bildung in den Blick nimmt, die in der bildungsökonomischen Forschung oft ausgeblendet werden.

11

Lehren lernen

Die Forschung hat sich oft mit der Frage beschäftigt, was eine „gute" Lehrkraft ist. Demgegenüber wissen wir noch wenig darüber, wie man eine gute Lehrkraft wird. Das Kapitel informiert über theoretische Annahmen, empirische Befunde und praktische Empfehlungen zur Entwicklung der Kompetenzen von Lehrkräften. Abschließend wird aufgezeigt, was Lehrkräfte selbst tun können, um ihre Kompetenzentwicklung zu fördern.

Lernziele

- Einflussfaktoren auf die Kompetenzentwicklung von Lehrkräften benennen und erläutern können
- die Bedeutung von reflektierter Erfahrung und gezielter Fortbildung für Kompetenzentwicklung erklären können
- Angebote der Fortbildung und der Ratgeberliteratur für die eigene Entwicklung identifizieren und gezielt nutzen können

Mitte des 19. Jahrhunderts, als die allgemeine Schulpflicht in Deutschland durchgesetzt und die Ausbildung von Lehrerinnen und Lehrern drängend war, gründete der studierte Philologe, ehemalige Lehrer und spätere außerordentliche Professor für Pädagogik Tuiskon Ziller in Leipzig ein Seminar für angehende Schullehrkräfte. Als Schüler Herbarts orientierte sich Ziller an dem, was in die didaktische Literatur als Formalstufentheorie eingegangen ist. Herbart unterschied die Stufen der Klarheit, der Assoziation, des Systems und der Methode (Herbart, 1997). Lernprozesse sollten also mit der Vergewisserung des Vorwissens beginnen (Klarheit), danach neue Wissenselemente anbieten (Assoziation), diese in das bestehende Wissenssystem einfügen (System) und abschließend das neue Wissen anwenden (Methode). Ziller hat dieses Stufenmodell auf die Lehrerbildung übertragen.

Der Tübinger Allgemeine Pädagoge Prange (1989) hat Zillers Vorschlag für eine wissenschaftlich fundierte Lehrerbildung wie folgt interpretiert: „Was kann man für den Praktikanten tun, bevor er auf die Kinder losgelassen wird? Er wird erstens akademisch belehrt; dazu gibt es die Vorlesungen und Übungen, außerdem die Schriften des Meisters und seiner Bezugsgrößen. Aber ebensowenig wie das Studium eines Lehrbuchs der Hirnchirurgie einen zuverlässigen Operateur hervorbringt, führt die Lektüre der Allgemeinen Pädagogik *von HERBART oder ROSENKRANZ oder ZILLER oder sonstwem zu einer vertretbaren erzieherischen und didaktischen Kompetenz. Also muß geübt werden. Das ist der Sinn des ‚Praktikums'. Aber es darf nicht blind und herumtappend angefangen werden; deshalb steht das ‚Theoretikum' als Gelenk zwischen den allgemeinen Überlegungen und der besonderen Unterrichtsstunde, der ‚Probelektion'. Und damit man weiß, was man angerichtet hat, folgt auf den Unterricht das Kritikum in der Konferenz, in dem theoretischer Entwurf und Ausführung verglichen werden, um Folgerungen für die Zukunft zu gewinnen." (Prange, 1989, S. 25, Herv. i. O.)*

11.1 Wie ist die Entwicklung von Kompetenzen möglich?

Zillers Versuch einer Operationalisierung der Lehrerbildung durch eine Abfolge von Wissensaufbau, Wissensanwendung und Handlungsreflexion besticht durch seine Klarheit und Praktikabilität. Und er regt zu weitergehenden Fragen an, die in diesem Kapitel nicht erschöpfend beantwortet werden, aber zum weiteren Nachdenken über das „Lehren lernen" anregen können: Welches fachliche, fachdidaktische, allgemeinpädagogische oder auch psychologische Wissen benötigen Lehrkräfte? Wie kann man erreichen, dass dieses Wissen nicht „träge" bleibt, sondern zu einem „Können" führt? Auf welche Weise soll geübt werden? Wann und wie kann und sollte man „kritisieren", und wie ist es dabei möglich, allgemeines theoretisches, empirisches oder erfahrungsgestütztes Wissen auf den je besonderen Fall zu beziehen, sei es der eigene oder der fremde? Mit solchen Fragen hat sich die Forschung der Erwachsenen- und Weiterbildung erst in Ansätzen beschäftigt.

11.2 Forschung zur Entwicklung professionellen Wissens und Könnens

Die von Ziller empfohlene und praktisch erprobte Trias aus Theoretikum, Praktikum und Kritikum ist in der Aus- und Fortbildung von Lehrkräften seit vielen Jahrzehnten fest verankert. Gleichzeitig ist eine große Varianz in der Umsetzung zu beobachten, wenn es um die Gewichtung und Stufung ihrer Elemente geht. Systematisch vergleichende Studien zu den Effekten unterschiedlich gewichteter und gestufter Angebote von „Theoretikum", „Praktikum" und „Kritikum" liegen jedoch noch kaum vor. Gleichwohl existiert eine vielfältige Forschung zum Wissen und Können von Lehrerinnen und Lehrern, die sich als Evaluation von Angeboten der *teacher education* interpretieren lässt. So werden im *Handbook of Research on Teaching* (Gitomer & Bell, 2016) die folgenden Schwerpunkte herausgestellt: Die Forschung hat sich dem Wissen von Lehrkräften (kognitives Forschungsparadigma, z. B. im Experten-Novizen-Vergleich; Bromme, 1992), dem Zusammenhang von unterrichtlichem Handeln und Lernfortschritten (Prozess-Produkt-Paradigma; s. Helmke, 2017) sowie dem Interaktionsgeschehen im Unterricht (situatives bzw. soziokulturelles Paradigma; Russ, Sherin & Sherin, 2016) zugewandt. Demgegenüber fehlt es noch an Arbeiten zu der Frage, wie sich die individuelle Kompetenz*entwicklung (professional development)* während der Vorbereitung und der Ausübung des Berufs vollzieht.

11.2.1 Modelle und Befunde zur Kompetenzentwicklung

In → Kapitel 4 wurde gezeigt, dass die Frage nach der „guten" Lehrkraft heute auf der Basis des Kompetenzbegriffs untersucht werden kann. Die Forschung hat eine Reihe mehr oder weniger differenzierte *Struktur-* und *Niveau*modelle professioneller Kompetenzen erarbeitet (Frey, 2014). Modelle der *Entwicklung* von Kompetenzen sind demgegenüber weit weniger verbreitet. Um solche Modelle zu entwerfen, lassen sich Annahmen und Befunde der Expertiseforschung nutzen. Dieses vor allem in der Psychologie etablierte Forschungsfeld hat für verschiedene berufliche oder auch Hobbytätigkeiten in der Medizin, bei Piloten oder Schachspielern die Frage untersucht, wie Personen Expertise aufbauen, so dass sie dauerhaft und verlässlich überdurchschnittliche Leistungen in einer (beruflichen) Domäne erbringen (Kompetenzbegriff → Kap. 4.2.2) und sich von Novizen u. a. in der Art der Problemlösungen unterscheiden (Ericsson, 2009). Die empirisch gut bestätigte Annahme besagt, dass Expertise an theoretisch-formales und domänenspezifisches Wissen sowie Denkstrukturen (z. B. „think like a teacher"; Goeze, 2016; Shulman, 1992) gebunden ist, die in akademischen Berufen üblicherweise im Studium erworben werden. Expertise erfordert zudem mehrjährige, systematisch reflektierte berufliche Erfahrung. Die Entwicklung von Expertise wird häufig in Stufenmodellen beschrieben, die allerdings zumeist eher metaphorischen Gehalt haben und nicht streng empirisch geprüft sind,

z. B. in Längsschnittstudien. So unterscheiden Dreyfus und Dreyfus (1987) Neulinge, fortgeschrittene Anfänger, Kompetente, Gewandte und Experten.

Im Folgenden werden Annahmen zur „Operationalisierung" der Lehrerbildung, die die pädagogische Tradition u. a. seit Ziller entwickelt hat, mit Befunden der Expertiseforschung verknüpft, auf das in → Kapitel 4 vorgestellte Strukturmodell der Kompetenzen von Lehrkräften (Lencer & Strauch, 2016; Schrader & Goeze, i. V.) bezogen und in ein Modell von Wirkungszusammenhängen in Prozessen der Kompetenz*entwicklung* überführt (→ Abb. 12).

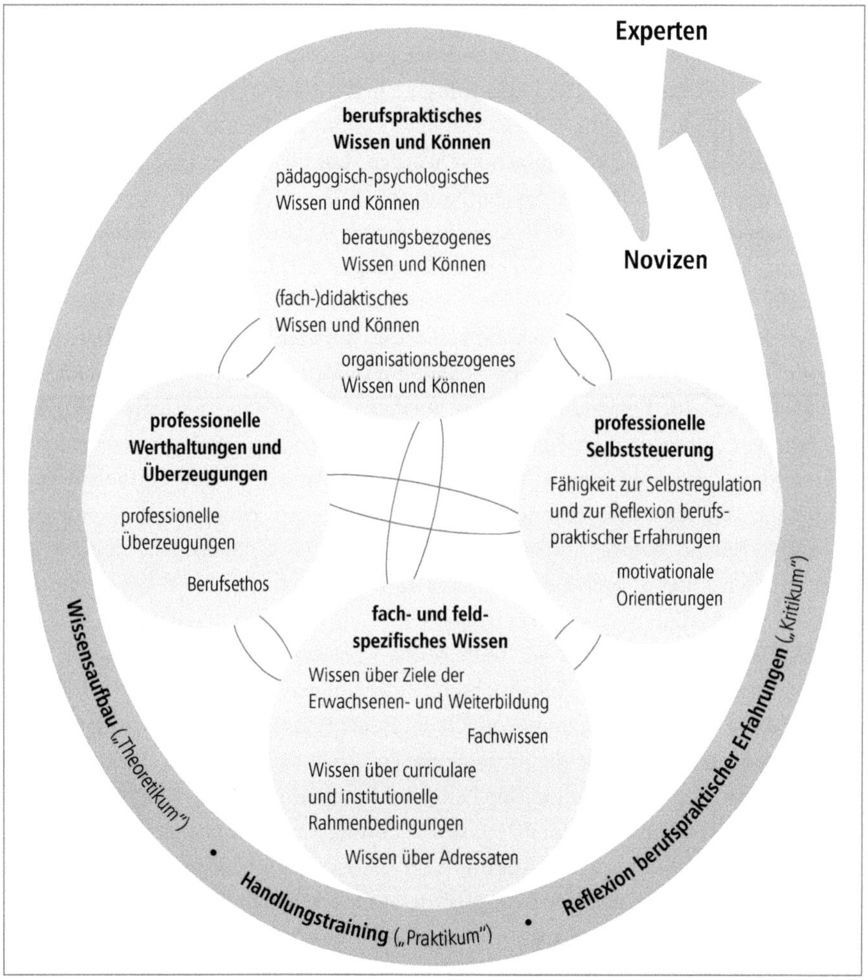

Abbildung 12. Modell der Wirkungszusammenhänge bei der Entwicklung professioneller Kompetenzen

Das vorgestellte Modell kann zunächst die Forschung zur Kompetenzentwicklung anregen, da es empirisch prüfbare Hypothesen zu formulieren erlaubt. Diese können sich beziehen auf die Bedeutung des Aufbaus theoretisch-konzeptuellen Wissens und der Reflexion berufspraktischer Erfahrungen für ausgewählte Facetten professioneller Kompetenzen, auf die wechselseitigen Einflüsse in der Entwicklung von Facetten professioneller Kompetenzen oder auch auf die Folgen unterschiedlicher Wege der Kompetenzentwicklung (Maier-Gutheil, 2012; Nittel, Schütz & Tippelt, 2014). Forschungen zur Kompetenzentwicklung sind vor allem für die Erwachsenen- und Weiterbildung bedeutsam, weil hier Berufszugang und Berufsausübung kaum reglementiert sind und nur ein kleiner Teil der Lehrkräfte erst einschlägig studiert und dann unterrichtet, während der größere Teil zunächst aufgrund fachlicher Expertise und praktischer Erfahrung „lehrt“ und danach pädagogische Aus- und Fortbildungen besucht (→ Kap. 3). Diese Vielfalt an Wegen des Berufszugangs und der Berufsausübung könnte genutzt werden, um mehr über (wünschenswerte) Gewichtungen und Stufungen des Aufbaus von Wissen, der Einübung von Handlungskompetenzen und der Reflexion beruflicher Erfahrungen zu erfahren. Die Forschung könnte dazu an Konzepte und Befunde der Lehrerbildung anknüpfen (Lipowsky & Rzejak, 2017).

Das Modell kann darüber hinaus für die Entwicklung von Angeboten der Aus- und Fortbildung sowie für individuelle Strategien der Kompetenzentwicklung genutzt werden. Im Folgenden dient es aber vor allem dazu, die Darstellung der Angebote zur Förderung der Kompetenzen von Lehrkräften der Erwachsenen- und Weiterbildung zu strukturieren. Dabei geht es um Angebote zum Aufbau berufspraktischen Wissens und Könnens, zum Training von Handlungskompetenzen und zur Reflexion berufspraktischer Erfahrungen. Das fachbezogene Wissen der Lehrkräfte wird hier ausgeklammert, da es in der Erwachsenen- und Weiterbildung aufgrund der Vielfalt thematischer Angebote noch kaum untersucht wurde. Zum feldbezogenen Wissen gibt es für Teilbereiche informative Einführungen, die z. B. Kursleitenden die Arbeit an Volkshochschulen erläutern (Bastian et al., 2004; Hartmann, 2014) oder die Nutzung von Open Educational Resources thematisieren (Muuß-Merholz, 2018). Für die professionellen Orientierungen, u. a. für die Fähigkeit zur Selbstregulation, sind in der Lehrerbildung auf der Basis von Studien zum Burnout (Schaarschmidt, 2002; 2010) u. a. Trainingsprogramme zur Stressbewältigung entwickelt worden, deren Adaption für die Erwachsenen- und Weiterbildung noch aussteht. Fragen der Förderung professioneller Werthaltungen und (berufsethischer) Überzeugungen wurden in → Kapitel 9 gestreift.

11.2.2 Förderung berufspraktischen Wissens und Könnens

Welches berufspraktische Wissen wird Lehrkräften der Erwachsenen- und Weiterbildung angeboten? Sichtet man die entsprechende Literatur, so steht dort vor allem das allgemein-didaktische bzw. pädagogisch-psychologische Wissen im

Vordergrund. Nur am Rande, etwa im Sprachenbereich (Nolda, 2017; Quetz, 2006), findet das fachdidaktische Wissen Beachtung, kaum dagegen das organisationsbezogene Wissen. Demgegenüber hat das Wissen über Lern- und Weiterbildungsberatung in den vergangenen Jahren an Bedeutung gewonnen. Wer an der Vermittlung und Aneignung berufspraktischen Wissens und Könnens interessiert ist, findet in der Erwachsenen- und Weiterbildung zwei Arten von Literatur: Zum einen liegen Einführungen aus der Wissenschaft für die Praxis vor und zum anderen Ratgeberliteratur aus der Praxis für die Praxis. Zugänge und Schwerpunkte unterscheiden sich.

Erstmals 1964 schrieb Pöggeler eine Einführung in die Methoden der Erwachsenenbildung. Dabei ging es dem Autor nicht um eine bloße Vorstellung von Arbeitsformen, nicht um bloße „Rezepte" für „Spielereien". Vielmehr sollte der bildende Wert aufgezeigt werden, den kommunikativ geprägte Methoden wie das Gespräch, der Vortrag, die Arbeitsgemeinschaft, die Exkursion oder der Selbst- und Fernunterricht haben können, Arbeitsweisen also, die in der Geschichte der Erwachsenenbildung tief verankert sind (Pöggeler, 1975, S. V).

Ein weiteres Beispiel bieten die Materialien aus dem Projekt *Nebenberufliche Qualifizierung* (NQ), das vom Bundesministerium für Bildung und Wissenschaft Anfang der 1980er Jahre mit Zustimmung der Spitzenverbände der Weiterbildung gefördert wurde. Entstanden sind Studientexte zu den klassischen didaktischen Themen des Lehrens und Lernens mit Erwachsenen: Texte zu Lehr- und Lernzielen, zur Kursvorbereitung, zu Methoden und Medien, zu Lernen in der Gruppe, zu Teilnehmervoraussetzungen, zu Lernmotivation, zu Biografie, Erfahrung und Lernen sowie zur Kommunikation. Ähnliche Handreichungen und Plädoyers für einen didaktisch reflektierten Methodeneinsatz stammen von Döring und Ritter-Mamczek (2001), Köhl (1987) oder Knoll (2007). An diesen Typ von wissenschaftlich informierter Literatur zur Förderung berufspraktischen Wissens und Könnens schließen aktuell auch digitale Angebote wie die Plattform wb-web an (https://wb-web.de), die vom Deutschen Institut für Erwachsenenbildung aufgebaut wurde und weiterentwickelt wird.

Während Einführungen in berufspraktisches Wissen aus der Wissenschaft zumeist die gesamte Handlungskette (von der Planung über die Durchführung bis zur Evaluation) in den Blick nehmen, konzentrieren sich jene Handreichungen, die aus der Praxis für die Praxis geschrieben werden, zumeist auf spezifische Methoden und Medien. Die Sichtung dieser Art von Literatur führt eindrucksvoll vor Augen, dass die Erwachsenen- und Weiterbildung, ähnlich wie die Grundschulpädagogik, methodisch vielfältiger arbeitet als die weiterführende Schule oder die Hochschule.

Lesehinweis

Unter den Publikationen finden sich zum Beispiel Einführungen in die Moderationsmethode, die Zukunftswerkstatt, in Methoden der politischen Bildung, in Präsentations- und Visualisierungstechniken:

Dauscher, U. (2006). *Moderationsmethode und Zukunftswerkstatt* (3., überarb. u. erw. Aufl.). Augsburg: Ziel.

Bundeszentrale für politische Bildung. (1988). *Erfahrungsorientierte Methoden der politischen Bildung*. Bonn: Bundeszentrale für politische Bildung.

Müller, K.R. (Hrsg.). (1995). *Kurs- und Seminargestaltung. Ein Handbuch für Mitarbeiter/-innen im Bereich von Training und Kursleitung* (6., unveränd. Aufl.). Weinheim: Beltz.

Seifert, J.W. (2011). *Visualisieren – Präsentieren – Moderieren* (30. Aufl.). Offenbach: Gabal.

Langner-Geißler, T. & Lipp, U. (1994). *Mit den Augen Lernen* (Bd. 3, Pinwand, Flipchart und Tafel, 2., neu ausgestatte Aufl.). Weinheim: Beltz.

Auffallend ist, dass die empirische Lehr-Lernforschung, gleich ob pädagogisch-psychologischer oder erziehungswissenschaftlicher Provenienz, in beiden Arten von Handreichungen kaum vertreten ist. Zu den Effekten dieser Angebote zur Förderung berufspraktischen Wissens und Könnens liegen noch keine empirischen Befunde vor. In Analogie zu den Erkenntnissen der Expertiseforschung kann jedoch angenommen werden, dass für den Aufbau professioneller Kompetenzen allgemein-pädagogisches Wissen unverzichtbar ist. Und aus den hohen Verkaufszahlen der aus der Praxis entwickelten Ratgeberliteratur lässt sich zudem schließen, dass bei den Lehrkräften der Erwachsenen- und Weiterbildung (und auch der Schule) ein großer Bedarf an Rezeptwissen besteht, den didaktische Theorien kaum zu bedienen scheinen. Dies zeigt sich auch in den Fortbildungsinteressen der Lehrenden sowie in den Zuschreibungen der Programmverantwortlichen (Fuchs et al., 2009, S. 193).

11.2.3 Förderung von Handlungskompetenzen[10]

Welche Trainings zum Aufbau von Handlungskompetenzen kommen für Lehrkräfte der Erwachsenen- und Weiterbildung in Betracht?

Wenn es um das „Praktikum" geht, so hatten für die Pädagogik bereits Ziller (1886), später Bollnow (1978) und für die Psychologie die Vertreter der Expertiseforschung auf die Bedeutung des „Übens" verwiesen. Genau an dieser Stelle setzt das Microteaching an. Die Begründer des Microteachings (Allen & Ryan, 1969) setzten auf vereinfachte Trainingsbedingungen durch kleinere Schülerklassen, kürzere Unterrichtszeit und die Beschränkung auf bestimmte Lehrfertigkeiten (skills). Das Microteaching wurde in Deutschland durch Zifreund (1966) in Tübingen adaptiert.

10 Die Ausführungen dieses Teilkapitels sind eine Zusammenfassung aus einer früheren Veröffentlichung des Autors (Schrader, 2010b, S. 50–53).

Trainingsprogramme zum Microteaching umfassen:

> 1. [die] verhaltensmäßige Definition einer Fertigkeit; 2. Richtlinien dafür, wann und wie die Fertigkeit angewendet werden soll; 3. Vorführung eines Modellunterrichts; 4. Gelegenheit zur Übung der Fertigkeit – Microteaching; 5. Rückmeldung durch ausgebildetes Personal, das fähig ist, das Unterrichtsverhalten genau zu beobachten, das Verhalten zu analysieren, verhaltensmäßig spezifizierte Ziele aufzustellen und die Lernenden zu beraten. (Berliner, 1973, S. 424)

Auf Anregung von Tietgens wurden Ende der 1970er Jahre die Grundlagen des Microteachings in die Erwachsenenbildung eingeführt (Clemens-Lodde, Jaus-Mager & Köhl, 1978). Wie in Weiterentwicklungen des ursprünglichen Konzepts bereits vorgeschlagen, wurde der Fokus nicht mehr auf isolierte Lehrfertigkeiten (*skills*) gerichtet, sondern auf umfassendere Unterrichtssituationen. Beispiele für solche Situationen sind die verbale Informationsvermittlung, die Anleitung zum Üben, ein Gespräch zum Erfassen von Vorkenntnissen oder das Verhalten in Konfliktsituationen (ebd., S. 19). Videos werden in doppelter Weise genutzt: zur Erläuterung des situativen Lehrtrainings und zur Dokumentation exemplarischer Unterrichtssituationen in „Modellfilmen" sowie als Grundlage für ein Feedback selbstständig geplanter und durchgeführter Trainingseinheiten. Für die Wirksamkeit des Microteachings gibt es empirisch gute Evidenz, die sich auf eine reiche und langjährige empirische Forschung stützen kann (Klinzing, 2002; Piwowar, Ophardt & Thiel, 2016).

Ein weiteres theoretisch fundiertes, didaktisch durchdachtes, langjährig erprobtes und positiv evaluiertes Fortbildungskonzept stammt von Wahl (Wahl, 2000, 2002; Schmidt, 2001, 2005). Die theoretischen Grundlagen hat Wahl in seiner Habilitationsschrift „Handeln unter Druck: Der weite Weg vom Wissen zum Handeln bei Lehrern, Hochschullehrern und Erwachsenenbildnern" (1991) ausgearbeitet. Den Hintergrund bildet das „Forschungsprogramm Subjektive Theorien", das von der Annahme handlungssteuernden Wissens ausgeht. Wahl unterscheidet zwischen subjektiven Theorien (→ Kap. 4) großer und mittlerer Reichweite. Erstere sind in ihrer Struktur wissenschaftlichen Theorien durchaus vergleichbar, steuern aber nicht das alltägliche Handeln. Dies wird vielmehr von subjektiven Theorien geringer Reichweite geleistet, die vor allem dann aktiviert werden, wenn rasch, also unter Druck, gehandelt werden muss. Während erstere relativ gut verändert werden können, gilt dies für letztere nicht. Die Ursache besteht darin, dass sie verfestigt sind, und in Situations- und Handlungsprototypen erscheinen, die schnell aktiviert werden können. Die von Wahl entwickelte Lernumgebung zielt darauf, die subjektiven Theorien vor allem geringer Reichweite im Blick auf die Situationswahrnehmung und die Handlungsplanung durch Lernpartnerschaften zu verändern. Im Wesentlichen empfiehlt Wahl drei Schritte:

1. die Bewusstmachung handlungssteuernder Strukturen,
2. ihre Veränderung durch die Entwicklung neuer Problemlösungen,
3. das In-Gang-Bringen neuer Handlungen (Wahl, 1991, S. 195–206).

11.2.4 Reflexion berufspraktischer Erfahrungen

Welche Angebote zur Reflexion berufspraktischer Erfahrungen können Lehrkräfte der Erwachsenen- und Weiterbildung nutzen?[11] An der Universität Tübingen wurde ein Konzept für ein „Kritikum" in der Aus- und Fortbildung des Lehrpersonals entwickelt, das auf die Arbeit mit Fällen, die in der Erwachsenenbildung seit längerem gefordert wird (Kade, 1990), setzt. Das Tübinger Konzept arbeitet mit authentischen, den Lehrkräften fremden Videofällen, die in eine computergestützte Lernumgebung integriert sind. Gefördert werden soll damit die Kompetenz von Lehrkräften zur Diagnose von Lehr-Lern-Situationen (Schrader & Hartz, 2003; Schrader, 2010b).

Definition

Kompetenz zur Diagnose von Lehr-Lern-Situationen

Kompetenz zur Diagnose von Lehr-Lern-Situationen wird verstanden „als kognitive Fähigkeit, 1) Lehr-Lern-Situationen abstrakt-differenziert beschreiben, 2) sie aus verschiedenen Perspektiven der im Unterricht handelnden Akteure betrachten und 3) mittels (fach-)didaktischer bzw. pädagogisch-psychologischer Theorien, Modelle und Konzepte sowie erfahrungsbasiertem Wissen analysieren 4) sowie eine Falldiagnose entwickeln zu können, die zentrale Aspekte des Lehr-Lern-Geschehens erfasst, und 5) weiterführende Schlussfolgerungen, Prognosen, Erkenntnisse, Handlungsempfehlungen etc. für den Fall aufzeigen zu können" (Goeze, 2016, S. 40).

Diese Kompetenz wird als Kernelement professioneller Handlungskompetenz von Lehrkräften betrachtet. Deren Professionalität basiert auf den beiden Fähigkeiten, *sowohl* theoretisches Wissen situationsadäquat zum Verstehen praktischer Fälle nutzen oder umgekehrt in konkreten pädagogischen Handlungssituationen relevante Wissensbestandteile identifizieren zu können (Tietgens, 1988, S. 37) *als auch* lehr-lern-relevante motivationale, kognitive und emotionale Prozesse und Bedürfnisse Lernender antizipieren bzw. erfassen und als Perspektive einnehmen zu können (z. B. Fennema et al., 1996; Oser & Baeriswyl, 2001; ausführlicher Goeze, 2016).

Ein erstes Forschungsprojekt hat in einer feldexperimentellen Studie die Wirkungen variierender Formen instruktionaler Unterstützung bei Lehrkräften mit unterschiedlichen Lehrerfahrungen untersucht. Dazu wurden Videofälle über anklickbare Hyperlink-Buttons um theoretisch-konzeptuelles Wissen bzw. um authentische Kommentare der im jeweiligen Videofall handelnden Akteure angereichert. Es zeigte sich, dass die Kompetenz zur Diagnose von Lehr-Lern-Situationen bei angehenden Lehrenden mithilfe von Videofällen zielgerichtet und mit guten Effektstärken gefördert werden kann. Hierbei haben sich Wissens- und Perspektivenangebote in Form von Hyperlink-Buttons als entscheidend erwiesen, die von den Lernenden flexibel genutzt werden können (Goeze et al., 2010; Goeze et al., 2014). Ein zweites Projekt fragte nach der Akzeptanz dieses Trainingskonzepts in der Fortbildungspraxis bei

11 Auf Lernportfolios als Möglichkeit zur Reflexion auch berufspraktischer Erfahrungen (→ Kap. 4.3) wird hier nicht erneut verwiesen.

Anbietern und Teilnehmenden. Die Projektergebnisse bestätigten die positiven Wirkungen des Konzepts von Videofallarbeit und lieferten zudem ermutigende Belege für die Akzeptanz bei Einrichtungen und Verbänden und auch bei Lehrkräften (Digel & Schrader, 2013).

Das Interesse an einer breiten Implementation des Trainings mit Videofällen, für die die pädagogischen Praktikerinnen und Praktiker ein „Nadelöhr“ bilden, führte zu einem dritten Projekt. In diesem wurde gefragt, ob die experimentell nachgewiesenen positiven Wirkungen videogestützter Fallarbeit auch dann erhalten bleiben oder gar gesteigert werden können, wenn Praktikerinnen und Praktiker die angebotenen didaktischen Materialien selbst zur Gestaltung von videofallbasierten Lernangeboten nutzen und ihnen hierbei unterschiedliche Grade an pädagogischer Autonomie gewährt werden. Erste Befunde zeigten durchgehend positive Effekte der Videofallarbeit, die jedoch am stärksten ausfielen, wenn die Umsetzung nah am empirisch bewährten Ausgangskonzept blieb, d. h. die gewährte pädagogische Autonomie im Umgang mit dem Videofallarbeitskonzept gering war (Hetfleisch, Goeze & Schrader, 2014). Der Frage, inwieweit das Einüben der Reflexion eigener und fremder Fälle in Übungssituationen (*reflection-on-action*, Schön, 1983) auch auf die Diagnose realer, eigener Handlungssituationen übertragen werden kann (*reflection-in-action*, Schön, 1983), widmete sich die Arbeit von Schöb (2018).

11.3 Etablierung professioneller Standards und professioneller Lerngemeinschaften

Lehren zu lernen kann, wie einleitend beschrieben, vornehmlich aus der Perspektive einer *teacher education* und damit der Angebote zur Aus- und Fortbildung oder vornehmlich aus der Perspektive von *professional development* und damit aus der Perspektive ihrer Nutzung betrachtet werden. Immer geht es dabei um die Frage, wie theoretisch-konzeptuelles Wissen, unterrichtliches Handeln und die Reflexion berufspraktischer Erfahrungen zusammenwirken, um die Entwicklung professioneller Kompetenzen und ihrer einzelnen Facetten zu fördern. Insgesamt liegt noch wenig Wissen über die Wirkungszusammenhänge bei der Entwicklung professioneller Kompetenzen vor. Gleichwohl hat die Wissenschaft theoretische Modelle, empirische Befunde und auch eine Fülle von Ratgebern entwickelt, die in der Praxis genutzt werden können. Wie dieses Wissen für Prozesse der kollektiven und der individuellen Professionalisierung genutzt werden kann, soll im Folgenden an zwei Beispielen illustriert werden.

Nach → Abbildung 12 erfordert die Entwicklung professioneller Kompetenzen eine aufeinander abgestimmte und systematisch aufeinander bezogene Vermittlung wissenschaftlichen Wissens, eine Einübung in berufliches Handeln und die Reflexion berufspraktischer Erfahrungen. Ob und inwieweit Lehrkräfte an der gezielten Weiterentwicklung ihrer Kompetenzen interessiert sind, hängt – so Befunde aus der (Lehrer-)Expertiseforschung – u. a. von ihren professionellen Orientierungen sowie ihren Werthaltungen und Überzeugungen ab. Für die Erwachsenen- und Weiterbildung ist eine Zerstreutheit der Angebote und ein Eklektizismus ihrer Nutzung zu beobachten, die nicht zuletzt aufgrund des kaum reglementierten Berufszugangs (→ Kap. 3) in besonderem Maße von der Eigeninitiative der Lehrenden abhängig ist.

Ein Angebot für eine überzeugende Integration von „Theoretikum", „Praktikum" und „Kritikum" erfordert eine trägerübergreifende Koordination von Verbänden insbesondere der Lehrkräfte selbst und der Anbieter, von Politik und Administration sowie von universitärer und außeruniversitärer Forschung. Zu klären ist dabei, inwieweit (Mindest-)Standards etabliert werden können, die die Aus- und Fortbildung des Lehrpersonals regeln, die Professionsentwicklung unterstützen, die Kooperation und Verzahnung zwischen Institutionen fördern, Leistungen in der Aus-, Fort- und Weiterbildung beurteilbar machen, Instrumente des Personalmanagements strukturieren und nicht zuletzt auch die (fach-)didaktische Forschung orientieren können (Frey, 2014). Solche Initiativen sind immer wieder gestartet worden, konnten sich aber bislang noch nicht durchsetzen. So haben Faulstich und Zeuner (2005) etwa anlässlich der Bologna-Reform der Diplomstudiengänge ein Basiscurriculum Erwachsenenbildung/Weiterbildung für erziehungswissenschaftliche Bachelor- und Masterstudiengänge entwickelt. Mit Blick auf die Fort- und Weiterbildung von Lehrenden der Erwachsenenbildung haben Kraft, Seitter und Kollewe (2009) vor einigen Jahren im Auftrag des BMBF nationale und ausgewählte internationale Konzepte gesichtet und auf dieser Grundlage ein zweistufiges Referenzmodell für Grund- und Fortbildungszertifikate entwickelt, um Standardisierung und individuelle Profilierung gleichermaßen zu ermöglichen. Das bereits erwähnte GRETA-Projekt (→ Kap. 4) knüpft an solche Vorarbeiten an und es wird abzuwarten sein, welche Fortschritte dieser erneute, jetzt von Beginn an trägerübergreifend angelegte Gestaltungsprozess erreichen kann.

Der Aufbau solcher Strukturen kann gestützt werden durch Initiativen aus den Reihen der Lehrkräfte zur Förderung ihrer Kompetenzentwicklung. Dazu werden in der Lehrerbildung seit einigen Jahren sogenannte „professionelle Lerngemeinschaften" empfohlen (z. B. Lipowsky & Rzejak, 2017), die allerdings in der Erwachsenen- und Weiterbildung aufgrund der besonderen Beschäftigungsbedingungen des Lehrpersonals noch wenig etabliert sind (Herbrechter, Hahnrath & Kuhn, im Druck). Solche professionellen Lerngemeinschaften basieren für gewöhnlich auf einem Zusammenschluss mehrerer Lehrkräfte einer Bildungsorganisation, die durch kooperative Zusammenarbeit und Reflexion ihre eigene Handlungspraxis kritisch hinterfragen und sich über professionelle Standards verständigen (Helmke, 2017; Rolff, 2015). In der Literatur sind inzwischen mehrere Vorschläge zur Systematisierung zentraler Charakteristika von professionellen Lerngemeinschaften formuliert worden. Zu ihren typischen Merkmalen zählen u. a. folgende Aspekte:

- geteilte Werte und Visionen (vom Lernen und der Rolle des Lehrenden),
- eine De-Privatisierung der eigenen Lehrpraxis,
- ein geteilter Fokus auf die Unterstützung des Lernens der Teilnehmenden,
- strukturell unterstützende Bedingungen,
- eine enge Zusammenarbeit, die kollektives und individuelles Lernen ermöglicht sowie
- ein reflexiver Dialog der Beteiligten (Herbrechter, Hahnrath & Kuhn, im Druck).

Professionelle Lerngemeinschaften stellen damit eine geeignete Ergänzung für institutionelle Gelegenheitsstrukturen dar, seien sie präsenzförmig oder selbstorganisiert. Sie können an erwachsenenpädagogische Traditionen anschließen, in denen das Alltagwissen von Lehrkräften in Interpretationswerkstätten (Tietgens, 1998) mit Methoden des kontrollierten Fremdverstehens rekonstruiert wurde (Kade, 1983).

Rückfragen an die Forschung

Es ist wenig über die beruflichen Laufbahnen von Lehrkräften der Erwachsenen- und Weiterbildung sowie über die förderlichen und hinderlichen Rahmenbedingungen ihrer Kompetenzentwicklung bekannt. Wie ließen sich solche Prozesse in qualitativ und/oder quantitativ angelegten (Längsschnitt-)Studien untersuchen?

11.4 Zusammenfassung

Folgt man den Annahmen der Professionalisierungs- und der (Lehrer-)Expertiseforschung, so lässt sich die Entwicklung pädagogischer Professionalität als ein Zusammenwirken des Aufbaus theoretisch-konzeptuellen Wissens („Theoretikum"), der Einübung von Handlungskompetenzen („Praktikum") und der Reflexion beruflicher Erfahrungen („Kritikum") interpretieren. Die Erwachsenenbildungspraxis bietet für all diese Elemente zum Aufbau von pädagogischer Professionalität ein mehr oder weniger reichhaltiges Angebot an Fach- und Ratgeberliteratur sowie an Konzepten der Aus- und Fortbildung. Dieses Angebot ist jedoch weder konzeptuell koordiniert, noch wird es institutionell gestützt. Lehrkräfte sind daher oft auf autodidaktische Professionalisierungswege angewiesen, über deren Beitrag zur Entwicklung von Kompetenzen bzw. zur Stabilisierung und Dynamisierung beruflicher Laufbahnen noch wenig bekannt ist. Fortschritte sind nur bei einer Zusammenarbeit von Berufs- und Trägerverbänden, politisch Zuständigen und der universitären und außeruniversitären Forschung zu erwarten. Rahmenmodelle, an denen sich koordinierte Angebote orientieren können, liegen inzwischen vor. Entwicklungen in anderen (europäischen) Staaten können Anregungen geben. Gestützt werden kann und muss eine solche Entwicklung durch professionelle Selbstorganisation von der Basis her.

Fragen & Aufgaben

1. Analysieren Sie die Definition der „Kompetenz zur Diagnose von Lehr-Lern-Situationen" im Blick auf die Frage, inwieweit sie „theoretische", „praktische" und „kritische" Elemente enthält. Und welche Faktoren könnten warum Einfluss haben auf die Entwicklung dieser Kompetenz?
2. Diskutieren Sie mit Ihren Mitstudierenden darüber, welche Angebote zur Förderung von Lehrkompetenz Ihr Studiengang beinhaltet. Wie könnten professionelle Lerngemeinschaften von Studierenden eventuelle Desiderate kompensieren?
3. Recherchieren Sie anhand der Studie *wb-personalmonitor* Informationen zu Fortbildungsaktivitäten von Lehrkräften der Erwachsenen- und Weiterbildung. Wie lassen sich diese Aktivitäten beschreiben und welche Rückschlüsse ziehen Sie daraus mit Blick auf Möglichkeiten der Professionalisierung im Feld der Erwachsenen- und Weiterbildung?

Tipps zum Weiterlesen

Digel, S., Goeze, A. & Schrader, J. (2012). *Aus Videofällen lernen. Einführung in die Praxis für Lehrkräfte, Trainer und Berater*. Bielefeld: W. Bertelsmann.

Goeze, A. (2016). *Professionalitätsentwicklung von Lehrkräften durch videofallbasiertes Lernen – Voraussetzungen, Prozesse, Wirkungen*. Bielefeld: W. Bertelsmann.
Diese beiden Bände geben einen guten Überblick über Ansätze und Befunde zur Akzeptanz und zu den Wirkungen der Arbeit mit Videofällen in der Aus- und Fortbildung von Lehrkräften in der Erwachsenen- und Weiterbildung und auch in Schule und Hochschule.

Nittel, D. (2000). *Von der Mission zur Profession? Stand und Perspektiven der Verberuflichung in der Erwachsenenbildung*. Bielefeld: W. Bertelsmann.
Dieser Band informiert immer noch grundlegend über Modelle und Erfahrungen der individuellen und kollektiven Professionalisierung in der Erwachsenen- und Weiterbildung.

Terhart, E., Bennewitz, H. & Rothland, M. (Hrsg.). (2014). *Handbuch der Forschung zum Lehrerberuf* (2., überarb. und erw. Aufl.). Münster: Waxmann.
Dieses Handbuch gibt einen guten Einblick vornehmlich in die nationale Forschung zur Lehrerbildung, die gerade in den vergangenen Jahren ausgeweitet wurde.

Glossar

Deutungsmuster sind Teil des Erfahrungswissens eines Individuums. Es handelt sich dabei um *typisierende* Deutungs- und Handlungskonzepte zur Interpretation alltäglicher sozialer Erfahrungen. Deutungsmuster bieten Interpretationsschemata für alltägliche Situationen, Beziehungen und das eigene Selbst, die innerhalb sozialer Gruppen geteilt werden. Sie werden subjektiv bewertet und müssen nicht widerspruchsfrei sein.

Erfahrungswissen, alltägliches, bezieht sich auf das im Lebensverlauf durch das eigene Alltagshandeln (und das Handeln Anderer) erworbene Wissen. Durch das alltägliche Erleben innerhalb der eigenen Lebenswelt und die Integration von Kenntnissen über das Erlebte entstehen Denk- und Handlungsschemata, die bei der Interpretation zukünftiger Ereignisse angewendet werden und einen Orientierungsrahmen bieten.

Evaluation, formative, dient der begleitenden Bewertung und systematischen Rückmeldung dazu, in welchem Grad vorab formulierte Erwartungen an einen Evaluationsgegenstand erreicht wurden, z. B. bei der Umsetzung eines Trainingsprogramms oder eines Weiterbildungsangebots. Dabei werden wissenschaftlich fundierte Verfahren und Methoden eingesetzt. Formative Evaluationen zielen auf die (fortlaufende) Optimierung von Prozessen.

Evaluation, summative, dient der abschließenden Bewertung eines Prozesses mithilfe wissenschaftlich fundierter Verfahren und Methoden als Entscheidungsgrundlage für oder gegen die Fortführung des Evaluationsgegenstands, wie z. B. eines Trainingsprogramms oder eines Weiterbildungsangebots.

Expertenwissen, kodifiziertes, hierbei handelt es sich um spezialisiertes, problemrelevantes, bereichsspezifisches und zumeist schriftlich dokumentiertes, also in einem Regelwerk nachschlagbares Wissen. Der Wissenserwerb erfolgt in der Regel durch eine Ausbildung bzw. ein Studium.

Kausalanalysen dienen der Erforschung von (direkten) Ursache-Wirkungs-Beziehungen. Die Herausforderung besteht darin, empirisch beobachtbare Wirkungen ursächlich auf den Einfluss spezifischer Merkmale zurückzuführen und gleichzeitig den Einfluss anderer Merkmale weitestgehend auszuschließen. Die Frage nach kausalen Beziehungen zwischen Erwachsenen- und Weiterbildung und ihren Erträgen stellt Forschungsvorhaben daher vor besondere theoretische und methodische Herausforderungen. Für die Erforschung werden Verfahren wie Längsschnittstudien,

Feldexperimente oder auch moderne Verfahren der Kausalanalyse genutzt. Letztere werden auf Querschnittsdaten angewendet, z. B. in Form eines *propensity-score-matching,* mit dem die Weiterbildungserfahrungen „sozialer Zwillinge" verglichen werden können.

Forschung, rekonstruktive, im Unterschied zu hypothesenprüfenden Verfahren zielen interpretative bzw. rekonstruktive Verfahren auf die Theorie- und Typenbildung. Diese basieren auf methodisch kontrolliertem (Fremd-)Verstehen der Alltagspraxis bzw. des Alltags- und Erfahrungswissens der Erforschten.

Makrodidaktik umfasst die Programm- und Angebotsplanung einer Bildungseinrichtung. Im engeren Sinne werden damit die curriculare Planung und die zugrunde gelegten Lehr-Lern-Konzepte der Einrichtung und/oder eines Programms bzw. Fachbereichs beschrieben.

Mikrodidaktik beschäftigt sich mit der Planung einer Lehr-Lern-Veranstaltung und der Konzeption konkreter Lehr-Lern-Situationen. Neben der Konkretisierung von Inhalten, dem Entwurf eines Ablaufs etc. geht es um die Wahl geeigneter, also zum Lerngegenstand, zu den Lernzielen und zu den Lernenden passender Methoden und Medien.

Wissen, empirisches wissenschaftliches, ist ein Teil des wissenschaftlichen Wissens, das mithilfe bildungs- oder sozialwissenschaftlicher Methoden gewonnen wird. Empirisches Wissen kann helfen, Phänomene zu *beschreiben*, zu *erklären* und zu *prognostizieren* sowie theoretische Annahmen zu *überprüfen.*

Wissen, präskriptives wissenschaftliches, also „vorschreibendes" (Handlungs-)Wissen, formuliert Aussagen darüber, wie pädagogische Konzepte oder Modelle umgesetzt werden sollen, um bestimmte Ziele zu erreichen.

Wissen, religiöses und metaphysisches, liefert Deutungsangebote für eine empirisch nicht erfahrbare Welt auf der Grundlage der Lehren einer Religion oder Philosophie. Dieses Wissen tritt vor allem als Orientierungswissen (→ Kap. 2) in Erscheinung, z. B. als Wissen über religiöse Praxen, Riten und Vorschriften.

Wissen, theoretisches, ist ein systematisches Wissen, das allgemeine, d. h. über den konkreten Einzelfall hinausgehende Annahmen zur Erklärung von (sozialen) Phänomenen (z. B. der Erziehung und Bildung), Annahmen über deren Merkmale und die Beziehungen zwischen diesen Merkmalen und/oder Begründungen für diese Beziehungen auf der Grundlage der Beobachtung von Phänomenen umfasst. Diese Annahmen können einerseits über logisches Schließen abgeleitet bzw. Ergebnis der

Analyse eines empirischen Gegenstands sein und andererseits selbst den Gegenstand logischer oder empirischer Überprüfung darstellen. Theoretisches Wissen versucht, als wissenschaftlich fundiertes Wissen beobachtbare Phänomene zu *systematisieren*, zu *erklären* und *vorherzusagen*. Es beansprucht intersubjektive Gültigkeit und wird explizit artikuliert.

Wissen, wissenschaftliches, ist ein Wissen über die soziale, die physische oder die Welt der Ideen, das logisch widerspruchsfrei ist, sich aus anerkannten Theorien zusammensetzt und auf der Grundlage wissenschaftlicher Methoden erzeugt wurde. In der Erziehungswissenschaft lassen sich *theoretisches, empirisches* und *präskriptives* wissenschaftliches Wissen unterscheiden.

Literatur

Abbott, A. (1988). *The system of professions. An essay on the division of expert labor*. Chicago: University of Chicago Press.

Aebli, H. (2011). *Zwölf Grundformen des Lehrens. Eine Allgemeine Didaktik auf psychologischer Grundlage. Medien und Inhalte didaktischer Kommunikation, der Lernzyklus* (14. Aufl.). Stuttgart: Klett-Cotta

Ahlheim, K, Heger, B., Schrader, J. & Wolf, W. (1991). „Lernen muß sich lohnen". Weiterbildungsverhalten und Weiterbildungsmotivation am Beispiel eines Großbetriebes – Ein Forschungsbericht. *Report – Zeitschrift für Weiterbildungsforschung*, *28* (2), 60–70.

Allen, W.D. & Ryan, K. (1969). *Microteaching*. Reading, MA: Addison-Wesley.

Ambos, I., Koscheck, S. & Martin, A. (2015). *Personalgewinnung von Weiterbildungsanbietern Ergebnisse der wbmonitor-Umfrage 2014*. Bonn: Bundesinstitut für Berufsbildung. https://wbmonitor.bibb.de/downloads/Ergebnisse_20150331.pdf

Angenent, H. (2015). *Berufliche Orientierungen aus biographischer Retrospektive. ErwachsenenbildnerInnen auf dem Weg von der Disposition zur Position*. Opladen: Budrich.

Arabin, L. (1996). *Unterrichtende an hessischen Volkshochschulen. Historische und empirische Analyse zur Arbeitssituation, zur Motivation und zu Fortbildungsproblemen*. Frankfurt a. M.: Hessischer Volkshochschulverband.

Arnold, R. (2015). Systemtheoretische Grundlagen einer Ermöglichungsdidaktik. In R. Arnold & I. Schüßler (Hrsg.), *Ermöglichungsdidaktik. Erwachsenenpädagogische Grundlagen und Erfahrungen* (2. Aufl., S. 14–36). Baltmannsweiler: Schneider.

Arnold, R., Faulstich, P., Mader, W., Nuissl v. Rein, E. & Schlutz, E. (2000). *Forschungsmemorandum für die Erwachsenen- und Weiterbildung. Im Auftrag der Sektion Erwachsenenbildung der DGfE*. https://www.die-bonn.de/esprid/dokumente/doc-2000/arnold00_01.pdf

Arnold, R., Kade, J., Nolda, S. & Schüßler, I. (Hrsg.). (1998). *Lehren und Lernen im Modus der Auslegung. Erwachsenenbildung zwischen Wissensvermittlung, Deutungslernen und Aneignung*. Baltmannsweiler: Schneider.

Arrow, K. (1973). Higher Education as a Filter. *Journal of Public Economics*, *2* (3), 193–216.

Autorengruppe Bildungsberichterstattung. (Hrsg.). (2016). *Bildung in Deutschland 2016. Ein indikatorengestützter Bericht mit einer Analyse zu Bildung und Migration*. Bielefeld: W. Bertelsmann. http://www.bildungsbericht.de/de/bildungsberichte-seit-2006/bildungsbericht-2016/pdf-bildungsbericht-2016/bildungsbericht-2016

Autorengruppe wb-personalmonitor (Martin, A., Lencer, S., Schrader, J., Koscheck, S., Ohly, H., Dobischat, R., Elias, A. & Rosendahl, R.). (2016). *Das Personal in der Weiterbildung. Arbeits- und Beschäftigungsbedingungen, Qualifikationen, Einstellungen zu Arbeit und Beruf*. Bielefeld: W. Bertelsmann. https://dx.doi.org/103278/85/0015w

Axmacher, D. (1990). *Widerstand gegen Bildung: zur Rekonstruktion einer verdrängten Welt des Wissens*. Weinheim: Deutscher Studienverlag.

Baltes, P. B. & Baltes, M. M. (1989). Optimierung durch Selektion und Kompensation. Ein psychologisches Modell erfolgreichen Alterns. *Zeitschrift für Pädagogik*, *35* (1), 85–105.

BAMF – Bundesamt für Migration und Flüchtlinge. (2018). *Bericht zur Integrationskursgeschäftsstatistik für das Jahr 2017*. https://www.bamf.de/SharedDocs/Anlagen/DE/Downloads/Infothek/Statistik/Integration/2017/2017-integrationskursgeschaeftsstatistik-gesamt_bund.pdf?__blob=publicationFile

Barres, E. (1986). „Lernverhalten". In W. Sarges & R. Fricke (Hrsg.), *Psychologie für die Erwachsenenbildung/Weiterbildung* (S. 377–383). Göttingen: Hogrefe.

Barz, H. & Tippelt, R. (Hrsg.). (2004). *Weiterbildung und soziale Milieus in Deutschland* (2 Bde.). Bielefeld: W. Bertelsmann.

Bastian, H. (1997). *Kursleiterprofile und Angebotsqualität*. Bad Heilbrunn: Klinkhardt.

Bastian, H., Meisel, K., Nuissl, N. & Rein, A. v. (2004). *Kursleitung an Volkshochschulen* (2., überarb. u. akt. Aufl.). Bielefeld: W. Bertelsmann.

Baumert, J. & Kunter, M. (2006). Stichwort: Professionelle Kompetenz von Lehrkräften. *Zeitschrift für Erziehungswissenschaft, 9* (4), 469–520.

Baumert, J. (2002). Deutschland im internationalen Bildungsvergleich. In N. Killius, J. Kluge & L. Reisch (Hrsg.), *Die Zukunft der Bildung* (S. 100–150). Frankfurt a. M.: Suhrkamp.

Becker, G. (1964). *Human Capital: A Theoretical and Empirical Analysis, with Special Reference to Education*. New York: Columbia University.

Becker, R. (Hrsg.). (2017). *Lehrbuch der Bildungssoziologie* (3. Aufl.). Wiesbaden: VS.

Bellmann, L., Dahms, V. & Wahse, J. (2005). IAB-Betriebspanel Ost: Ergebnisse der neunten Welle 2004. Teil 2: Personalpolitik, betriebliche Flexibilität, betriebliche Arbeitszeiten, ältere Arbeitnehmer. *IAB-Forschungsbericht*, 21.

Benner, D. (1980). Das Theorie-Praxis-Problem in der Erziehungswissenschaft und die Frage nach Prinzipien pädagogischen Denkens und Handelns. *Zeitschrift für Pädagogik, 26* (4), 486–497.

Berg, H.-C. & Schulze, T. (1995). *Lehrkunst. Lehrbuch der Didaktik*. Neuwied: Luchterhand.

Berliner, D.C. (1973). Zur Ausbildung von Lehrern – Eine Methode, die sich auf affektive Erfahrungen, technische Fertigkeiten und Protokollmaterialien gründet. In W. Edelstein (Hrsg.), *Bedingungen des Bildungsprozesses. Psychologische und pädagogische Forschungen zum Lehren und Lernen in der Schule* (S. 421–445). Stuttgart: Klett.

Bernfeld, S. (1967). *Sisyphos oder die Grenzen der Erziehung*. Frankfurt a. M.: Suhrkamp. (Original erschienen 1925)

Beywl, W. & Schmid, P. (2014). Lehren als Profession. Kriterien guten Unterrichts – eine Synopse. *Weiterbildung*, (6), 10–14.

Bilger, F., Behringer, F., Kuper, H. & Schrader, J. (Hrsg.). (2017). *Weiterbildungsverhalten in Deutschland 2016: Ergebnisse des Adult Education Survey* (AES). Bielefeld: wbv Media. https://dx.doi.org/10.3278/85/0016w

Bleck, V. (2019). *Lehrerenthusiasmus. Entwicklung, Determinanten, Wirkungen*. Wiesbaden: Springer.

Blossfeld, H.-P., Roßbach, H.-G. & Maurice, J. v. (Eds.). (2011). *Education as a lifelong process: The German National Educational Panel Study (NEPS)* (Zeitschrift für Erziehungswissenschaft, Special Issue 14). Wiesbaden: VS.

Bohnsack, R. (2000). *Rekonstruktive Sozialforschung – Einführung in Methodologie und Praxis qualitativer Forschung* (4., durchges. Aufl.). Opladen: Leske und Budrich.

Bolder, A. & Schneider, R. (2002). *Weiterbildungsabstinenz*. Köln: Institut zur Erforschung sozialer Chancen.

Bollnow, F. (1978). *Vom Geist des Übens. Eine Rückbesinnung auf elementare didaktische Erfahrung*. Freiburg: Herder.

Borinski, F. (1954). *Der Weg zum Mitbürger. Die politische Aufgabe der freien Erwachsenenbildung in Deutschland*. Düsseldorf: Diederichs.

Born, A. (1991). *Geschichte der Erwachsenenbildungsforschung. Eine historisch-systematische Rekonstruktion der empirischen Forschungsprogramme*. Bad Heilbrunn: Klinkhardt.

Bortz, J. & Döring, N. (2006). *Forschungsmethoden und Evaluation für Human- und Sozialwissenschaftler* (4. Aufl.). Heidelberg: Springer Medizin.

Bosche, B. & Strauch, A. (2018). Anerkennung von Kompetenzen Lehrender in der Erwachsenen- und Weiterbildung – erste Ergebnisse des Projekts GRETA. *Hessische Blätter für Volksbildung, 68* (1), 77–83. https:/dx.doi.org/110.3278/HBV1801W077

Brassett-Grundy, A. (2002). *Parental perspectives of family learning* (Research Report, No. 2). London: Centre for Research on the Wider Benefits of Learning.

Breloer, G., Dauber, H. & Tietgens, H. (1980). *Teilnehmerorientierung und Selbststeuerung in der Erwachsenenbildung*. Braunschweig: Westermann.

Bremer, H. (2007). *Soziale Milieus, Habitus und Lernen. Zur Analyse von sozialer Selektivität und Chancengleichheit in pädagogischen Handlungsfeldern am Beispiel der Erwachsenenbildung*. Weinheim: Juventa.

Brezinka, W. (1975). *Von der Pädagogik zur Erziehungswissenschaft. Eine Einführung in die Metatheorie der Erziehung* (3., verb. Aufl.). Weinheim: Beltz.

Brocher, T. (1967). *Gruppendynamik und Erwachsenenbildung. Zum Problem der Entwicklung von Konformismus oder Autonomie in Arbeitsgruppen*. Braunschweig: Westermann.

Bromme, R. (1992). *Der Lehrer als Experte. Zur Psychologie des professionellen Wissens*. Bern: Huber.

Brunner, M., Stanat, P. & Pant, H.A. (2014). Diagnostik und Evaluation. In T. Seidel & A. Krapp (Hrsg.), *Pädagogische Psychologie* (6., vollst. überarb. Aufl., S. 483–515). Weinheim: Beltz.

Büchel, F. & Pannenberg, M. (2004). Berufliche Weiterbildung in West- und Ostdeutschland. Teilnehmer, Struktur und individueller Ertrag. *Zeitschrift für Arbeitsmarktforschung, 37* (2), 73–126.

Bundesregierung. (2018). *Ein neuer Aufbruch für Europa. Eine neue Dynamik für Deutschland. Ein neuer Zusammenhalt für unser Land. Koalitionsvertrag zwischen CDU, CSU und SPD. 19. Legistlaturperiode.* https://www.bundesregierung.de/breg-de/themen/koalitionsvertrag-zwischen-cdu-csu-und-spd-195906

Bynner, J., Schuller, T. & Feinstein, L. (2003). Wider Benefits of Education: Skills, Higher Education and Civic Engagement. *Zeitschrift für Pädagogik, 48* (3), 341–361.

Cattel, R.B. (1971). *Abilities: Their structure, growth and action*. Boston: Hougthon Mifflin.

CEDEFOP – European Centre for the Development of Vocational Training. (2015). *Job-related adult learning and continuing vocational training in Europe: a statistical picture*. Luxembourg: CEDEFOP.

Clemens-Lodde, B., Jaus-Mager, I. & Köhl, K. (1978). *Situatives Lehrtraining in der Erwachsenenbildung*. Braunschweig: Westermann.

Coase, R.H. (1937). The Nature of the Firm. *Economica. New Series, 4* (16), 386–405.

Cohn, R.C. (1975). *Von der Psychoanalyse zur themenzentrierten Interaktion. Von der Behandlung einzelner zu einer Pädagogik für alle*. Stuttgart: Klett-Cotta.

Comenius, J.A. (2007). Grosse Didaktik. Die vollständige Kunst, alle Menschen alles zu lehren (10., überarb. Aufl., übersetzt und hrsg. v. A. Flitner). Stuttgart: Klett-Cotta. (Original erschienen 1657)

Cortina, K.S. (2016). Kompetenz, Bildung und Literalität. Anmerkungen zum Unbehagen der Pädagogik mit zentralen Konzepten der empirischen Bildungsforschung. Erziehungswissenschaft. In S. Blömeke, M. Caruso, S. Reh, U. Salaschek & J. Stiller (Hrsg.), *Traditionen und Zukünfte. Beiträge zum 24. Kongress der Deutschen Gesellschaft für Erziehungswissenschaft* (S. 29–42). Opladen: Budrich.

Csikszentmihalyi, M. & Rathunde, K. (1998). The development of the person: an experiential perspective on the ontogenesis of psychological complexity. In W. Damon & R.M. Lerner (Eds.). *Handbook of child psychology* (pp. 635–684). New York: Wiley.

Dahrendorf, R. (1965). *Bildung ist Bürgerrecht. Plädoyer für eine aktive Bildungspolitik*. Hamburg: Nannen.

DBVC – Deutscher Bundesverband Coaching. (Hrsg.). (2012). *Leitlinien und Empfehlungen für die Entwicklung von Coaching als Profession. Kompendium mit den Professionsstandards des DBVC* (4., erw. Aufl.). Osnabrück: DBVC.

De Grip, A. & Sauermann, J. (2013). The effect of training on productivity: The transfer of on-the-job training from the perspective of economics. *Educational Research Review*, (8), 28–35.

Deci, E.L. & Ryan, R.M. (1993). Die Selbstbestimmungstheorie der Motivation und ihre Bedeutung für die Pädagogik. *Zeitschrift für Pädagogik*, *39* (2), 223–238.

Desjardins, R. (2017). *Political Economy of Adult Education Learning Systems. Comparative Study of Strategies, Policies and Constraints.* London: Bloomsbury Academic.

Desjardins, R. & Rubenson, K. (2011). An Analysis of Skill Mismatch Using Direct Measures of Skills. *OECD Education Working Papers*, 63. https://doi.org/10.1787/5kg3nh9h52g5-en

Deutscher Ausschuß für das Erziehungs- und Bildungswesen. (1960). *Zur Situation und Aufgabe der deutschen Erwachsenenbildung*. Stuttgart: Klett.

Deutscher Bildungsrat. (1970). *Strukturplan für das Bildungswesen*. Bonn: Bundesdruckerei.

Deutsches PISA-Konsortium. (Hrsg.). (2003). *PISA 2000. Ein differenzierter Blick auf die Länder der Bundesrepublik Deutschland*. Wiesbaden: VS.

Devos, C., Dummay, X., Bonami, M., Bates, R. & Holton, E.F. III (2007). The learning transfer system inventory (LTSI) translated into French: Internal structure and predictive validity. *International Journal of Training and Development*, (11), 181–199.

Dewey, J. (1913). *Interest and Effort in Education*. Boston: Houghton Mifflin Company.

Dewey, J. (1951). *Wie wir denken: eine Untersuchung über die Beziehung des reflektiven Denkens zum Prozess der Erziehung*. Zürich: Morgarten.

Diemer, G. (2007). Zur ethischen Dimension der politischen Erwachsenenbildung. In H. Oberreuter (Hrsg.), *Politische Bildung im Wandel der Zeit. 50 Jahre Akademie für Politische Bildung* (S. 347–374). München: Olzog.

Dietrich, R. (1991). Das System beruflicher Erwachsenenbildung in der ehemaligen DDR mit Ausblick auf künftige Strukturprobleme in den neuen Bundesländern. *Mitteilungen aus der Arbeitsmarkt- und Berufsforschung*, *24* (2), 432–439.

Digel, S., Goeze, A. & Schrader, J. (2012). *Aus Videofällen lernen. Einführung in die Praxis für Lehrkräfte, Trainer und Berater*. Bielefeld: W. Bertelsmann.

Digel, S. & Schrader, J. (Hrsg.). (2013). *Diagnostizieren und Handeln von Lehrkräften: Lernen aus Videofällen in Hochschule und Erwachsenenbildung*. Bielefeld: W. Bertelsmann.

Dinkelaker, J. (2010). Aufmerksamkeitsbewegungen. Zur Prozessierung der Teilnahme an Kursen der Erwachsenenbildung. *Zeitschrift für Erziehungswissenschaft*, *13* (3), 377–392.

Dobischat, R., Elias, A. & Rosendahl, A. (Hrsg.). (2018). *Das Personal in der Weiterbildung. Im Spannungsfeld von Professionsanspruch und Beschäftigungsrealität*. Wiesbaden: Springer VS.

Dollhausen, K. & Muders, S. (Hrsg.). (2016). *Diversität und lebenslanges Lernen. Aufgaben für die organisierte Erwachsenenbildung*. Bielefeld: W. Bertelsmann.

Döring, K.W. & Ritter-Mamczek, B. (2001). *Lehren und Trainieren in der Weiterbildung. Ein praxisorientierter Leitfaden* (8. Aufl.). Weinheim: Deutscher Studienverlag.

Dreyfus, H.L. & Dreyfus, S.E. (1987). *Künstliche Intelligenz. Von den Grenzen der Denkmaschine und dem Wert der Intuition*. Reinbek: Rowohlt.

Dröll, H. (1994). *Der Sprachschulmarkt in Frankfurt am Main. Eine empirische Untersuchung des Bildungs- und Förderungswerks der Gewerkschaft Erziehung und Wissenschaft.* Frankfurt a. M.: Max-Traeger-Stiftung.

DVV – Deutscher Volkshochschul-Verband. (2017). *Wahlprüfsteine zur Bundestagswahl 2017*. https://www.dvv-vhs.de/fileadmin/user_upload/1_Startseite/DVV-Wahlpruefsteine-zur-BTW17.pdf

Ebert, G., Hester, W. & Richter, K. (Hrsg.). (1986). *Subjektorientiertes Lernen und Arbeiten – Ausdeutung einer Gruppeninteraktion*. Frankfurt a. M.: DVV/PAS.

Eccles, J.S. & Wigfield, A. (2002). Motivational Beliefs, Values, and Goals. *Annual Review of Psychology, 53*, 109–132.

Egetenmeyer, R. & Schüßler, I. (Hrsg.). (2012). *Akademische Professionalisierung in der Erwachsenenbildung/Weiterbildung*. Baltmannsweiler: Schneider.

Ericsson, K.A. (Ed.). (2009). *Development of Professional Expertise. Toward Measurement of Expert Performance and Design of Optimal Learning Environments*. New York: Cambridge University Press.

Erikson, E.H. (1973). *Identität und Lebenszyklus*. Frankfurt a. M.: Suhrkamp. (Original erschienen 1959)

Erpenbeck, J. (2010). Ethik. In R. Arnold, S. Nolda & E. Nuissl (Hrsg.), *Wörterbuch Erwachsenenbildung* (S. 95–96). Bad Heilbrunn: Klinkhardt.

Etzioni, A. (1968). *The Active Society. A Theory of Societal and Political Processes*. New York: Free Press.

Faulstich, P. (1981). *Arbeitsorientierte Erwachsenenbildung*. Frankfurt a. M.: Diesterweg.

Faulstich, P. (2005). Lernen Erwachsener in kritisch-pragmatischer Perspektive. *Zeitschrift für Pädagogik, 51* (4), 528–542.

Faulstich, P. & Bayer, M. (Hrsg.). (2008). *Lernwiderstände. Anlässe für Vermittlung und Beratung*. Hamburg: vsa.

Faulstich, P. & Zeuner (2005). Vorschlag für Empfehlungen der Sektion Erwachsenenbildung der Deutschen Gesellschaft für Erziehungswissenschaft für ein Basiscurriculum EB / WB im Rahmen eines erziehungs- und bildungswissenschaftlichen Studiums mit dem Abschluss BA / MA. *Erziehungswissenschaft, 16* (30), 35–43.

Fennema, E., Carpenter, T.P., Franke, M.L., Levi, L., Jacobs, V.R. & Empson, S.B. (1996). A longitudinal study of learning to use children's thinking in mathematics instruction. *Journal for Research in Mathematics Learning, 27* (4), 403–434.

Filla, W. (2004). Bildungsziele jenseits von Qualifizierung. Programmplanungsethik in der Erwachsenenbildung. *GdWZ – Grundlagen der Weiterbildung*, (5), 226–227.

Flechsig, K.-H. & Haller, H.-D. (1975). *Einführung in didaktisches Handeln. Ein Lernbuch für Einzel- und Gruppenarbeit*. Stuttgart: Klett.

Flitner, W. (1921). *Laienbildung*. Jena: Diederichs.

Flitner, W. (1982). Plan einer Deutschen Schule für Volksforschung und Erwachsenenbildung. In W. Flitner (Hrsg.), *Erwachsenenbildung. Gesammelte Schriften* (Bd.1, S. 159–175). Paderborn: Schöningh. (Original erschienen 1927)

Forum Erwachsenenbildung. (2007). *Zur Wertedebatte und Wertebildung in der Erwachsenenbildung*. Bielefeld: W. Bertelsmann.

Franz, J. (2016). *Kulturen des Lehrens: Eine Studie zu kollektiven Lehrorientierungen in Organisationen Allgemeiner Erwachsenenbildung*. Bielefeld: W. Bertelsmann.

Freidson, E. (1988). *Professional powers. A study of the institutionalization of formal knowledge*. Chicago: University of Chicago Press.

Frey, A. (2014). Kompetenzmodelle und Standards in der Lehrerbildung und im Lehrerberuf. In E. Terhart, H. Bennewitz & M. Rothland (Hrsg.), *Handbuch der Forschung zum Lehrerberuf* (S. 712–744). Münster: Waxmann.

Fritz, A. & Tobinski, D. (2014). Motivation. In A. Fritz, W. Hussy & D. Tobinski (Hrsg.), *Pädagogische Psychologie* (2., durchg. Aufl., S. 173–199). München: Reinhardt.

Fuchs, S., Kollmannsberger, M. Schwickerath, A., Barz, H., Hippel, A. v. & Tippelt, R. (2009). Fortbildungsinteressen und -bedarfe. In A. v. Hippel & R. Tippelt (Hrsg.), *Fortbildung der Weiterbildner/innen. Eine Analyse der Interessen und Bedarfe aus verschiedenen Perspektiven* (S. 143–199). Weinheim: Beltz.

Fuhr, T. (2011). Ethik der Erwachsenenbildung/Weiterbildung. In T. Fuhr, P. Gonon & C. Hof (Hrsg.), *Handbuch der Erziehungswissenschaft* (Bd. 4, S. 505–518). Paderborn: Schöningh.

Gage, N.L. (1979). *Unterrichten, Kunst oder Wissenschaft?* München: Urban und Schwarzenberg.

Gage, N.L. & Berliner, D.C. (1996). *Pädagogische Psychologie* (5., vollst. überarb. Aufl.). Weinheim: Beltz.

Gagné, R.M. (1965). *The conditions of learning and theory of instruction* (1st Ed.). New York: Holt, Rinehart and Winston.

Geißler, K.A. (2016). *Anfangssituationen. Was man tun und besser lassen sollte* (11. Aufl.). Weinheim: Beltz.

Gelzer, A. (2011). *Studies on the Returns to Education in Germany*. Dissertation, Universität Göttingen. http://hdl.handle.net/11858/00-1735-0000-000D-F1E5-0

Gerl, H. (1990). Unterrichtsbeobachtung und Hospitation. *Grundlagen der Weiterbildung – Praxishilfen*, Kap. 7. 90. 20, 1–17.

Gessler, M. (2012). Lerntransfer in der beruflichen Weiterbildung – empirische Prüfung eines integrierten Rahmenmodells mittels Strukturgleichungsmodellierung. *Zeitschrift für Berufs- und Wirtschaftspädagogik, 108* (3), 364–393.

Getzels, J.W. & Jackson, P.W. (1963). The Teacher's Personality and Characteristics. In N.L. Gage (Ed.), *Handbook of Research on Teaching* (Ch. 11). Chicago: Rand McNally.

Gieseke, W. (1989). *Habitus von Erwachsenenbildnern. Eine qualitative Studie zur beruflichen Sozialisation.* Oldenburg: Universität Oldenburg.

Gieseke, W. (1997). Weiterbildungsberatung als Scharnierstelle zwischen Angebot und Teilnahmeentscheidung. In E. Nuissl, C. Schiersmann & H. Siebert (Hrsg.), *Pluralisierung des Lehrens und Lernens* (S. 92–103). Bad Heilbrunn: Klinkhardt.

Gieseke, W. (Hrsg.). (2000). *Programmplanung als Bildungsmanagement? Qualitative Studie in Perspektivverschränkung. Begleituntersuchung des Modellversuchs „Erprobung eines Berufseinführungskonzeptes für hauptberufliche pädagogische Mitarbeiter/innen in der konfessionellen Erwachsenenbildung*. Recklinghausen: Bitter.

Gieseke, W. & Nittel, D. (Hrsg.). (2016). *Handbuch Pädagogische Beratung über die Lebensspanne*. Weinheim: Juventa.

Gitomer, D.H. & Bell, C.A. (Eds.). (2016). *Handbook of Research on Teaching* (5th Ed.). Washington, DC: AERA.

Goethe, J.W. v. (2008). *Die Wahlverwandtschaften. Ein Roman.* Köln: Anaconda. (Original erschienen 1809)

Goeze, A. (2016). *Professionalitätsentwicklung von Lehrkräften durch videofallbasiertes Lernen – Voraussetzungen, Prozesse, Wirkungen*. Bielefeld: W. Bertelsmann.

Goeze, A. & Schneider, D. (2014). What creates and regulates access to the adult education profession? A research project on recruiting practices. In S. Lattke & W. Jütte (Eds.), *Professionalisation of adult educators. International and comparative perspectives* (pp. 201–213). Frankfurt a. M.: Lang.

Goeze, A., Schrader, J., Hartz, S., Zottmann, J. & Fischer, F. (2010). Case-based learning with digital videos: Does it promote the professional development of teachers and trainers in adult education? In R. Egetenmeyer & E. Nuissl (Eds.), *Teachers and Trainers in Adult Education and Lifelong Learning: European and Asian Perspectives* (pp. 187–198). Bielefeld: W. Bertelsmann.

Goeze, A., Zottmann, J., Vogel, F., Fischer, F. & Schrader, J. (2014). Getting immersed in teacher and student perspectives? Facilitating analytical competence using video cases in teacher education. *Instructional Science, 42* (1), 91–114. https://doi.org/10.1007/s11251-013-9304-3

Gorges, J. & Hollmann, J. (2015). Motivationale Faktoren der Weiterbildungsbeteiligung bei hohem, mittlerem und niedrigem Bildungsniveau. In J. Gorges, A. Gegenfurtner & H. Kuper (Hrsg.), *Motivationsforschung im Weiterbildungskontext* (Zeitschrift für Erziehungswissenschaft, Sonderheft 30, S. 51–69). Wiesbaden: Springer VS.

Grell, J. & Grell, P. (2010). *Unterrichtsrezepte* (12., neu ausgestatte Aufl.). Weinheim: Beltz.

Groeben, N., Wahl, D., Schlee, J. & Scheele, B. (1988). *Das Forschungsprogramm Subjektive Theorien. Eine Einführung in die Psychologie des reflexiven Subjekts*. Tübingen: Francke.

Grotlüschen, A. (2010). *Erneuerung der Interessetheorie. Die Genese von Interesse an Erwachsenen- und Weiterbildung*. Wiesbaden: VS.

Grotlüschen, A. & Riekmann, W. (2012). *Funktionaler Analphabetismus in Deutschland. Ergebnisse der ersten leo. – Level-One Studie*. Münster: Waxmann.

Gruber, E. (2018). Kompetenzanerkennung und -zertifizierung für in der Erwachsenenbildung/Weiterbildung Tätige. In R. Tippelt & A. v. Hippel (Hrsg.), *Handbuch Erwachsenenbildung/Weiterbildung* (6., überarb. u. akt. Aufl., Bd. 2, S. 1089–1108). Wiesbaden: Springer VS.

Haberzeth, E. (2010). *Thematisierungsstrategien im Vermittlungsprozess. Empirische Analysen zum Umgang mit Wissen im Planungsprozess von Weiterbildungsangeboten*. Baltmannsweiler: Schneider.

Harney, K. (1997). Sinn der Weiterbildung. In D. Lenzen & N. Luhmann (Hrsg.), *Bildung und Weiterbildung im Erziehungssystem. Lebenslauf und Humanontogenese als Medium und Form* (S. 94–114). Frankfurt a. M.: Suhrkamp.

Hartmann, T. (2014). *Urheberrecht in der Bildungspraxis. Leitfaden für Lehrende und Bildungseinrichtungen*. Bielefeld: W. Bertelsmann.

Hascher, T. & Sonntagbauer, C. (2013). Portfolios in der Lehrer/innenbildung – Bilanz, Rahmung und Ausblick. In B. Koch-Priewe, T. Leonhard, A. Pineker & J.C. Störtländer (Hrsg.), *Portfolio in der LehrerInnenbildung. Konzepte und empirische Befunde* (S. 287–298). Bad Heilbrunn: Klinkhardt.

Hasselhorn, M. & Gold, A. (2017). *Pädagogische Psychologie. Erfolgreiches Lernen und Lehren* (4., akt. Aufl.). Stuttgart: Kohlhammer.

Hattie, J. (2009). *Visible Learning. A synthesis of over 800 meta-analyses relating to achievement*. London: Routledge.

Hauenschild, K., Robak, S. & Sievers, I. (Hrsg.). (2013). *Diversity Education. Zugänge – Perspektiven – Beispiele*. Frankfurt a. M.: Brandes und Apsel.

Hausmann, G. (1959). *Didaktik als Dramaturgie des Unterrichts*. Heidelberg: Quelle und Mayer.

Heckhausen, H. (1965). Leistungsmotivation. In H. Thomae (Hrsg.), *Handbuch der Psychologie* (Allgemeine Psychologie, Bd. 2, S. 602–702). Göttingen: Hogrefe.

Heckhausen, J. & Heckhausen, H. (2018). *Motivation und Handeln* (5. Aufl.). Berlin: Springer.

Heckman, J., LaLonde, R. & Smith, J. (1997). The Economics and Econometrics of Active Labor Market Programs. In O. Ashenfelter & D. Card (Eds.), *Handbook of Labor Economics* (Vol. 3, pp. 1865–2086). Amsterdam: North Holland.

Heilinger, A. (2012). Professionalisierung mit Kompetenz steuern am Beispiel der Weiterbildungsakademie Österreich. In E. Gruber & G. Wiesner (Hrsg.), *Erwachsenenpädagogische Kompetenzen stärken. Kompetenzbilanzierung für Weiterbildner/-innen* (S. 59–81). Bielefeld: W. Bertelsmann.

Helmke, A. (2017). *Unterrichtsqualität und Lehrerprofessionalität. Diagnose, Evaluation und Verbesserung des Unterrichts* (7., akt. Aufl.). Seelze-Velber: Klett Kallmeyer.

Hentig, H. v. (2009). Das Ethos der Erziehung. Was ist in ihr elementar? *Zeitschrift für Pädagogik, 42* (4), 509–527.

Hentig, H. v. (2012). *Die Schule neu denken. Eine Übung in pädagogischer Vernunft* (erw. Neuaufl.). Weinheim: Beltz.

Henze, C. (1998). *Ökologische Weiterbildung in Nordrhein-Westfalen. Eine empirische Studie zur Programmplanung und Bildungsrealisation an Volkshochschulen*. Münster: Waxmann.

Herbart, J.F. (1997). Allgemeine Pädagogik aus dem Zweck der Erziehung abgeleitet. Zweites Buch: Vielseitigkeit des Interesses. In D. Benner (Hrsg.), *Johann Friedrich Herbart: Systematische Pädagogik* (Ausgewählte Texte, Bd. 1, S. 75–116). Weinheim: Beltz. (Original erschienen 1806)

Herbrechter, D., Hahnrath, E. & Kuhn, X. (im Druck). Professionelle Lerngemeinschaften als Konzept zur berufsbegleitenden Professionalitätsentwicklung der Lehrenden in der Erwachsenen- und Weiterbildung? Ein narratives Review. In M. Schemmann (Hrsg.), *Internationales Jahrbuch der Erwachsenenbildung*. Bielefeld: W. Bertelsmann.

Herrle, M. (2013). Classroom Management jenseits des Schulunterrichts. Mikroethnographische Analysen zur Ablaufsteuerung in Veranstaltungen der Erwachsenen-/Weiterbildung. *Zeitschrift für Erziehungswissenschaft, 16* (3), 599–627.

Herzog, W. & Makarova, E. (2011). Anforderungen an und Leitbilder für den Lehrberuf. In E. Terhart, H. Bennewitz & M. Rothland (Hrsg.), *Handbuch der Forschung zum Lehrerberuf* (S. 63–78). Münster: Waxmann.

Hetfleisch, P., Goeze, A. & Schrader, J. (2014). Implementation eines wissenschaftlich erprobten, didaktischen Konzepts. Der Einfluss pädagogischer Autonomie auf die Wirksamkeit in der Praxis. *Zeitschrift für Erziehungswissenschaft, 17* (2), 297–322. http://dx.doi.org/10.1007/s11618-014-0515-4

Hillmert, S. (2017). Bildung und Lebensverlauf – Bildung im Lebensverlauf. In R. Becker (Hrsg.), *Lehrbuch der Bildungssoziologie* (3., akt. u. überarb. Aufl., S. 215–235). Wiesbaden: Springer VS.

Hinrichs, A.-C. (2016). *Erfolgsfaktoren beruflicher Weiterbildung: Eine Längsschnittstudie zum Lerntransfer*. Kindle Edition.

Hochholdinger, S. & Kellermann, I.G. (2015). Welche Zusammenhänge bestehen zwischen den affektiven Reaktionen von Trainingsteilnehmenden, der Lehrorientierung von Weiterbildungspersonal und Weiterbildungsinhalten? In J. Gorges, A. Gegenfurtner & H. Kuper (Hrsg.), *Motivationsforschung im Weiterbildungskontext* (Zeitschrift für Erziehungswissenschaft, Sonderheft 30, S. 123–144). Wiesbaden: Springer VS.

Hof, C. (2001). *Konzepte des Wissens. Eine empirische Studie zu den wissenstheoretischen Grundlagen des Unterrichtens*. Bielefeld: W. Bertelsmann.

Holzkamp, K. (1993). *Lernen. Subjektwissenschaftliche Grundlegung*. Frankfurt a. M.: Campus.

Honneth, A. (2018). *Anerkennung. Eine europäische Ideengeschichte*. Berlin: Suhrkamp.

Huge, W. (1989). *Handwerkerfortbildung im 19. Jahrhundert. Zum Widerstand Osnabrücker Handwerksmeister und Gesellen gegen neuzeitlich-modernes Bildungs- und Berufswissen*. Bad Heilbrunn: Klinkhardt.

Humboldt, W. v. (1903). Ideen zu einem Versuch, die Grenzen der Wirksamkeit des Staates zu bestimmen (1792). In A. Leitzmann (Hrsg.), *W. Humboldts Werke* (Bd. 1, 1785–1795, S. 97–254). Berlin: Behr.

Iller, C. (2017). Bildungsungleichheit im Erwachsenenalter. In M.S. Baader & T. Freytag (Hrsg.), *Bildung und Ungleichheit in Deutschland* (S. 427–446). Wiesbaden: Springer.

Jank, W. & Meyer, H. (2011). *Didaktische Modelle* (10. Aufl.). Berlin: Cornelsen Scriptor.

Jung, U. (1980). *Zusammenarbeit von haupt- und nebenberuflichen Mitarbeitern* (3., rev. Aufl.). Bonn: DVV/PAS.

Jütting, D.H. (1992). *Zwischen Ehrenamtlichkeit und Professionalität. Zur MitarbeiterInnenfrage in Kirche und Sport*. Münster: ISW.

Kade, J. (1985a). Diffuse Zielgerichtetheit. Rekonstruktion einer unabgeschlossenen Bildungsbiographie. In D. Baacke & T. Schulze (Hrsg.), *Pädagogische Biographieforschung. Orientierungen, Probleme, Beispiele* (S. 124–140). Weinheim: Beltz.

Kade, J. (1985b). *Gestörte Bildungsprozesse. Empirische Untersuchungen zum pädagogischen Handeln und zur Selbstorganisation in der Erwachsenenbildung*. Bad Heilbrunn: Klinkhardt.

Kade, J. (1989). *Erwachsenenbildung und Identität: Eine empirische Studie zur Aneignung von Bildungsangeboten*. Weinheim: Deutscher Studienverlag.

Kade, J., Nolda, S., Dinkelaker, J. & Herrle, M. (2014). *Videographische Kursforschung. Empirie des Lehrens und Lernens Erwachsener*. Stuttgart: Kohlhammer.

Kade, J. & Seitter, W. (1996). *Lebenslanges Lernen – mögliche Bildungswelten. Erwachsenenbildung, Biographie und Alltag*. Opladen: Leske und Budrich.

Kade, J. & Seitter, W. (2003). Von der Wissensvermittlung zur pädagogischen Kommunikation. Theoretische Perspektiven und empirische Befunde. *Zeitschrift für Erziehungswissenschaft*, *6* (4), 602–617. https://doi.org/10.1007/s11618-003-0060-z

Kade, S. (1983). *Methoden des Fremdverstehens.* Bad Heilbrunn: Klinkhardt.

Kade, S. (1990). *Handlungshermeneutik. Qualifizierung durch Fallarbeit.* Bad Heilbrunn: Klinkhardt.

Kade, S. (2001). *Selbstorganisiertes Alter – Lernen in „reflexiven Milieus".* Unter Mitarbeit von Andrea Mader. Bielefeld: W. Bertelsmann.

Kamens, D.H., Meyer, J.W. & Benavot, A. (1996). Worldwide Patterns in Academic Secondary Education Curricula. *Comparative Education Review*, *40* (2), 116–138.

Kauffeld, S., Bates, R., Holton III, E.F. & Müller, A. (2008). Das deutsche Lerntransfer-System-Inventar (GLTSI): psychometrische Überprüfung der deutschsprachigen Version. *Zeitschrift für Personalpsychologie*, (7), 50–69. https://doi.org/10.1026/1617-6391.7.2.50

Kejcz, Y. (1979). *Lernen an Erfahrungen? Eine Fallstudie über Bildungsurlaub mit Industriearbeiterinnen.* Bonn: DVV.

Kejcz, Y., Monshausen, K.-H., Nuissl, E., Paatsch, H.-U. & Schenk, P. (1979). *Das Bildungsurlaubs-Versuchs- und Entwicklungsprogramm* (BUVEP) (Endbericht, Bd. 1, 2. Aufl.). Heidelberg: Esprint.

Kil, M., Operti, F. & Manninen, J. (2012). Measuring benefits of lifelong learning: BeLL-survey. *Lifelong learning in Europe*, (3), 4–5.

Kirkpatrick, J.D. & Kirkpatrick, W.K. (2016). *Four levels of training and evaluation.* Alexandria, VA: ATD Press.

Klafki, W. (1963). *Studien zur Bildungstheorie und Didaktik.* Weinheim: Beltz.

Klauer, K.J. & Leutner, D. (2012). *Lehren und Lernen. Einführung in die Instruktionspsychologie* (2. Aufl.). Weinheim: Beltz.

Klieme, E., Avenarius, H., Blum, W., Döbrich, P., Gruber, H., Prenzel, M., Reiss, K., Riquarts, K., Rost, J., Tenorth, H.-E. & Vollmer, H.J. (2003). *Zur Entwicklung nationaler Bildungsstandards: Eine Expertise.* Berlin: BMBF.

Klinzing, H.G. (2002). Wie effektiv ist Microteaching? Ein Überblick über fünfundreißig Jahre Forschung. *Zeitschrift für Pädagogik*, *48* (2), 194–214.

Knoblauch-Flach, A. (1994). *Nicht-hauptberufliche Mitarbeit in der evangelischen Erwachsenenbildung. Ein Vergleich zwischen der Bundesrepublik Deutschland und den Niederlanden.* Frankfurt a. M.: Lang.

Knoll, J. (1974). *Nebenamtliche Mitarbeiter in der Erwachsenenbildung.* Bonn: BMBW.

Knoll, J. (1986). *Kurs- und Seminarmethoden. Ein Arbeitsbuch zur Gestaltung von Kursen und Seminaren, Arbeits- und Gesprächskreisen.* München: Hueber.

Knoll, J. (2007). *Kurs- und Seminarmethoden. Ein Trainingsbuch zur Gestaltung von Kursen und Seminaren, Arbeits- und Gesprächskreisen* (11., vollst. überarb. u. erw. Aufl.). Weinheim: Beltz.

Knoll, J., Siebert, H. & Wodraschke, G. (1967). *Erwachsenenbildung am Wendepunkt. Der Bochumer Plan als Beitrag zum Dritten Bildungsweg.* Heidelberg: Quelle und Meyer.

Koch-Priewe, B. (2013). Das Portfolio in der LehrerInnenbildung – Verbreitung, Zielsetzungen, Empirie, theoretische Fundierungen. In B. Koch-Priewe, T. Leonhard, A. Pineker & J.C. Störtländer (Hrsg.), *Portfolio in der LehrerInnenbildung. Konzepte und empirische Befunde* (S. 41–73). Bad Heilbrunn: Klinkhardt.

Köhl, K. (1987). *Seminar für Trainer. Das situative Lehrtraining: Trainer lernen lehren.* Hamburg: Windmühle.

Kohlberg, L. (1996). *Die Psychologie der Moralentwicklung.* Frankfurt a. M.: Suhrkamp.

Kohli, M. (1985). Die Institutionalisierung des Lebenslaufs. Historische Befunde und theoretische Argumente. *Kölner Zeitschrift für Soziologie und Sozialpsychologie*, *37* (1), 1–29.

Kommission der Europäischen Gemeinschaften. (2000). *Memorandum über Lebenslanges Lernen. Arbeitsdokument der Kommissionsdienststellen.* Brüssel. http://www.die-frankfurt.de/esprid/dokumente/doc-2000/EU00_01.pdf

Körber, K., Kuhlenkamp, D., Peters, R., Schlutz, E., Schrader, J. & Wilckhaus, F. (1995). *Das Weiterbildungsangebot im Lande Bremen: Strukturen und Entwicklungen in einer städtischen Region. Ergebnisse der Kommissionsarbeit*. Bremen: Universitätsbuchhandlung.

Koscheck, S. & Ohly, H. (2016). *wbmonitor 2015. IBB-FDZ Daten- und Methodenbericht 4/2016*. Bonn: BIBB. urn:nbn:de:0035-0634-2

Kraft, S. (2010). Berufsfeld Weiterbildung. In R. Tippelt & A. v. Hippel (Hrsg.), *Handbuch Erwachsenenbildung/Weiterbildung* (4., durchges. Aufl., S. 405–426). Wiesbaden: Springer VS.

Kraft, S., Seitter, W. & Kollewe, L. (2009). *Professionalitätsentwicklung des Weiterbildungspersonals*. Bielefeld: W. Bertelsmann.

Krause, U.-M. & Stark, R. (2010). Motivation. In R. Arnold, S. Nolda & E. Nuissl (Hrsg.), *Wörterbuch Erwachsenenbildung* (2., überarb. Aufl. , S. 215–216). Bad Heilbrunn: Klinkhardt.

Kronauer, M. (2010). *Inklusion und Weiterbildung. Reflexionen zur gesellschaftlichen Teilhabe in der Gegenwart*. Bielefeld: W. Bertelsmann.

Kuper, H. (2001). Organisationen im Erziehungssystem. Vorschläge zu einer systemtheoretischen Revision des erziehungswissenschaftlichen Diskurses über Organisation. *Zeitschrift für Erziehungswissenschaft, 4* (1), 83–106.

Kuper, H. & Schrader, J. (2013). Stichwort: Weiterbildung im Spiegel empirischer Bildungsforschung. *Zeitschrift für Erziehungswissenschaft, 16* (1), 7–28. http://dx.doi.org/10.1007/s11618-013-0347-7

Laack, F. (1984). *Das Zwischenspiel freier Erwachsenenbildung. Hohenrodter Bund und Deutsche Schule für Volksforschung und Erwachsenenbildung in der Weimarer Epoche*. Bad Heilbrunn: Klinkhardt.

Lattke, S. & Jütte, W. (Eds.). (2014). *Professionalisation of adult educators: International and comparative perspectives* (Studies in Pedagogy, Andragogy and Gerontagogy, Vol. 65). Frankfurt a. M.: Lang.

Lencer, S. & Strauch, A. (2016). *Das GRETA-Kompetenzmodell für Lehrende in der Erwachsenen- und Weiterbildung*. https://www.die-bonn.de/doks/2016-erwachsenenbildung-02.pdf

Lewin, K. (2012). *Feldtheorie in den Sozialwissenschaften*. Bern: Huber. (Original erschienen 1929)

Liebknecht, W. (1872). *Wissen ist Macht – Macht ist Wissen. Vortrag gehalten zum Stiftungsfest des Dresdener Bildungsvereins am 5. Februar 1872 und zum Stiftungsfest des Leipziger Arbeiterbildungsvereins am 25. Februar 1872*. Leipzig: Verlag der Genossenschaftsbuchdruckerei.

Lipowsky, F. & Rzejak, D. (2017). Fortbildungen für Lehrkräfte wirksam gestalten – erfolgsversprechende Wege und Konzepte aus Sicht der empirischen Bildungsforschung. *Bildung und Erziehung, 70* (4), 379–399.

Loch, W. (1979). *Lebenslauf und Erziehung*. Essen: Neue Deutsche Schule.

Ludwig, J. & Grell, P. (2017). Lerngründe und Lernwiderstände. *Hessische Blätter für Volksbildung, 67* (2), 126–135.

Luhmann, N. (1997). *Die Gesellschaft der Gesellschaft* (2 Bde.). Frankfurt a. M.: Suhrkamp.

Maehr, M.L. & Kleiber, D.A. (1981). The graying of achievement motivation. *American Psychologist, 36* (7), 787–793.

Maier-Gutheil, C. (2012). Das Lernen Professioneller. Selbstbeobachtung als konstitutives Merkmal von Professionalitätsentwicklung. In H. v. Felden, C. Hof & S. Schmidt-Lauff (Hrsg.), *Erwachsenenbildung und Lernen* (S. 131–142). Baltmannsweiler: Schneider.

Martin, A., Schömann, K., Schrader, J. & Kuper, H. (Hrsg.). (2015). *Deutscher Weiterbildungsatlas*. Bielefeld: W. Bertelsmann. https://dx.doi.org/10.3278/14/1127w

Marx, C., Goeze, A., Kelava, A. & Schrader, J. (2018). Lehrkräfte in der Erwachsenen- und Weiterbildung – Zusammenhänge zwischen Vorbildung und Erfahrung mit dem Wissen über Lehr-Lernmethoden und -konzepte. *Zeitschrift für Weiterbildungsforschung, 41* (1), 57–77. https://doi.org/10.1007/s40955-018-0108-6

Marx, C., Goeze, A. & Schrader, J. (2014). Pädagogisch-psychologisches Wissen zur Gestaltung von Lehr-Lernsituationen: (Wie) Unterscheidet es sich in Erwachsenenbildung/Weiterbildung und Schule? *Hessische Blätter für Volksbildung, 64* (3), 238–251.

Marx, C., Goeze, A., Voss, T., Hoehne, V., Klotz, V. & Schrader, J. (2017). Pädagogisch-psychologisches Wissen von Lehrkräften aus Schule und Erwachsenenbildung: Entwicklung und Erprobung eines Testinstruments. In T. Seidel & F. Thiel (Hrsg.), *Videobasierte Unterrichtsforschung. Analysen von Unterrichtsqualität, Gestaltung von Lerngelegenheiten und Messung professionellen Wissens* (Zeitschrift für Erziehungswissenschaft, Sonderheft 32, S. 165–200.). Wiesbaden: Springer.

McCall, B.P., Smith, J.A. & Wunsch, C. (2016). Government-Sponsored Vocational Education for Adults. In E.A. Hanushek, S. Machin & L. Woessmann (Eds.), *Handbook of the Economics of Education* (pp. 479–652) New York: Elsevier.

Mempel, C., Ochs, M. & Schramm, K. (2013). Mündliche Kompetenz – Grundlage für den Schriftspracherwerb. In D. Feick, A. Pietzuch & K. Schramm (Hrsg.), *DLL 15: Alphabetisierung für Erwachsene. Deutsch als Zweitsprache*. (S. 50–63). München: Langenscheidt.

Merton, R. K. (1985). Der Matthäus-Effekt in der Wissenschaft. In R. K. Merton (Hrsg.), *Entwicklung und Wandel von Forschungsinteressen. Aufsätze zur Wissenschaftssoziologie* (S. 147–171). Frankfurt a. M.: Suhrkamp.

Müller, U., Alsheimer, M., Iberer, U. & Papenkort, U. (2012). *methoden-kartothek.de – Spielend Seminare planen für Weiterbildung, Training und Schule*. Bielefeld: W. Bertelsmann.

Mutton, T., Hagger, H. & Burn, K. (2011). Learning to plan, planning to learn: the developing expertise of beginning teachers. *Teachers and Teaching, 17* (4), 399–416.

Muuß-Merholz, J. (2018). *Freie Unterrichtsmaterialien finden, rechtssicher einsetzen, selbst machen und teilen*. Weinheim: Beltz. https://www.was-ist-oer.de/wp-content/uploads/sites/17/2018/01/Joeran-Muuss-Merholz-Freie-Unterrichtsmaterialien-Beltz-2018.pdf

Negt, O. (1971). *Soziologische Phantasie und exemplarisches Lernen. Zur Theorie und Praxis der Arbeiterbildung* (6., völlig überarb. Neuausg.). Frankfurt a.M: Europäische Verlagsanstalt.

Nittel, D. (2000). *Von der Mission zur Profession? Stand und Perspektiven der Verberuflichung in der Erwachsenenbildung*. Bielefeld: W. Bertelsmann.

Nittel, D., Schütz, J. & Tippelt, R. (Hrsg.). (2014). *Pädagogische Arbeit im System lebenslangen Lernens: Ergebnisse komparativer Berufsgruppenforschung*. Weinheim: Beltz.

Nolda, S. (1996). *Interaktion und Wissen. Eine qualitative Studie zum Lehr-/Lernverhalten in Veranstaltungen der allgemeinen Erwachsenenbildung*. Frankfurt a. M.: DIE.

Nolda, S. (2006). Pädagogische Raumaneignung. Zur Pädagogik von Räumen und ihrer Aneignung – Beispiele aus der Erwachsenenbildung. *Zeitschrift für qualitative Bildungs-, Beratungs- und Sozialforschung, 7* (2), 313–334.

Nolda, S. (2017). *Fremdsprachenlernen Erwachsener. Qualitative Zugänge*. Bielefeld: W. Bertelsmann.

Oelkers, J. (1992). *Pädagogische Ethik. Eine Einführung in Probleme, Paradoxien und Perspektiven*. Weinheim: Juventa.

Oevermann, U. (1996). Theoretische Skizze einer revidierten Theorie professionalisierten Handelns. In A. Combe & W. Helsper (Hrsg.), *Pädagogische Professionalität. Untersuchungen zum Typus pädagogischen Handelns* (S. 70–182). Frankfurt a. M.: Suhrkamp.

Opelt, K. (2004). *Volkshochschule in der SBZ/DDR. Historische Quellenanalyse zur Strukturbildung*. Wiesbaden: VS.

Oser, F.K. (2001a). Standards: Kompetenzen von Lehrpersonen. In F.K. Oser & J. Oelkers (Hrsg.), *Die Wirksamkeit der Lehrerbildungssysteme. Von der Allrounderbildung zur Ausbildung professioneller Standards* (S. 215–342). Chur: Rüegger.

Oser, F.K. (2001b). Modelle der Wirksamkeit in der Lehrer- und Lehrerinnenausbildung. In F.K. Oser & J. Oelkers (Hrsg.), *Die Wirksamkeit der Lehrerbildungssysteme. Von der Allrounderbildung zur Ausbildung professioneller Standards* (S. 67–96). Chur: Rüegger.

Oser, F.K. & Baeriswyl, F.J. (2001). Choreographies of teaching: Bridging instruction to learning. In V. Richardson (Ed.), *Handbook of research on teaching* (4th Ed., pp. 1031–1065). Washington: AERA.

Oser, F.K., Patry, J.-L., Elsässer, T., Sarasin, S. & Wagner, B. (1997). *Choreographien unterrichtlichen Lernens. Schlussbericht an den Schweizerischen Nationalfond zur Förderung der wissenschaftlichen Forschung*. Freiburg: Universität Freiburg.

Pachner, A. (2014). Die Metakompetenz „Selbstreflexion" und ihre Bedeutung für pädagogisch Tätige und deren Professionalitätsentwicklung. In V. Heyse (Hrsg.), *Aufbruch in die Zukunft. Erfolgreiche Entwicklungen von Schlüsselkompetenzen in Schulen und Hochschulen* (S. 434–447). Münster: Waxmann.

Pätzold, H. (2010). Responsibility and accountability in adult education – the unequal siblings. In R. Egetenmeyer & E. Nuissl (Hrsg.), *Teachers and Trainers in Adult and Lifelong Learning. Asean and European Perspectives* (S. 135–143). Frankfurt a. M.: Lang.

Pätzold, H. (2011). *Learning and teaching in adult education. Contemporary theories*. Leverkusen: Budrich.

Peters, R. (1999). Erwachsenenbildnerisches Handlungsethos. *Hessische Blätter für Volksbildung, 49* (1), 31–39.

Piaget, J. (1975). *Das Erwachen der Intelligenz beim Kinde* (Gesammelte Werke, Bd. 1). Stuttgart: Klett-Cotta.

Piwowar, V., Ophardt, D. & Thiel, F. (2016). Wie können Referendare ihr Klassenmanagement verbessern? Multikriteriale Evaluation eines Trainings im Rahmen der Referendarausbildung. *Unterrichtswissenschaft, 44* (1), 89–104.

Pöggeler, F. (1957). *Einführung in die Andragogik. Grundfragen der Erwachsenenbildung*. Ratingen: Henn.

Pöggeler, F. (1975). *Methoden der Erwachsenenbildung* (4., erg. Aufl.). Freiburg: Herder. (Original erschienen 1964)

Popper, K. (1973). *Objektive Erkenntnis*. Hamburg: Hoffmann und Campe.

Prange, K. (1983). *Bauformen des Unterrichts. Eine Didaktik für Lehrer*. Bad Heilbrunn: Klinkhardt.

Prange, K. (1989). Zillers Schule. Wissenschaftliche Pädagogik am Beispiel des „Leipziger Seminarbuchs". In P. Zedler & E. König (Hrsg.), *Rekonstruktionen pädagogischer Wissenschaftsgeschichte. Fallstudien, Ansätze, Perspektiven* (S. 21–42). Weinheim: Deutscher Studienverlag.

Prange, K. (2005). *Die Zeigestruktur der Erziehung. Grundriss der Operativen Pädagogik*. Paderborn: Schöningh.

Prange, K. (2008). *Schlüsselwerke der Pädagogik* (Bd. 1, Von Plato bis Hegel). Stuttgart: Kohlhammer.

Prenzel, M. (1993). Autonomie und Motivation im Lernen Erwachsener. *Zeitschrift für Pädagogik, 39* (2), 239–253.

Prenzel, M., Krapp, A. & Schiefele, H. (1986). Grundzüge einer pädagogischen Interessentheorie. *Zeitschrift für Pädagogik, 32* (2), 163–173.

Preston, J. & Green, A. (2003). *The macrosocial benefits of education, training and skills in comparative perspective* (Research Report, No. 9). London: Centre for Research on the Wider Benefits of Learning.

Quetz, J. (2006). Sprache „lehren" oder ihren Erwerb „kommunikativ ermöglichen". Konzepte und Lehrrollen der Fremdsprachendidaktik. In E. Nuissl (Hrsg.), *Vom Lernen zum Lehren. Lern- und Lehrforschung für die Weiterbildung* (S. 145–158). Bielefeld: W. Bertelsmann.

Rammstedt, B. (Hrsg.). (2013). *Grundlegende Kompetenzen Erwachsener im internationalen Vergleich. Ergebnisse von PIAAC 2012*. Unter Mitwirkung von D. Ackermann, S. Helmschrott, A. Klaukien, D. Maehler, S. Martin, N. Massing, A. Zabal. Münster: Waxmann.

Reischmann, J. (2006). *Weiterbildungs-Evaluation. Lernerfolge messbar machen* (2. Aufl.). Augsburg: Ziel.

Rheinberg, F. & Vollmeyer, R. (im Druck). *Motivation* (9., erw. und überarb. Aufl.). Stuttgart: Kohlhammer.

Robinsohn, S.B. (1967). *Bildungsreform als Revision des Curriculum.* Neuwied: Luchterhand.

Roessler, W. (1961). *Die Entstehung des modernen Erziehungswesens in Deutschland.* Stuttgart: Kohlhammer.

Rohs, M., Rott, K.J., Schmidt-Hertha, B. & Bolten, R. (2017). Medienpädagogische Kompetenzen von ErwachsenenbildnerInnen. *Magazin Erwachsenenbildung.at*, 11 (30).

Rolff, H.-G. (2015). Professionelle Lerngemeinschaften als Königsweg. In H.-G. Rolff (Hrsg.), *Handbuch Unterrichtsentwicklung* (S. 564–575). Weinheim: Beltz.

Rosenbladt, B. v. & Lehmann, R.H. (2013). Grade der Schriftbeherrschung und subjektiver Lernerfolg bei Teilnehmenden an Alphabetisierungskursen. *Zeitschrift für Erziehungswissenschaft, 16* (1), 55–77.

Roth, G. (2011). *Bildung braucht Persönlichkeit. Wie Lernen gelingt.* Stuttgart: Klett-Cotta.

Roth, H. (1967). Die Bedeutung der empirischen Forschung für die Pädagogik. In H. Thiersch & H. Türken (Hrsg.), *Erziehungswissenschaft, Erziehungsfeld und Lehrerbildung. Gesammelte Abhandlungen 1957–1967* (S. 9–56). Hannover: Schroedel. (Original erschienen 1958)

Roth, H. (1971). *Pädagogische Anthropologie* (Entwicklung und Erziehung: Grundlagen einer Entwicklungspädagogik, Bd. 2). Hannover: Schroedel.

Rothes, A., Lemos, M.S. & Gonçalves, T. (2014). Motives and Beliefs of Learners Enrolled in Adult Education. *Procedia – Social and Behavioral Sciences, 112*, 939–948. https://doi.org/10.1016/j.sbspro.2014.01.1252

Rothes, A., Lemos, M.S. & Gonçalves, T. (2017). Motivational Profiles of Adult Learners. *Adult Education Quarterly, 67* (1), 3–29. https://doi.org/10.1177/0741713616669588

Ruhose, J. & Thomsen, S. (2017). *Non-Monetary Benefits of Continious Training. Beiträge zur Jahrestagung des Vereins für Socialpolitik 2017: Alternative Geld- und Finanzarchitekturen – Session: Education Economics III, No. F10-V1*. http://hdl.handle.net/10419/168169.

Runkel, W. (1976). *Alltagswissen und Erwachsenenbildung: Analyse der subjektiven und gesellschaftlich vermittelten Voraussetzungen erwachsenenspezifischen Lernens*. Braunschweig: Westermann.

Russ, R.S., Sherin, B.L. & Sherin, M. (2016). What constitutes teacher learning? In D.H. Gitomer & C.A. Bell (Eds.), *Handbook of Research on Teaching* (5th Ed., pp. 391–438). Washington: AERA.

Ryan, R.M. & Deci, E.L. (2000). Self-determination theory and the facilitation of intrinsic motivation, social development, and well-being. *American Psychologist, 55* (1), 68–78.

Sardo-Brown, D. (1996). A longitudinal study of novice secondary teachers' planning: year two. *Teaching and Teacher Education, 12* (5), 519–530.

Schaarschmidt, U. (2002). Die Belastungssituation von Lehrerinnen und Lehrern. Ergebnisse und Schlussfolgerungen aus der Potsdamer Lehrerstudie. *Zeitschrift für Pädagogik, 54* (7/8), 8–13.

Schaarschmidt, U. (2010). Gesundheitsförderung. Eine dringliche Aufgabe der Lehrerfortbildung. In F.H. Müller, A. Eichenberger, M. Lüders & J. Mayr (Hrsg.), *Lehrerinnen und Lehrer lernen. Konzepte und Befunde zur Lehrerfortbildung* (S. 297–309). Münster: Waxmann.

Schäffter, O. (1981). *Zielgruppenorientierung in der Erwachsenenbildung. Aspekte einer erwachsenenpädagogischen Planungs- und Handlungskategorie*. Braunschweig: Westermann.

Schaie, K.W. (2013). *Developmental influences on adult intelligence. The Seattle longitudinal study* (2nd Ed.). New York, NY: Oxford University Press.

Schank, R.C. & Abelson, R.P. (1977). *Scripts, Plans, Goals and Understanding: An Inquiry into Human Knowledge Structures*. Hillsdale, NJ: Lawrence Erlbaum Associates.

Schiefele, U. & Schaffner, E. (2015). Motivation. In E. Wild & J. Möller (Hrsg.), *Pädagogische Psychologie* (2. Aufl., S. 153–175). Heidelberg: Springer.

Schläfli, A. (2012). Tendenzen der Professionalisierung in der Schweiz und deren Relevanz im europäischen Kontext. In I. Sgier & S. Lattke (Hrsg.), *Professionalisierungsstrategien der Erwachsenenbildung in Europa. Entwicklungen und Ergebnisse aus Forschungsprojekten* (S. 145–152). Bielefeld: W. Bertelsmann.

Schläfli, A. (2014). Abschluss ohne Schulbank. Beispiel: Anerkennung und Validierung von informellem Lernen in der Schweiz. *Weiterbildung*, (5), 23–25.

Schleiermacher, F. (1983). *Pädagogische Schriften* (Bd. 1). Frankfurt a. M.: Ullstein. (Original erschienen 1826)

Schlutz, E. (1984). *Sprache, Bildung und Verständigung*. Bad Heilbrunn: Klinkhardt.

Schlutz, E. (2006). *Bildungsdienstleistungen und Angebotsentwicklung*. Münster: Waxmann.

Schlutz, E. (2010). Leitstudien. In R. Arnold (Hrsg.), *Wörterbuch Erwachsenenbildung* (2., überarb. Aufl., S. 189–190). Bad Heilbrunn: Klinkhardt.

Schmidt, B. (2011). Dropout in der Erwachsenenbildung. *Zeitschrift für Pädagogik, 57* (2), 203–213.

Schmidt, E.-M. (2001). *Mit Social Support vom Wissen zum Handeln – Die Wirkung „Kommunikativer Praxisbewältigung in Gruppen" (KOPING) auf den Lernprozess von Erwachsenenbildern*. Aachen: Shaker.

Schmidt, E.-M. (2005). Kommunikative Praxisbewältigung in Gruppen (KOPING) – Ein in der Praxis bewährtes Konzept zur Handlungsmodifikation. In A.A. Huber (Hrsg.), *Vom Wissen zum Handeln – Ansätze zur Überwindung der Theorie-Praxis-Kluft in Schule und Erwachsenenbildung* (S. 175–187). Tübingen: Huber.

Schmidt-Lauff, S. (1999). *Kooperationsstrategien in der betrieblichen Weiterbildung – Unternehmen und Bildungsanbieter als Partner?* München-Mering: Hampp.

Schneider, D. (i.V.). *Rekrutierungserfahrungen und -strategien von Kursleiter/inne/n und Trainer/inne/n. Über den Zugang in die Erwachsenen-/Weiterbildung und die Zusammenarbeit mit dem planend-disponierenden Personal*. Unveröffentlichte Dissertation, Universität Tübingen.

Schöb, S. (2018). *Wissen und Können von Lehrenden der Erwachsenenbildung. Die Bedeutung der Lernvoraussetzungen und Lernaktivitäten für den Erwerb und den Transfer von Kompetenzen mit Hilfe einer videofallbasierten Lernumgebung*. Unveröffentlichte Dissertation, Universität Tübingen.

Schön, D. (1983). *The Reflective Practitioner: How Professionals Think In Action*. New York: Basic Books.

Schopenhauer, A. (1841). Preisschrift über die Grundlage der Moral. In A. Schopenhauer (Hrsg.), *Die beiden Grundprobleme der Ethik* (S. 105–278). Frankfurt a. M.: Joh. Christ. Hermannsche Buchhandlung.

Schrader, J. (2001). Bindung, Vertrag, Vertrauen. Grundlagen der Zusammenarbeit in Weiterbildungseinrichtungen. *Hessische Blätter für Volksbildung, 51* (2), 142–154.

Schrader, J. (2003). Wissensformen in der Weiterbildung. In W. Gieseke (Hrsg.), *Institutionelle Innensichten der Weiterbildung* (S. 228–253). Bielefeld: W. Bertelsmann.

Schrader, J. (2008). *Lerntypen bei Erwachsenen. Empirische Analysen zum Lernen und Lehren in der beruflichen Weiterbildung* (2., erg. Aufl.). Bad Heilbrunn: Klinkhardt.

Schrader, J. (2010a). Reproduktionskontexte der Weiterbildung. *Zeitschrift für Pädagogik, 56* (2), 267–284.

Schrader, J. (2010b). Mediengestützte Fallarbeit: Grundlagen und Zielsetzungen eines Forschungs- und Entwicklungsprojekts zur Kompetenzentwicklung von Lehrenden in der Erwachsenenbildung. In J. Schrader, R. Hohmann & S. Hartz (Hrsg.), *Mediengestützte Fallarbeit: Konzepte, Erfahrungen und Befunde zur Kompetenzentwicklung von Erwachsenen*enbildnern (S. 71–124). Bielefeld: W. Bertelsmann.

Schrader, J. (2011). *Struktur und Wandel der Weiterbildung*. Bielefeld: W. Bertelsmann.

Schrader, J. (2014). Im Fokus. Ethik erwachsenenpädagogischen Handelns – alltäglich gefordert, selten bedacht. *Report – Zeitschrift für Weiterbildungsforschung, 37* (1), 17–28.

Schrader, J. (2016). Was tun? Wertkonflikte in Veranstaltungen der Erwachsenenbildung. *DIE Zeitschrift für Erwachsenenbildung, 23* (2), 45–48.

Schrader, J. (im Druck). Institutionelle Rahmenbedingungen, Anbieter, Angebote und Lehr-Lernprozesse der Erwachsenen- und Weiterbildung. In O. Köller, M. Hasselhorn, F.W. Hesse, K. Maaz, J. Schrader, H. Solga, C.K. Spieß & K. Zimmer (Hrsg.), *Das Bildungswesen in Deutschland: Bestand und Potenziale*. Bad Heilbrunn: Klinkhardt/UTB.

Schrader, J., Blossfeld, H.P. & Ioannidou, A. (Hrsg.) (i.V.). Heft „Erträge von Weiterbildung". *Zeitschrift für Erziehungswissenschaft.*

Schrader, J. & Goeze, A. (i.V.). Professionelle Kompetenzen von Lehrkräften in der Erwachsenen- und Weiterbildung. Ein Rahmenmodell für Forschung, Rekrutierung und Fortbildung. *Manuskript in Vorbereitung.*

Schrader, J. & Hartz, S. (2003). Professionalisierung – Erwachsenenbildung – Fallarbeit. In R. Arnold & I. Schüßler (Hrsg.), *Ermöglichungsdidaktik. Erwachsenenpädagogische Grundlagen und Erfahrungen* (S. 142–155). Baltmannsweiler: Schneider.

Schrader, J., Kuper, H., Reichart, E. & Hetfleisch, P. (2017). Qualität der Weiterbildungsaktivitäten aus Sicht der erwachsenen Teilnehmenden. In F. Bilger, F. Behringer, H. Kuper & J. Schrader (Hrsg.), *Weiterbildungsverhalten in Deutschland 2016: Ergebnisse des Adult Education Survey (AES)* (S. 234–240). Bielefeld: wbv Media.

Schrader, J. & Loreit, F. (2018). Professionalisierung bei Lehrkräften der Erwachsenen- und Weiterbildung: Individuelle und kollektive Perspektiven. In R. Dobischat, A. Elias & A. Rosendahl (Hrsg.), *Das Personal in der Weiterbildung. Im Spannungsfeld von Professionsanspruch und Beschäftigungsrealität* (S. 283–307). Wiesbaden: Springer VS.

Schrader, J. & Schöb, S. (2016). Die Planung von Lehr-Lern-Einheiten mit digitalen Medien: Konzepte und Befunde. *Zeitschrift für Weiterbildungsforschung – Report, 39* (3), 331–348. https://doi.org/10.1007/s40955-016-0078-5

Schrader, J. & Tröster, M. (2016). Alphabetisierung, Grundbildung, Literalität: Begriffe, Konzepte, Perspektiven. In C. Löffler & J. Korfkamp (Hrsg.), *Handbuch zur Alphabetisierung und Grundbildung Erwachsener* (S. 42–58). Münster: Waxmann.

Schreyögg, A. & Schmidt-Lellek, C. (Hrsg.). (2015). *Die Professionalisierung von Coaching. Ein Lesebuch für den Coach*. Wiesbaden: Springer.

Schrottroff, L. (2007). *Die Gleichnisse Jesu* (2. Aufl.) Gütersloh: Gütersloher Verlagshaus.

Schulenberg, W. (1957). *Ansatz und Wirksamkeit der Erwachsenenbildung. Eine Untersuchung im Grenzgebiet zwischen Pädagogik und Soziologie*. Stuttgart: Enke.

Schulenberg, W. & Driessen, H. (1978). *Soziale Faktoren der Bildungsbereitschaft Erwachsener: eine empirische Untersuchung*. Oldenburg: Universität Oldenburg.

Schulenberg, W. et al. (1972). *Zur Professionalisierung der Erwachsenenbildung*. Braunschweig: Westermann.

Schulenberg, W., Loeber, H.-D., Loeber-Pautsch, U. & Pühler, S. (1978). *Soziale Faktoren der Bildungsbereitschaft Erwachsener*. Unter Mitarbeit von Helmut Driesen und Werner Scharf. Stuttgart: Klett-Cotta.

Schuller, T., Brassett-Grundy, A., Green, A., Hammond, C. & Preston, J. (2002*). Learning, continuity and change in adult life* (Research Report, No. 3). London: Centre for Research on the Wider Benefits of Learning.

Schultz, T.W. (1963). *The economic value of education*. New Yok: Columbia University.

Schulz, W. (1981). *Unterrichtsplanung. Mit Materialien aus Unterrichtsfächern* (3., erw. Aufl.). München: Urban und Schwarzenberg.

Schütz, J. (2018). *Pädagogische Berufsarbeit und soziale Anerkennung. Ergebnisse komparativer Berufsgruppenforschung*. Weinheim Basel: Beltz Juventa.

Schütze, F. (1983). Biographieforschung und narratives Interview. *Neue Praxis, 13* (3), 283–293.

Seidel, T. (2003). *Lehr-Lern-Skripts im Unterricht*. Münster: Waxmann.

Seipel, M. (1992). *Weiterbildungsszene Deutschland – Studie über den Weiterbildungsmarkt in Deutschland*. Bonn: ManagerSeminare Gerhard May.

Seitter, W. (2007). *Geschichte der Erwachsenenbildung* (3., akt. u. erw. Aufl.). Bielefeld: W. Bertelsmann.

Shulman, J.H. (Ed.). (1992). *Case methods in teacher education*. New York: Teachers College Press.

Shulman, L.S. (1987). Knowledge and teaching: Foundations of the new reform. *Harvard Educational Review, 57* (1), 1–22.

Siebert, H. (1974). *Curricula für die Erwachsenenbildung*. Braunschweig: Westermann.

Siebert, H. (2009). *Didaktisches Handeln in der Erwachsenenbildung. Didaktik aus konstruktivistischer Sicht* (6., überarb. Aufl.). Augsburg: Ziel.

Siebert, H. & Gerl, H. (1975). *Lehr- und Lernverhalten bei Erwachsenen*. Braunschweig: Westermann.

Spence, A. M. (1973). Job market signalling. *Quarterly Journal of Economics, 87* (3), 355–374.

Spranger, E. (1925). *Kultur und Erziehung. Gesammelte pädagogische Aufsätze* (7.–10. Aufl.). Leipzig: Quelle und Meyer.

Spranger, E. (1958). *Der geborene Erzieher*. Heidelberg: Quelle und Meyer.

Stanik, T. (2015). *Beratung in der Weiterbildung als institutionelle Interaktion*. Frankfurt a. M.: Lang.

Stanik, T. (2016). Mikrodidaktische Planungen von Lehrenden in der Erwachsenenbildung. Theoretische und empirische Annäherungen an ein Forschungsdesiderat. *Zeitschrift für Weiterbildungsforschung – Report, 39* (3), 317–330. https://doi.org/10.1007/s40955-016-0076-7

Stichweh, R. (2013). *Wissenschaft, Universität, Professionen: Soziologische Analysen* (Neuaufl.). Bielefeld: transcript.

Stigler, J.W., Gonzales, P., Kawanaka, T., Knoll, S. & Serrano, A. (1999). *The TIMSS Videotape classroom study: Methods and findings from an exploratory research project on eighth-grade mathematics instruction in Germany, Japan, and the United States*. Los Angeles: Department of Education, Office of Educational Research and Improvement.

Strauch, A. & Pätzold, H. (2012). Professionalisierung mit Profil? Theoretische und empirische Entwicklungen von Kompetenzrahmen und -profilen in der Weiterbildungsprofessionalisierung im Kontext der Europäischen Union. In I. Sgier & S. Lattke (Hrsg.), *Professionalisierungsstrategien in der Erwachsenenbildung in Europa. Entwicklungen und Ergebnisse aus Forschungsprojekten* (S. 67–86). Bielefeld: W. Bertelsmann.

Strzelewicz, W., Raapke, H.-D. & Schulenberg, W. (1966). *Bildung und gesellschaftliches Bewusstsein: eine mehrstufige soziologische Untersuchung in Westdeutschland*. Stuttgart: Enke.

Sweller, J. (2005). Implications of cognitive load theory for multimedia learning. In R. E. Mayer (Ed.), *The Cambridge Handbook of Multimedia Learning* (pp. 19–30). New York: Cambridge University Press.

Szepansky, W.-P. (2017). *Souverän Seminare leiten* (3., akt. Aufl.). Bielefeld: W. Bertelsmann.

Tenorth, H.-E. (1994). *„Alle alles zu lehren". Möglichkeiten und Perspektiven allgemeiner Bildung*. Darmstadt: Wissenschaftliche Buchgesellschaft.

Tenorth, H.-E. (2003). „Wie ist Bildung möglich?" Einige Antworten – und die Perspektive der Erziehungswissenschaft. *Zeitschrift für Pädagogik, 49* (3), 422–430.

Terhart, E. (2002). *Standards für die Lehrerbildung. Eine Expertise für die Kultusministerkonferenz*. Münster: ZKL.

Terhart, E. (2012). Wie wirkt Lehrerbildung? Forschungsprobleme und Gestaltungsfragen. *Zeitschrift für Bildungsforschung, 2* (1), 3–21. https://doi.org/10.1007/s35834-012-0027-3

Tews, J. (1921). *50 Jahre deutsche Volksbildungsarbeit. Festschrift zum 50jährigen Bestehen der Gesellschaft für Volksbildung*. Berlin.

Tietgens, H. (1967). *Erwachsenenbildung und Schule*. Braunschweig: Westermann.

Tietgens, H. (1970). Zukunftsperspektiven der Erwachsenenbildung. In H. Tietgens, W. Mertineit & D. Sperling (Hrsg.), *Zukunftsperspektiven der Erwachsenenbildung* (S. 7–174). Braunschweig: Westermann.

Tietgens, H. (1980). Teilnehmerorientierung als Antizipation. In G. Breloer, H. Dauber & H. Tietgens (Hrsg.), *Teilnehmerorientierung und Selbststeuerung in der Erwachsenenbildung* (S. 177–235). Braunschweig: Westermann.

Tietgens, H. (1981). *Angebotsplanung und -realisation. Kurseinheit 4: Möglichkeiten didaktischen Handelns II*. Hagen: Fernuniversität Hagen.

Tietgens, H. (Hrsg.). (1986). *Erwachsenenbildung als Suchbewegung. Annäherung an eine Wissenschaft von der Erwachsenenbildung.* Bad Heilbrunn: Klinkhardt.

Tietgens, H. (1988). Professionalität für die Erwachsenenbildung. In W. Gieseke, H. Tietgens, O. Schaeffter, A. Venth & C.W. Mueller (Hrsg.), *Professionalität und Professionalisierung* (S. 28–75). Bad Heilbrunn: Klinkhardt.

Tietgens, H. (1991). *Didaktische Dimensionen der Erwachsenenbildung*. Frankfurt a. M.: DVV/PAS.

Tietgens, H. (1992). *Reflexionen zur Erwachsenendidaktik*. Bad Heilbrunn: Klinkhardt.

Tietgens, H. (1994). *Psychologisches im Angebot der Volkshochschulen*. Frankfurt a. M.: DVV/PAS.

Tietgens, H. (1998). Interpretationswerkstatt im Kontext der Forschung und als Medium der Fortbildung. In R. Arnold, J. Kade & S. Nolda (Hrsg.), *Lehren und Lernen im Modus der Auslegung. Erwachsenenbildung zwischen Wissensvermittlung, Deutungslernen und Aneignung* (S. 8–21). Baltmannsweiler: Schneider.

Tietgens, H. & Weinberg, J. (1971). *Erwachsene im Feld des Lehrens und Lernens*. Braunschweig: Westermann.

Vontobel, J. (1972). Über den Erfolg in der Erwachsenenbildung. Braunschweig: Westermann.

Voss, T., Kunina-Habenicht, O., Hoehne, V. & Kunter, M. (2015). Stichwort Pädagogisches Wissen von Lehrkräften: Empirische Zugänge und Befunde. *Zeitschrift für Erziehungswissenschaft, 18* (2), 187–223.

Wagenschein, M. (1989). *Verstehen lehren. Genetisch – Sokratisch – Exemplarisch* (8., erg. Aufl.). Weinheim: Beltz.

Wahl, D. (1991). *Handeln unter Druck. Der weite Weg vom Wissen zum Handeln bei Lehrern, Hochschullehrern und Erwachsenenbildnern*. Weinheim: Deutscher Studienverlag.

Wahl, D. (2000). Das große und das kleine Sandwich: Ein theoretisch wie empirisch begründetes Konzept zur Veränderung handlungsleitender Kognitionen. In C. Dalbert & E.J. Brunner (Hrsg.), *Handlungsleitende Kognitionen in der pädagogischen Praxis* (S. 155–168). Baltmannsweiler: Schneider.

Wahl, D. (2002). Mit Training vom trägen Wissen zum kompetenten Handeln. *Zeitschrift für Pädagogik, 48* (2), 227–241.

Weiner, B. (1986). *An attributional theory of motivation and emotion*. New York: Springer.

Weinert, F.E. (2001). Vergleichende Leistungsmessung in Schulen – eine umstrittene Selbstverständlichkeit. In F.E. Weinert (Hrsg.), *Leistungsmessungen in Schulen* (2. Aufl., S. 17–31). Weinheim: Beltz.

Weniger, E. (1952). *Die Eigenständigkeit der Erziehung in Theorie und Praxis*. Weinheim: Beltz.

Wiese, L. v. (Hrsg.). (1921). *Soziologie des Volksbildungswesens*. München: Duncker und Humblot.

Wiesing, U. (2014). Prinzipienethik in der Pädagogik? *Report – Zeitschrift für Weiterbildungsforschung, 37* (1), 29–38.

Wilensky, H.L. (1972). Jeder Beruf eine Profession? In T. Luckmann & M. Sprondel (Hrsg.), *Berufssoziologie* (S. 198–215). Köln: PRV.

Wittpoth, J. (2010). Spielräume des Selbst in Lehr-Lern-Settings Erwachsener? *Zeitschrift für Erziehungswissenschaft, 13* (3), 363–375.

Wittpoth, J. (2018). Beteiligungsregulation in der Weiterbildung. In R. Tippelt & A. v. Hippel (Hrsg.), *Handbuch Erwachsenenbildung/Weiterbildung* (6., überarb. u. akt. Aufl., Bd. 2, S. 1149–1172). Wiesbaden: Springer VS.

Wölfer, R. & Cortina, K.S. (2014). Die soziale Dimension der Lernmotivation. Netzwerkanalytische Untersuchung schulischer Zielorientierungen. In L. Zander, (Hrsg.), *Soziale Netzwerkanalyse in Bildungsforschung und Bildungspolitik* (S. 189–204). Wiesbaden: Springer VS.

WSF – Wirtschafts- und Sozialforschung. (Hrsg.). (2005). *Erhebung zur beruflichen und sozialen Lage von Lehrenden in Weiterbildungseinrichtungen*. Kerpen. https://www.phil-fak.uni-duesseldorf.de/fileadmin/Redaktion/Institute/Sozialwissenschaften/BF/Lehre/Materialien/Weiterbildung/berufliche_und_soziale_lage_von_lehrenden_in_weiterbildungseinrichtungen.pdf

Zdarzil, H. & Olechowski, R. (Hrsg.). (1976). *Anthropologie und Psychologie des Erwachsenen* (Handbuch der Erwachsenenbildung, Bd. 3). Stuttgart: Kohlhammer.

Ziep, K.-D. (1990). *Der Dozent in der Weiterbildung. Professionalisierung und Handlungskompetenzen*. Weinheim: Beltz.

Zifreund, W. (1966). *Training des Lehrverhaltens mit Fernseh-Aufzeichnungen*. Berlin: Cornelsen.

Ziller, T. (1886). *Materialien zur speziellen Methodik* (Leipziger Seminarbuch, 3. Aufl.). Dresden. (Original erschienen 1874)

Abbildungen und Tabellen

Index

Anhang

Lösungsvorschläge

Kapitel 1

Aufgabe 1

In dem einleitenden Fallbeispiel werden drei unterschiedliche Auslegungen des Matthäus-Effekts und damit drei mögliche Ursachen für die Selektivität der Teilnahme an Erwachsenen- und Weiterbildung aufgezeigt: die Fremdselektion, die Selbstselektion sowie die Wechselwirkung beider Selektionsformen.

Der *Adult Education Survey* liefert empirische Hinweise auf Phänomene der Fremdselektion, diese lassen sich z. B. an unterschiedlichen Beteiligungsquoten von Beschäftigtengruppen in der betrieblichen Weiterbildung (z. B. Arbeiter vs. Angestellte) erkennen. Auf Phänomene der Selbstselektion verweisen z. B. die Unterschiede in den Beteiligungsquoten zwischen Männern und Frauen in der nicht berufsbezogenen Weiterbildung im Vergleich zur individuellen berufsbezogenen Weiterbildung. Im ersten Fall könnten persönliche Interessen bedeutsam sein, im zweiten Fall (nachholende) Karriereaspirationen. Um die Wechselwirkungen zwischen Fremd- und Selbstselektion zu untersuchen, sind multivariate Analysen erforderlich. So könnte man z. B. die Beteiligungsquoten männlicher und weiblicher Beschäftigter in der innerbetrieblichen Weiterbildung vergleichen, die über ähnliche Qualifikationen und ähnlichen Status verfügen.

Aufgabe 2

Mithilfe von Erwartungs-Wert-Modellen werden Annahmen zur Erklärung von Handlungen (hier: die Teilnahme an Erwachsenen- und Weiterbildung) formuliert. Die Modelle gehen davon aus, dass Individuen rationale Entscheidungen treffen auf der Grundlage der *subjektiven Erwartung* (Annahme über das Eintreffen bestimmter Konsequenzen, z. B. der durch die Teilnahme an Erwachsenen- und Weiterbildung erwartete Ertrag) und dem *subjektiven Wert* der Folgen des Verhaltens. Die folgende Hypothese ließe sich anhand der Daten des *Adult Education Survey* prüfen: Die Erwartungen an den Nutzen einer Teilnahme an Erwachsenen- und Weiterbildung sind für die Teilnahme an betrieblicher und individuell berufsbezogener Weiterbildung bedeutsamer als für die Teilnahme an nicht berufsbezogener Weiterbildung (Hinweise dazu z. B. in Bilger et al., S. 91–102).

Aufgabe 3

Ob die soziale Selektivität der Erwachsenen- und Weiterbildung sozial ungerecht ist, hängt davon ab, ob man sich normativ am Gleichheits-, am Leistungs-, am Anrechts- oder am Bedarfsprinzip orientiert. Orientiert man sich am Gleichheitsprinzip, so plädiert man für vergleichbare Teilnahmequoten in allen sozialen Gruppen. Von diesem Standpunkt aus ist die Teilnahme an Erwachsenen- und Weiterbildung sozial ungerecht, da z. B. die Daten des *Adult Education Survey* zeigen, dass die Zugangschancen zu Erwachsenen- oder Weiterbildung u. a. nach Erwerbsstatus ungleich verteilt sind. Argumentiert man dagegen aus der Perspektive des Bedarfsprinzips, dann wird man die Teilnahmechancen unterschiedlicher Beschäftigtengruppen in Abhängigkeit von dem (von ihnen selbst formulierten) Weiterbildungsbedarf beurteilen. Das Urteil über die soziale Selektivität der Erwachsenen- und Weiterbildung fiele dann vermutlich moderater aus. Auch diese Annahme lässt sich mit den Daten des *Adult Education Survey* prüfen. Ähnlich argumentiert z. B. der *Deutsche Weiterbildungsatlas* im Blick auf beobachtbare regionale Disparitäten in der Weiterbildungsbeteiligung. Um „faire Vergleiche" zwischen den Regionen zu ermöglichen, die auf tatsächliche Bedarfe abstellen, werden die in Regionen (Kreise, Raumordnungsregionen, Bundesländer) beobachtbaren Beteiligungsquoten an dem sozialstrukturellen und sozioökonomischen Potenzial der jeweiligen Regionen „gemessen". Dies macht den Handlungsspielraum der Akteure deutlich, der in der Regel klein, aber durchaus vorhanden ist (Martin et al., 2015; → Kap. 2).

Kapitel 2

Aufgabe 1

Unter einem „Curriculum" wird ein planvolles und zielorientiertes Angebot von Lerngelegenheiten verstanden. Die Auswahl zu vermittelnder Inhalte bzw. zu fördernder spezifischer Kompetenzen orientiert sich dabei nicht an einem vordefinierten „Bildungskanon", sondern an antizipierten Situationen, in denen die Lernenden das Wissen voraussichtlich anwenden werden. Im Vordergrund steht – im Gegensatz zum klassischen Lehrplan, der konkrete Inhalte nach den Strukturen des zu vermittelnden Wissens auswählt – die Vorbereitung der Lernenden auf die Herausforderungen ihres Alltagshandelns.

Aufgabe 2

Veranstaltung	**materialer Gehalt**
Alphabetisierungs- und Integrationskurse für Zugewanderte und Geflüchtete	1
zum Nachholen von Schulabschlüssen	2
Trainings zur Verbesserung der Kommunikationsfähigkeit oder zur Leitung von (Arbeits-) Gruppen	3
Kurse für die großen und die kleinen Sprachen	3
innerbetriebliche Angebote zur Qualifizierung der Fach- und Führungskräfte	3 oder 4
innerbetriebliche Angebote für die Kernbelegschaft der Unternehmen zur Einführung in die Bedienung neuer Werkmaschinen, zur Personalverwaltung, zum Arbeitsschutz oder zum Arbeitsrecht	4
längerfristige Lehrgänge für Meister oder Betriebswirte	4
Bewerbungstrainings für Arbeitslose, Angebote zur Rückkehr in den Arbeitsmarkt für Mütter oder Väter nach der Familienphase oder für längerfristig Erkrankte	4
Schulungen für die betriebliche Interessenvertretung	4
Kurse zum Malen, Musizieren oder kunsthandwerklichen Gestalten, zur Vorbereitung auf Opernaufführungen oder den Besuch von Ausstellungen	5
Achtsamkeitstrainings und Yogakurse	5
Tages- oder Wochenendseminare zur umweltfreundlichen Gartengestaltung oder zum Obstbaumschnitt	5
Kurse zur häuslichen Pflege oder für die ehrenamtliche Arbeit im Hospiz	5
Seminare zur Vermittlung von Glaubenswissen und zum interreligiösen Dialog	5
Vortragsreihen zur politischen Bildung	6
Einführungen in Standardsoftware bei kommerziellen Anbietern	4 oder 5

Anmerkungen. 1: kompensatorische Vermittlung schriftsprachlicher und alltagsmathematischer Basiskompetenzen in der Verkehrssprache; 2: Nachholen von Schulabschlüssen; 3: Erweiterung von Kommunikations- und Schlüsselfähigkeiten (Fremdsprachen, aber auch soziale Kompetenzen); 4: erwerbs- und berufsbezogene Anpassungs- und Aufstiegsfortbildung; 5: Verhaltens- und Wissensausstattung für die besonderen Rollen und Lebensräume Erwachsener außerhalb von Politik und Beruf (in Angeboten der Familien-, Gesundheits-, Umwelt-, Verbraucher-, Freizeit- oder der kulturellen Bildung); 6: politische Bildung.

Aufgabe 3

Pro Checkliste des DIE
Die Checkliste geht bereits auf viele Bereiche ein (das Angebot, die Qualität des Anbieters, die Kosten), die vor der Entscheidung für oder gegen einen bestimmten Anbieter oder ein bestimmtes Angebot geklärt werden sollten, und bietet einen Überblick über mögliche Auswahlkriterien, die für die Entscheidungsfindung hilfreich sein können.

Contra Checkliste des DIE
Die Liste berücksichtigt ausschließlich allgemeine und weniger fachbezogene Auswahlkriterien. Z. B. stellt sich die Frage nach Abschlusszertifikaten in manchen Berufen nicht nur im Blick auf die überregionale Anerkennung, sondern auch im Blick auf den „Wert", den eine Branche bestimmten Zertifikaten zuschreibt.

Kapitel 3

Aufgabe 1

Mit dem nachfolgenden Zitat verdeutlicht Etzioni, worin sich *Semi*-Professionen von Professionen unterscheiden: „Lacking a better term, we shall refer to those professions as *semi*-professions. Their training is shorter, their status is less legitimate, their right to privileged communication less established, there is less of a specialized body of knowledge, and they have less autonomy from supervision or societal control then ‚the' professions" (Etzioni, 1969, V, Herv. i. O.). Etzioni stellt insbesondere Differenzen zwischen professionellen und semi-professionellen Berufsgruppen bzw. deren Nähe zueinander heraus (kürzere Berufsausbildung, niedrigerer sozialer Status, weniger spezielles Wissen, keine Selbstkontrolle etc.). Aufgrund des unreglementierten Berufszugangs sind im Bereich der Erwachsenen- und Weiterbildung Personen mit unterschiedlichen beruflichen Ausbildungswegen tätig, ohne dass eine bestimmte Qualifikation privilegiert wäre. Über die Dauer der Ausbildung, im Speziellen der pädagogischen Ausbildung, lässt sich daher nur wenig sagen. Laut *wb-personalmonitor* haben aber z. B. (nur) etwa ein Viertel (27 %) aller Lehrkräfte ein pädagogisches Studium abgeschlossen. Hier lässt sich allenfalls vermuten, dass die Ausbildungsdauer nicht vergleichbar mit „klassischen" Professionen ist. Die Einkommenssituation der in der Erwachsenen- und Weiterbildung Tätigen ist heterogen und liegt im Vergleich zur Gesamtbevölkerung für den Weiterbildungsbereich insgesamt im Durchschnitt und für die Lehrenden darunter. Nimmt man das Einkommen als Indikator für den Status der Berufsgruppe, könnte dies als *ein* Hinweis auf einen geringeren Status interpretiert werden. Die Einführung von Verfahren des Qualitätsmanagements in fast allen Organisationen der Erwachsenen- und Weiterbildung könnte zudem darauf hinweisen, dass auf diesem Wege eine fehlende Selbstkontrolle der Berufstätigen kompensiert werden soll.

Aufgabe 2

1. *Fachlich hochqualifizierte Lehrkräfte zu gewinnen, wird erschwert:* Eine Reglementierung könnte den Zugang für fachlich hochqualifiziertes, aber ggf. pädagogisch nicht vorgebildetes Personal erschweren (die Hürden für den „Quereinstieg" in diesen Bereich würden steigen). Dagegen spricht der empirische Befund, dass auch in der Erwachsenen- und Weiterbildung die (pädagogisch) besser Qualifizierten bessere Beschäftigungsbedingungen finden und ein höheres Einkommen erzielen.
2. *Verlust an Vielfalt:* Der Weiterbildungsbereich zeichnet sich durch die Vielfalt seiner Lehrkräfte, ihrer verschiedenen Qualifikationen und (Berufs-)Erfahrungen aus, die durch eine Reglementierung verloren gehen könnte. Dagegen spricht, dass diese Vielfalt, die sich vor allem aus spezifischen fachlichen Vorbil-

dungen und beruflichen Erfahrungen ergibt, durch die Reglementierungen nicht eingeschränkt würde; die derzeitig beobachtbaren Aktivitäten richten sich vor allem auf die pädagogischen Qualifikationen der Lehrkräfte.

3. *Erfahrungsräume für Lehrkräfte werden eingeschränkt:* Erst durch die berufliche Handlungspraxis werden pädagogische Kompetenzen aufgebaut und verfestigt; mit einer Reglementierung des Zugangs werden die Erfahrungsmöglichkeiten für (potenzielle) Lehrkräfte eingeschränkt. Dagegen spricht, dass berufliche Erfahrungen zwar wichtig sind für den Aufbau professioneller Kompetenzen, dass die empirische Forschung aber auch zeigt, dass Erfahrungen allein nicht klug machen, sondern nur dann, wenn sie auf einem soliden Fundament fachlichen und pädagogischen Wissens aufbauen und wenn sie systematisch reflektiert werden.
4. *Kosten für Erwachsenen- und Weiterbildung werden steigen:* Eine Reglementierung könnte zu einer Kostensteigerung führen, die durch aktuelle Finanzierungsmodelle nicht gedeckt werden kann. Dagegen spricht, dass Reglementierungen den Druck auf die öffentlichen und privaten Geldgeber erhöhen würden, die Erwachsenen- und Weiterbildung entsprechend ihrer nachweisbaren gesellschaftlichen Bedeutung angemessen zu finanzieren.
5. *Professionalisierung ist nicht im Interesse der Lehrkräfte:* Ein großer Teil der Lehrkräfte arbeitet nebenberuflich in der Erwachsenen- und Weiterbildung, gewinnt seine berufliche Identität über den Hauptberuf und hat daher gar kein Interesse an der Reglementierung des Berufszugangs und der Berufsausübung. Dagegen spricht, dass eine wachsende Zahl von Lehrkräften freiberuflich arbeitet und sich bereits in Berufsverbänden organisiert, um ihre professionspolitischen Interessen durchzusetzen.

Aufgabe 3

Die nachfolgenden Berufsverbände, in denen sich (auch) Lehrkräfte der Erwachsenen- und Weiterbildung organisieren, können für Ihre Recherche ein Einstieg sein:

- BV-Päd. – Berufsverband der Erziehungswissenschaftlerinnen und Erziehungswissenschaftler e. V. (http://www.bv-paed.de/)
- DGSv – Deutsche Gesellschaft für Supervision und Coaching e. V. (https://www.dgsv.de)
- BDVT e. V. – Der Berufsverband für Training, Beratung und Coaching (https://www.bdvt.de/)

Kapitel 4

Aufgabe 1

Insgesamt wurden im Projekt *ThinK* (u. a. Marx et al., 2017) acht Wissensfacetten konzeptualisiert:

1. Wissen über Lernprozesse von Lernenden
2. Wissen über die Heterogenität der Lernenden
3. Wissen über Lehr-Lern-Methoden und -Konzepte
4. Wissen über Lehr- und Lernziele
5. Wissen über die Führung von Lerngruppen
6. Wissen über Kommunikation und Interaktion mit den Lernenden
7. Wissen über Gestaltung von Lernumgebungen
8. Wissen über Individual- und Lernprozessdiagnostik

Alle acht Facetten des pädagogisch-psychologischen Wissens beziehen sich auf Aspekte von Unterricht, die sich auch in verschiedenen didaktischen Modellen wiederfinden lassen. Da didaktische Modelle sich, in der Regel ausgehend von einem spezifischen Lehr-Lern-Verständnis, bildungsbereichsübergreifend mit zentralen Merkmalen der Gestaltung von Unterricht insgesamt befassen, kann angenommen werden, dass auch diese Facetten bildungsbereichsübergreifenden Charakter besitzen. Befunde einer Expertenbefragung von Marx et al. (2017) stützen diese Annahme.

Annehmen kann man aber z. B., dass das Wissen über die Heterogenität von Lerngruppen in der Erwachsenen- und Weiterbildung im Vergleich zur Schule zum einen bedeutsamer ist, da die Heterogenität der Lerngruppen größer ist, und dass dieses Wissen zum anderen vielfältigere Aspekte umfasst (z. B. im Blick auf kulturelle, weltanschauliche oder soziale Unterschiede, aber auch im Blick auf lebensweltliche und biografische Erfahrungen).

Aufgabe 2

Ein zentraler Befund der empirischen Bildungsforschung ist, dass die Lehrenden einen großen Einfluss auf die Wirkungen von Lehr-Lern-Prozessen haben (Hattie, 2009). Neben dem Vorwissen und der Motivation der Lernenden kommt ihnen eine entscheidende Rolle zu. Auch wenn für die Erwachsenen- und Weiterbildung noch kein direkter (kausaler) Zusammenhang nachgewiesen werden konnte, sind jedoch Analogieschlüsse zur schulbezogenen Forschung begründbar. Mindestanforderungen an die Kompetenzen der Lehrenden würden diesem Befund Rechnung tragen und auch den Lehrenden selbst Orientierung für die Weiterentwicklung pädagogischer Kompetenzen geben.

Kapitel 5

Aufgabe 1

Aus der Perspektive makrodidaktischer Modelle kann man diesen Befund u. a. damit erklären, dass diese Modelle keine fachdidaktischen Konkretisierungen vornehmen. Von daher ist nicht zu erwarten, dass allgemeinpädagogisch qualifizierte Programmplanende über eine hinreichende Expertise verfügen, um mit überwiegend fachlich qualifizierten und erfahrenen Lehrkräften Veranstaltungskonzepte didaktisch fundiert zu erörtern. Aus der Perspektive der Principal-Agent-Theorie ist die Zusammenarbeit von Programmplanenden und Lehrkräften durch Informationsdefizite und Informationsasymmetrien geprägt, die nur bei einem erheblichen zeitlichen Aufwand überwunden werden könnten, der unter den derzeitigen Arbeitsbedingungen der Erwachsenen- und Weiterbildung zumeist nicht erbracht werden kann.

Aufgabe 2

Wenn man den Blick darauf richtet, wie ein didaktisches Konzept tatsächlich umgesetzt wird, identifiziert man zumeist Abweichungen zwischen Ist- und Sollzuständen. Zwar liefern derartige Beobachtungen noch keine Ursachen oder Gründe für mögliche Abweichungen, sie können aber zum Nachdenken darüber anregen, ob die Modelle und/oder ihre Umsetzung optimiert werden sollten.

Die zweite Perspektive bietet wiederum *eine* Erklärung für beobachtete Phänomene. Ob diese Erklärung allerdings verallgemeinert werden kann, lässt sich nur auf der Basis repräsentativer Studien beurteilen, in denen die variierenden Bedingungen des Handlungsfeldes berücksichtigt werden.

Während die erste Perspektive auf beschreibendes Wissen abzielt, bietet die zweite Perspektive erklärendes Wissen für (empirische) Beobachtungen.

Aufgabe 3

Ausgewählte Checklisten für Lehrkräfte
me Weiterbildung – die Spezialisten (2015). *Checkliste: Trainings-Organisation und -Anforderung.* http://www.me-weiterbildung.de/video-pdf/checklisten/

Ausgewählte Checklisten für Adressaten von Erwachsenen- und Weiterbildung
BIBB – Bundesinstitut für Berufsbildung (2018). *Checkliste. Qualität beruflicher Weiterbildung* (4., aktual. Aufl.). Bonn: Bundesinstitut für Berufsbildung. https://www.bibb.de/veroeffentlichungen/de/publication/download/8596

DQG – Gesellschaft für Dienstleistungen und Qualitätsmanagement. (2016). *Checkliste für Weiterbildungssuchende.* https://www.dqg-berlin.de/app/download/3157257/Checkliste%2BWeiterbildung_2016.pdf+&cd =5&hl=de&ct=clnk&gl=de&client=firefox-b

Stiftung Warentest. (2013). *Coachen im beruflichen Kontext. Was eine gute Einstiegsqualifizierung bieten sollte.* Verfügbar unter https://www.test.de/Coachen-lernen-Was-ein-guter-Lehrgang-fuer-Einsteiger-bieten-sollte-4605169-0/

WBS TRAINING. (o.J.). *Checkliste: Planung Inhouse Schulung.* https://www.hallokarriere.com/wp-content/uploads/2017/10/hallo-karriere-checkliste-inhouse-schulungen.pdf

Tipp: Weitere Checklisten wurden auf der Plattform *InfoWeb Weiterbildung* zusammengestellt und sind verfügbar unter https://www.iwwb.de/weiterbildung.html?seite=24

Kapitel 6

Aufgabe 1

Nach Jank und Meyer (zum Beispiel) beschäftigt sich die Didaktik mit der Frage „wer, was, von wem, wann, mit wem, wo, wie, womit und wozu lernen soll" (2011, S. 16). D. h., didaktische Modelle formulieren Annahmen über den Zusammenhang von Teilnehmenden, Inhalten, Lehrenden, Methoden, Medien, den (organisationalen) Rahmenbedingungen und den Zielen in Lehr-Lern-Prozessen. Die Modelle versuchen, vor dem Hintergrund eines spezifischen Lernverständnisses und bestimmter Annahmen zentrale Elemente von Lehr-Lern-Prozessen zu bestimmen und Hilfen für die Beantwortung der aufgeworfenen Fragen zu geben.

Für die Frage nach den Inhalten lässt sich zum Beispiel auf die Überlegungen zu einem Curriculum der Erwachsenen- und Weiterbildung verweisen (→ Kap. 2). Basis der Bestimmung von Inhalten der Erwachsenen- und Weiterbildung sollte bspw. eine Analyse beruflicher oder privater Verwendungssituationen der Lernenden sein. Für die didaktische Planung von Erwachsenen- und Weiterbildung besteht die Herausforderung darin, auf alle Fragen Antworten zu finden.

Aufgabe 2

Folgende Befunde deuten darauf hin, dass spezifisch pädagogisches Wissen und damit auch die pädagogische Programmatik wenig verbreitet sein könnte:

- Qualifikation der Lehrenden: Nur etwa ein Viertel (26,3 %) verfügt über einen pädagogischen Studienabschluss (Autorengruppe wb-personalmonitor, 2016, S. 114);
- Zusatzqualifikationen von Lehrenden ohne pädagogischen Studienabschluss: Weniger als die Hälfte (40 %) verfügt über eine für die Ausübung der Lehrtätigkeit relevante Zusatzqualifikation (ebd., S. 124).

Aufgabe 3

Pro digitale Expertensysteme

- Die Vorbereitung, Durchführung und Auswertung von Lehr-Lern-Situationen erfordert hochkomplexe und immer wieder neu zu prüfende Entscheidungen sowohl von Lehrkräften als auch von Lernenden; digitale Hilfsmittel können Lehrkräfte in Teilen entlasten, indem Sie (z. B. durch die richtigen Fragen oder Vorschläge) unabdingbare Entscheidungen präsent halten und alternative Vorschläge anbieten.
- Digitalisierte Expertensysteme können (wissenschaftliches und erfahrungsbezogenes) Wissen – z. B. Erfahrungswissen über Methoden und Medien sowie empirisches Wissen über deren Wirksamkeit – sammeln und systematisieren und allen Lehrkräften niedrigschwellig und schnell zur Verfügung stellen.

Contra digitale Expertensysteme

- Digitale Expertensysteme könnten die Kreativität der Lehrkräfte einschränken und zu einer zu starken Homogenisierung von Lehr-Lern-Prozessen führen (Einheitsablauf statt Abwechslung).
- Es ist kaum möglich, alle Parameter, die einen Lehr-Lern-Prozess auszeichnen, in einer App oder Checkliste zu erfassen – sie können allenfalls Anregungen liefern, sich mit je singulären Lehr-Lern-Situation auseinanderzusetzen.
- Digitale Expertensysteme können dazu führen, dass sich Lehrkräfte zu sehr auf deren Lösung von (Handlungs-)Problemen verlassen und ihr (unverzichtbares) berufliches Erfahrungswissen gering schätzen.

Kapitel 7

Aufgabe 1

Mit dem Begriff des Unterrichtsskripts oder Lehr-Lern-Skripts werden typische (Ablauf-)Muster in der Gestaltung von Lehr-Lern-Situationen beschrieben. Diese Skripts repräsentieren implizites Wissen von Lehrenden und Lernenden (eines gemeinsamen Kulturkreises) über typische Merkmale und die Abfolge von Ereignissen in Lehr-Lern-Veranstaltungen, das routinisierte Handlungen auslöst.

Die Metapher der „Dramaturgie des Unterrichts" fokussiert die didaktische Inszenierung (durch die Lehrenden), also die Umsetzung geplanter Handlungen der Akteure, die eine vordefinierte Rolle (Lehrender oder Lernender) „spielen". Lehr-Lern-Situationen stellen in diesem Sinne eine Darbietung einstudierten Verhaltens dar – vergleichbar mit den oben genannten routinisierten Handlungen.

Beide Metaphern nehmen äußere Merkmale des Lehr-Lern-Geschehens stärker in den Blick und beziehen sich, anders als das Konzept der „Choreografien des Unterrichts", nicht auf die Tiefenstruktur des Lernens.

Aufgabe 2

Einen weiteren Vorschlag zur Definition dieser beiden Formen des Wissens finden Sie im → Glossar zu diesem Lehrbuch.

In folgenden Merkmalen unterscheiden sich die beiden Wissensformen (mindestens):

- Widerspruchsfreiheit,
- Verallgemeinerbarkeit,
- Grad der systematischen Prüfung,
- Grad der Unabhängigkeit des Beobachterstandpunkts.

Kapitel 8

Aufgabe 1

Deci und Ryan unterscheiden vier Formen der Regulation bzw. Phasen der Verhaltensregulation; zwischen diesen Formen nimmt die Selbstbestimmtheit durch Internalisierung und Integration zu, und zwar von der externalen Regulation über die introjizierte Regulation, die identifizierte Regulation bis zur integrierten Regulation.

Aufgabe 2

Je nachdem, wie die Lehrkraft die Teilnehmerin wahrgenommen und erlebt hat, könnte sie auf evtl. fehlende Anstrengungsbereitschaft und/oder auf Schwierigkeiten der Aufgaben vor dem Hintergrund des Vorwissens verweisen. Wichtig ist, auf Aspekte zu verweisen, die die Teilnehmerin bezogen auf die gestellten Anforderungen beeinflussen kann.

Kapitel 9

Aufgabe 1

Während eine „Ethik für Pädagogen" Vorgaben als Ansprüche und Erwartungen an das Handeln von Pädagogen z. B. in Form ethischer Prinzipien formuliert, geht eine „pädagogische Ethik" vom Handeln der Pädagogen aus und bindet dieses an Mandat (den pädagogischen Auftrag) und Lizenz (die Erlaubnis zu Handeln) der Tätigkeit.

Aufgabe 2

Dass derselbe „pädagogische Fall" aus unterschiedlichen Perspektiven betrachtet werden kann, zeigt sich auch in der wissenschaftlichen Debatte.

Käpplinger stellt in seinem Aufsatz (2016, S. 154–155) zunächst in Frage, ob die von Schrader gegebene Zusammenfassung der Sequenz die Videoaufnahme treffend wiedergibt. Das betrifft z. B. die Frage, ob in dem Gespräch auf „religiöse Begründungen" verwiesen oder ob der Redeanteil von Männern und Frauen zutreffend beschrieben wird. Diese Fragen lassen sich leicht anhand des Gesprächsverlaufs im Videofall überprüfen.

Unterschiedliche Perspektiven auf den Videofall werden dann deutlich, wenn man sich vor Augen führt, welche ethischen Konflikte bei der Interpretation in den Vordergrund gerückt werden. Schrader zeigt drei ethisch relevante Fragen auf: die Frage nach der universellen Gültigkeit von Menschen- und Bürgerrechten, die Frage nach dem Verhältnis von Legalität und Legitimität sowie die professionsethische Frage nach der „Wahrheit", „Angemessenheit" und „Zumutbarkeit" des von der Kursleiterin gezeigten Handelns. Käpplinger bietet in seinem Beitrag konkurrierende Interpretationen zu den beiden ersten Konflikten, geht auf den dritten aber nicht ein. Stattdessen kritisiert er, dass Schrader in seiner Fallanalyse die makrodidaktischen und institutionellen Rahmenbedingungen der Integrationskursarbeit ausblendet. Welche Schlüsse ziehen Sie selbst daraus für die Arbeit mit Fällen in der Aus- und Fortbildung des pädagogischen Personals?

Aufgabe 3

Weitere mögliche Konflikte, die in dem Fallbeispiel auftauchen können und von denen in Gesprächen mit Praktikern oft die Rede ist, sind ausländerfeindliche Äußerungen von Dozentinnen und Dozenten, die Abwertung islamischer Kulturen, eine mangelnde Akzeptanz weiblicher Dozentinnen durch männliche Kursteilnehmer oder unterschiedliche Auffassungen über Pünktlichkeit.

Kapitel 10

Aufgabe 1

Level	Beschreibung	Methoden
1 Reaktion	Ausmaß, in dem die Teilnehmenden den Kurs als günstig, engagiert und relevant für ihre Arbeit empfinden	Messung der Zufriedenheit: quantitative oder qualitative Verfahren (z. B. Fragebogenerhebungen, Ampelevaluationen, Feedbackrunden, leitfadengestützte Interviews, bildhafte Darstellungen etc.)
2 Lernen	Ausmaß, in dem die Teilnehmenden das beabsichtigte Wissen, die Fähigkeiten, die Einstellung, das Selbstvertrauen und das Engagement tatsächlich erwerben	Messung des Lernzuwachses: Pre- und Post-Tests (von spezifischen Wissenstests über die vermittelten Inhalte des Kurses bis hin zu allgemeinen Leistungs-, Fähigkeits- oder Eignungstests)
3 Verhalten	Ausmaß des Transfers, in dem die Teilnehmenden das, was sie während des Kurses gelernt haben, in ihrem Alltag anwenden (Output)	Messung des Transfers: quantitative oder qualitative Verfahren (z. B. Fragebogenerhebungen oder leitfadengestützte Interviews mit Teilnehmenden oder Personen in ihrem sozialen Umfeld)
4 Resultate	Ausmaß, in dem sich durch den Kurs betriebs- und volkswirtschaftliche Erträge einstellen (Outcome)	Messung von Erträgen: Erfassung von ökonomischen Produktivitätsmaßen, politischem Engagement, gesundheitlichem Wohlbefinden usw. auf der Basis von Längsschnittdaten

Aufgabe 2

In den veröffentlichten Kursbeschreibungen, die Sie gefunden haben, wird vermutlich unterschiedlich auf Details über die Lerninhalte, den Nutzen, die Lernmethoden, den Teilnehmerkreis, den Lernort, den Sitzungsturnus, die (Qualifikation der) Lehrenden etc. eingegangen. Welche Strategien lassen sich vermuten? Welche Erwartungen werden geweckt? Inwiefern sind die Angaben für die Entscheidung für oder gegen eine Teilnahme hilfreich? Nutzen Sie auch Informationen darüber, wie Anbieter sich selbst darstellen (z. B. über die Selbstbeschreibung oder das Leitbild).

Aufgabe 3

Annehmen kann man z. B., dass Lehrkräfte, die einer radikal konstruktivistischen Argumentation folgen, die Verantwortung für gelingende Lehr-Lern-Prozesse auf die Lernenden „abwälzen". Zudem kann eine solche Annahme den Enthusiasmus für das Unterrichten begrenzen, mit erwartbaren Folgen für die Lernfortschritte der Teilnehmenden.

Erwarten kann man zudem, dass radikal konstruktivistisch argumentierende Lehrkräfte Lernerfolge, die auf ihr pädagogisches Handeln zurückgehen, „übersehen". Dies könnte zu Lasten ihrer Selbstwirksamkeitsüberzeugungen gehen, die jedoch eine wichtige Voraussetzung für berufliche Zufriedenheit und pädagogische Wirksamkeit zugleich sind.

Kapitel 11

Aufgabe 1

Theoretische Elemente
„1) Lehr-Lernsituationen abstrakt-differenziert beschreiben, 2) sie aus verschiedenen Perspektiven der im Unterricht handelnden Akteure betrachten und 3) mittels (fach-)didaktischer bzw. pädagogisch-psychologischer Theorien, Modelle und Konzepte sowie ... analysieren, 4) sowie eine Falldiagnose entwickeln zu können, die zentrale Aspekte des Lehr-Lerngeschehens erfasst [...]" (Goeze, 2016, S. 40)

Praktische Elemente
„5) weiterführende ... Handlungsempfehlungen etc. für den Fall aufzeigen zu können" (ebd.)

Kritische Elemente
„weiterführende Erkenntnisse ... für den Fall aufzeigen zu können" (ebd.)

Aufgabe 3

In der Studie *wb-personalmonitor* wurden insbesondere die folgenden Fortbildungen für in der Erwachsenen- und Weiterbildung Beschäftigte erfasst (die nachfolgende Aufzählung orientiert sich dabei an der Häufigkeit der Nennungen über alle Beschäftigten hinweg): Ausbildereignung AEVO, Train the Trainer, Coaching-Ausbildungen, Qualitätsmanagement, Mediation, Zusatzzertifikat DaZ/DaF, Systemische Beratung, Neurolinguistisches Programmieren, ProfilPASS Berater/in. Rund 47 % der Lehrenden verfügen über eine der ersten drei genannten Zusatzqualifikationen. Unter Berücksichtigung des Ausbildungshintergrundes der Lehrenden fällt zudem auf, dass unter den Lehrenden ohne pädagogisches Studium der Anteil derjenigen mit mindestens einer Zusatzqualifikation am höchsten ist (Autorengruppe wb-personalmonitor, 2016, S. 124–125). Insgesamt weisen die Befunde auf eine hohe Weiterbildungsaktivität im Bereich pädagogiknaher Qualifizierungsangebote hin und legen nahe, dass vor allem Lehrkräfte ohne genuine pädagogische Ausbildung bemüht sind, fehlende Kompetenzen zu kompensieren und sich diese auch über non-formale und formale Bildungsangebote anzueignen. Aufgrund der Vielfalt der Fortbildungskonzepte lässt sich allerdings wenig über den Anteil an spezifisch (pädagogischem) Wissen innerhalb der Fortbildungsangebote sagen.

Autor

Josef Schrader, Prof. Dr., Wissenschaftlicher Direktor des Deutschen Instituts für Erwachsenenbildung – Leibniz-Zentrum für Lebenslanges Lernen (DIE) e. V. und Inhaber der Professur für Erziehungswissenschaft mit dem Schwerpunkt Erwachsenenbildung/Weiterbildung an der Eberhard Karls Universität Tübingen.

Kontakt: schrader@die-bonn.de

weiter bilden

DIE Zeitschrift für Erwachsenenbildung

weiter bilden. DIE Zeitschrift für Erwachsenenbildung verbindet Wissenschaft und Praxis.

Die Zeitschrift ist das Reflexionsmedium für Mitarbeitende in der Weiterbildung und der beruflichen Bildung, für Wissenschaftler:innen, Studierende und Akteur:innen der Bildungspolitik.

weiter bilden. DIE Zeitschrift für Erwachsenenbildung berichtet über

- Praxisthemen,
- aktuelle Entwicklungen,
- gesellschaftliche Gegenwart und erwachsenenpädagogische Trends,
- aktuelle Herausforderungen und Impulse für die Zukunft.

Lernen Sie **weiter bilden. DIE Zeitschrift für Erwachsenenbildung** kennen!

Informationen und Bezugsmöglichkeiten auf wbv.de/weiter-bilden.

wbv Media GmbH & Co. KG · Bielefeld
Geschäftsbereich wbv Publikation
Telefon 0521 91101-0 · E-Mail service@wbv.de · Website wbv.de